A ASCENSÃO DO ROMANCE

IAN WATT

A ASCENSÃO DO ROMANCE

Estudos sobre Defoe, Richardson e Fielding

Tradução
Hildegard Feist

COMPANHIA DE BOLSO

Grafia atualizada segundo o Acordo Ortográfico da Língua Portuguesa de 1990, que entrou em vigor no Brasil em 2009.

Título original
The Rise of the Novel: Studies in Defoe, Richardson and Fielding

Indicação editorial
Roberto Schwarz

Capa
Jeff Fisher

Preparação
Nair Almeida Salles

Revisão
Renato Potenza Rodrigues
Juliane Kaori

Dados Internacionais de Catalogação na Publicação (CIP)
(Câmara Brasileira do Livro, SP, Brasil)

Watt, Ian
A ascensão do romance : estudos sobre Defoe, Richardson e Fielding / Ian Watt ; tradução Hildegard Feist. — 1ª ed. — São Paulo : Companhia de Bolso, 2010.

Título original: The Rise of the Novel: Studies in Defoe, Richardson and Fielding.
ISBN 978-85-359-1750-5

1. Defoe, Daniel, 1661?-1731 — Crítica e interpretação 2. Ficção inglesa — Século 18 — História e crítica 3. Fielding, Henry, 1707-1754 — Obras de ficção 4. Richardson, Samuel, 1689-1761 — Crítica e interpretação I. Título.

10-09377 CDD-823.09

Índice para catálogo sistemático:
1. Ficção : Século 18 : Literatura inglesa : História e crítica 823.09

EDITORA SCHWARCZ LTDA.
Rua Bandeira Paulista, 702, cj. 32
04532-002 — São Paulo — SP
Telefone: (11) 3707-3500
www.companhiadasletras.com.br
www.blogdacompanhia.com.br

SUMÁRIO

PREFÁCIO

Em 1938 iniciei um trabalho sobre a relação entre o crescimento do público leitor e o surgimento do romance na Inglaterra do século XVIII; e em 1947 esse estudo tomou a forma de uma tese de *fellowship* para o St. John's College, em Cambridge. Contudo dois problemas mais amplos não foram resolvidos. As mudanças do público leitor da época sem dúvida afetaram Defoe, Richardson e Fielding, porém com certeza o que condicionou mais profundamente suas obras foi o novo clima de experiência social e moral que eles e seus leitores do século XVIII partilharam. Nem se poderia falar muito sobre a maneira como esse clima se relacionava com o surgimento da nova forma literária sem definir as características específicas do romance.

É desses problemas que trato no presente trabalho, e eles são tão extensos que demandam necessariamente uma abordagem seletiva. Por exemplo, limitei-me a uma referência incidental às tradições de ficção mais antigas e aos precursores e contemporâneos mais próximos de minhas figuras centrais; infelizmente também tive de abordar Fielding de modo mais sucinto que Defoe e Richardson — como muitos dos novos elementos do romance já haviam surgido, parecia suficiente analisar a forma como os conjugou com a tradição literária clássica. Enfim, procurei basicamente elucidar de modo mais sistemático as relações constantes entre as características literárias do romance e as da sociedade em que começou a florescer, porém não me limitei a isso: em parte porque eu também queria apresentar uma avaliação crítica geral de Defoe, Richardson e Fielding, e em parte porque meus estudos me levaram a encarar o exemplo de Walter Shandy, aquele pensador rigorosamente sistemático que "torcia e forçava tudo na natureza para fundamentar suas hipóteses".

Sou grato à William Kimber and Co. por me permitir citar um trecho de *Mayhew's London* [A Londres de Mayhew], de Peter Quennell; agradeço também aos editores da *Review of English Studies* e dos *Essays on Criticism* por me deixarem utilizar — sobretudo nos capítulos 1, 3 e 8 — material originalmente publicado em suas páginas. Não posso deixar de mencionar a competência e a dedicação de Cecilia Scurfield e Elizabeth Walser, que se incumbiram da datilografia e da criptografia; e sou profundamente grato pela ajuda financeira, entre outras, que recebi do St. John's College, em Cambridge, do Commonwealth Fund of New York e do presidente da University of California.

A maioria das fontes é mencionada nas notas bibliográficas, mas devo mencionar o grande estímulo que no início de minha pesquisa foi a leitura de *Fiction and the reading public*, de Q. D. Leavis. Minhas outras dívidas são extensas. Mrs. A. D. M. de Navarro, Eric Twist e Hugh Sykes Davies interessaram-se pelo trabalho desde o início; sou grato a eles e aos muitos estudiosos em vários campos de interesse que leram e criticaram os diversos rascunhos que resultaram no presente livro: miss M. G. Lloyd Thomas e miss Hortense Powdermaker, Theodore Adorno, Louis B. Wright, Henry Nash Smith, Leonard Broom, Bertrand H. Bronson, Alan D. McKillop, Ivor Richards, Talcott Parsons, Peter Laslett, Hrothgar Habakkuk e John H. Raleigh. Devo muito a eles e também àqueles que numa posição mais formal porém igualmente amistosa orientaram meus estudos em vários momentos e lugares: a Louis Cazamian e ao falecido F. T. Blanchard, com os quais trabalhei por um breve período; e sobretudo a John Butt, Edward Hooker e George Sherburn, cujo estímulo criterioso, combinado com uma crítica irrefutável, pouparam-me muitos esforços infrutíferos.

I. P. W.
University of California,
Berkeley,
fevereiro de 1956

1. O REALISMO E A FORMA ROMANCE

AINDA NÃO HÁ RESPOSTAS inteiramente satisfatórias para muitas das perguntas genéricas que qualquer pessoa interessada nos romancistas de inícios do século XVIII poderia formular. O romance é uma forma literária nova? Supondo que sim, como em geral se supõe, e que se iniciou com Defoe, Richardson e Fielding, em que o romance difere da prosa de ficção do passado, da Grécia, por exemplo, ou da Idade Média, ou da França do século XVII? E há algum motivo para essas diferenças terem aparecido em determinada época e em determinado local?

Nunca é fácil abordar questões tão amplas, muito menos respondê-las, e neste caso elas são particularmente difíceis, pois a rigor Defoe, Richardson e Fielding não constituem uma escola literária. Na verdade suas obras apresentam tão poucos indícios de influência recíproca e são de natureza tão diversa que à primeira vista parecia que nossa curiosidade sobre o surgimento do romance dificilmente encontraria alguma satisfação além daquela oferecida pelos termos "gênio" e "acidente", a dupla face desse Jano do beco sem saída da história literária. Certamente não podemos descartá-los; por outro lado não nos são de grande valia. Assim, o presente estudo toma outra direção: considerando que o surgimento dos três primeiros romancistas ingleses na mesma geração provavelmente não foi mero acidente e que seu gênio só poderia ter criado a nova forma se as condições da época fossem favoráveis, este trabalho procura identificar tais condições do ponto de vista literário e social e descobrir como beneficiaram Defoe, Richardson e Fielding.

Para tal exame precisamos inicialmente de uma boa definição das características do romance — uma definição bastante estrita para excluir tipos de narrativa anteriores e contudo bastante ampla para abranger tudo que em geral se classifica como romance. Quanto a isso os romancistas não nos ajudam muito. É verdade que Richardson e Fielding se consideravam criadores de uma nova forma literária e viam em sua obra uma ruptura com a ficção antiga; porém nem eles nem seus contemporâneos nos forneceram o tipo de caracterização do novo gênero do qual precisamos; na verdade sequer assinalaram a diversidade de sua ficção mudando-lhe o nome — o termo "romance" só se consagrou no final do século XVIII.

Graças a sua perspectiva mais ampla os historiadores do romance conseguiram contribuir muito mais para determinar as peculiaridades da nova forma. Em resumo consideraram o "realismo" a diferença essencial entre a obra dos romancistas do início do século XVIII e a ficção anterior. Diante desse quadro — escritores distintos que têm em comum o "realismo" — o estudioso sente a necessidade de maiores explicações sobre o próprio termo, quando menos porque usá-lo aleatoriamente como uma característica essencial do romance poderia sugerir que todos os escritores e as formas literárias anteriores perseguiam o irreal.

As principais associações críticas do termo "realismo" são com a escola dos realistas franceses. Como definição estética a palavra "*réalisme*" foi usada pela primeira vez em 1835 para denotar a "*vérité humaine*" de Rembrandt em oposição à "*idéalité poétique*" da pintura neoclássica; mais tarde consagrou-o como termo especificamente literário a fundação, em 1856, do *Réalisme*, jornal editado por Duranty.[1]

Infelizmente a utilidade do termo em grande parte se perdeu nas azedas controvérsias sobre os temas "vulgares" e as "tendências imorais" de Flaubert e seus sucessores. Em consequência a palavra "realismo" passou a ser usada basicamente como antônimo de "idealismo" e nesse sentido — que na verdade reflete a posição dos inimigos dos realistas franceses — permeou boa parte dos estudos críticos e históricos do romance. Comumente se considera a pré-história do gênero apenas uma questão de traçar a continuidade entre toda a ficção anterior que retratava a vida vulgar: a história da matrona de Éfeso é "realista" porque mostra que o apetite sexual supera a tristeza de esposa; e o *fabliau* ou a picaresca são "realistas" porque, ao apresentar o comportamento humano, privilegiam motivos econômicos ou carnais. De acordo com a mesma premissa, considera-se que o auge dessa tradição está nos romancistas ingleses do século XVIII e nos franceses Furetière, Scarron e Lesage: o "realismo" dos romances de Defoe, Richardson e Fielding é intimamente associado ao fato de Moll Flanders ser ladra, Pamela ser hipócrita e Tom Jones ser fornicador.

Entretanto esse emprego do termo "realismo" tem o grave defeito de esconder o que é provavelmente a característica mais original do gênero romance. Se este fosse realista só por ver a vida pelo lado mais feio não passaria de uma espécie de romantismo às avessas; na verdade, porém, certamente procura retratar todo tipo de experiência humana e não só as que se prestam a determinada perspectiva literária: seu realismo não está na espécie de vida apresentada, e sim na maneira como a apresenta.

Evidentemente tal posição se assemelha muito à dos realistas franceses, os quais diziam que, se seus romances tendiam a diferenciar-se dos quadros lisonjeiros da humanidade mostrados por muitos códigos éticos, sociais e literários estabelecidos, era apenas porque constituíam o produto de uma análise da vida mais desapaixonada e científica do que se tentara antes. Não há evidência de que esse ideal de objetividade científica seja desejável e com certeza não se pode concretizá-lo: no entanto é muito significativo que, no primeiro esforço sistemático para definir os objetivos e métodos do novo gênero, os realistas franceses tivessem atentado para uma questão que o romance coloca de modo mais agudo que qualquer outra forma literária — o problema da correspondência entre a obra literária e a realidade que ela imita. Trata-se de um problema essencialmente epistemológico e, assim, parece provável que a natureza do realismo do romance — no século XVIII ou mais tarde — pode se elucidar melhor com a ajuda de profissionais voltados para a análise dos conceitos, ou seja, os filósofos.

I

Por um paradoxo que só surpreenderá o neófito, o termo "realismo" aplica-se em filosofia estritamente a uma visão da realidade oposta à do uso comum — à visão dos escolásticos realistas da Idade Média segundo os quais as verdadeiras "realidades" são os universais, classes ou abstrações, e não os objetos particulares, concretos, de percepção sensorial. À primeira vista isso parece inútil, pois no romance, mais que em qualquer outro gênero, as verdades gerais só existem *post res*; entretanto a própria estranheza da posição do realismo escolástico serve pelo menos para chamar a atenção para uma característica do romance que é análoga ao atual significado filosófico do "realismo": o gênero surgiu na era moderna, cuja orientação intelectual geral se afastou decisivamente de sua herança clássica e medieval rejeitando — ou pelo menos tentando rejeitar — os universais.[2]

Certamente o moderno realismo parte do princípio de que o indivíduo pode descobrir a verdade através dos sentidos: tem suas origens em Descartes e Locke e foi formulado por Thomas Reid em meados do século XVIII.[3] Mas a ideia de que o mundo exterior é real e que os sentidos nos dão uma percepção verdadeira desse mundo não esclarece muito o realismo literário; como praticamente todas as pessoas em todas as épocas se viram forçadas, de um modo ou de outro, a tirar alguma conclusão sobre o mundo exterior a partir da própria experiência, a literatura em certa medida sempre esteve sujeita à mesma ingenuidade epistemológica. Além disso os princípios característicos da epistemologia realista e as controvérsias a eles ligadas são em geral demasiado especializados na natureza para ter grande relação com a literatura. A importância do realismo filosófico para o romance é muito menos específica; trata-se da postura geral do pensamento realista, dos métodos de investigação utilizados, do tipo de problema levantado.

A postura geral do realismo filosófico tem sido crítica, antitradicional e inovadora; seu método tem consistido no estudo dos particulares da experiência por parte do pesquisador individual, que, pelo menos idealmente, está livre do conjunto de suposições passadas e convicções tradicionais; e tem dado particular importância à semântica, ao problema da natureza da correspondência entre palavras e realidade. Todas essas peculiaridades do realismo filosófico têm analogias com os aspectos específicos do gênero romance — analogias que chamam a atenção para o tipo característico de correspondência entre vida e literatura obtida na prosa de ficção desde os romances de Defoe e Richardson.

(A)

A grandeza de Descartes reside sobretudo no método, na firme determinação de não aceitar nada passivamente; e seu *Discurso sobre o método* (1637) e suas *Meditações* contribuíram muito para a concepção moderna da busca da verdade como uma questão inteiramente individual, logicamente independente da tradição do pensamento e que tem maior probabilidade de êxito rompendo com essa tradição.

O romance é a forma literária que reflete mais plenamente essa reorientação individualista e inovadora. As formas literárias anteriores refletiam a tendência geral de suas culturas a conformarem-se à prática tradicional do principal teste da verdade: os enredos da epopeia clássica e renascentista, por exemplo, baseavam-se na História ou na fábula e avaliavam-se os méritos do tratamento dado pelo autor segundo uma concepção de decoro derivada dos modelos aceitos no gênero. O primeiro grande desafio a esse tradicionalismo partiu do romance, cujo critério fundamental era a fidelidade à experiência individual — a qual é sempre única e, portanto, nova. Assim, o romance é o veículo literário lógico de uma cultura que, nos últimos séculos, conferiu um valor sem precedentes à originalidade, à novidade.

Essa ênfase na novidade esclarece algumas das dificuldades críticas que o romance apresenta. Ao avaliarmos uma obra de outro gênero, em geral é importante e às vezes essencial identificar seus modelos literários; nossa avaliação depende muito da análise da habilidade do autor em manejar as convenções formais adequadas. Por outro lado, certamente prejudica o romance o fato de ser em algum sentido uma imitação de outra obra literária e parece que a razão é a seguinte: já que o romancista tem por função primordial dar a impressão de fidelidade à experiência humana, a obediência a convenções formais preestabelecidas só pode colocar em risco seu sucesso. Comparado à tragédia ou à ode, o romance parece amorfo — impressão que provavelmente se deve ao fato de que a pobreza de suas convenções formais seria o preço de seu realismo.

Entretanto a ausência de convenções formais no romance não tem importância diante de sua recusa aos enredos tradicionais. Evidentemente o enredo não é uma coisa simples e nunca é fácil determinar o grau de sua originalidade; todavia a comparação entre o romance e as formas literárias anteriores revela uma diferença importante: Defoe e Richardson são os primeiros grandes escritores ingleses que não extraíram seus enredos da mitologia, da História, da lenda ou de outras fontes literárias do passado. Nisso diferem de Chaucer, Spenser, Shakespeare e Milton, por exemplo, que, como os escritores gregos e romanos, em geral utilizaram enredos tradicionais; e em última análise o fizeram porque aceitavam a premissa comum de sua época segundo a qual, sendo a Natureza essencialmente completa e imutável, seus relatos — bíblicos, lendários ou históricos — constituem um repertório definitivo da experiência humana.

Esse ponto de vista persistiu até o século XIX; os adversários de Balzac, por exemplo, utilizaram-no para ridicularizar sua preocupação com a realidade contemporânea e — achavam eles — efêmera. Ao mesmo tempo, contudo, desde o Renascimento havia uma tendência crescente a substituir a tradição coletiva pela experiência individual como árbitro decisivo da realidade; e essa transição constituiria uma parte importante do panorama cultural em que surgiu o romance.

É significativo o fato de a corrente partidária da originalidade ter encontrado sua primeira grande expressão na Inglaterra e no século XVIII; a própria palavra "original" adquiriu nessa época sua acepção moderna graças a uma inversão semântica que constitui um paralelo da mudança do sentido de "realismo". Vimos que da convicção medieval sobre a realidade dos universais o "realismo" acabou por indicar uma convicção sobre a percepção individual da realidade através dos sentidos: da mesma forma o termo "original" — que na Idade Média significava "o que existiu desde o início" — passou a designar o "não derivado, independente, de primeira mão"; e quando, em suas *Conjectures on original composition* [Conjecturas sobre a composição original] (1759) — obra que marcou época —, Edward Young saudou Richardson como "um gênio moral e original",[4] o termo podia ter o elogioso sentido de "novo em caráter ou estilo".

O uso de enredos não tradicionais no romance constitui uma manifestação mais antiga e provavelmente independente desse enfoque. Quando começou a escrever ficção, Defoe não deu grande atenção à teoria crítica predominante em sua época, a qual ainda se inclinava para os enredos tradicionais; ao contrário, deixou a narrativa fluir espontaneamente a partir de sua própria concepção de uma conduta plausível das personagens. E com isso inaugurou uma nova tendência na ficção: sua total subordinação do enredo ao modelo da memória autobiográfica afirma a primazia da experiência individual no romance da mesma forma que o *cogito ergo sum* de Descartes na filosofia.

Depois de Defoe, Richardson e Fielding continuaram, cada qual a sua maneira, o que se tornaria a prática geral do romance, o uso de enredos não tradicionais, ou inteiramente inventados ou baseados parcialmente num incidente contemporâneo. Não se pode dizer que algum deles conseguiu realizar plenamente essa interpenetração de enredo, personagem e finalidade moralizante encontrada nos melhores exemplos da arte do romance. Convém lembrar, no entanto, que a tarefa não era fácil, ainda mais numa época em que a imaginação criadora só podia se expressar sob forma literária evocando um modelo individual e extraindo um significado contemporâneo de um enredo que em si não constituía novidade.

(B)

Era preciso mudar muitas outras coisas na tradição da ficção para que o romance pudesse incorporar a percepção individual da realidade com a mesma liberdade com que o método de Descartes e Locke permitia que seu pensamento brotasse dos fatos imediatos da consciência. Para começar os agentes no enredo e o local de suas ações deviam ser situados numa nova perspectiva literária: o enredo envolveria pessoas específicas em circunstâncias específicas, e não, como fora usual no passado, tipos humanos genéricos atuando num cenário basicamente determinado pela convenção literária adequada.

Essa mudança na literatura foi análoga à rejeição dos universais e à ênfase nos particulares que caracterizam o realismo filosófico. Aristóteles talvez tivesse concordado com a premissa básica de Locke, segundo a qual os sentidos são "os primeiros a introduzir ideias particulares e a abastecer o armário vazio" da mente.[5] Mas teria prosseguido, insistindo em que o exame de casos particulares era de pouca serventia; a missão intelectual do homem consistia em combater o fluxo inexpressivo da sensação e adquirir um conhecimento dos universais que constitui a realidade definitiva e imutável.[6] Esse enfoque generalizador confere à maior parte do pensamento ocidental até o século XVII uma forte semelhança que supera todas as suas múltiplas diferenças: da mesma forma, quando o Philonous de Berkeley afirmou, em 1713, que "é uma máxima universalmente aceita a de que *tudo que existe é particular*",[7] ele estava expressando a tendência moderna oposta que dá certa unidade de perspectiva e método ao pensamento posterior a Descartes.

Mais uma vez as novas correntes filosóficas e as referentes características formais do romance eram contrárias à opinião literária predominante. Pois no início do século XVIII ainda determinava a tradição crítica a forte preferência clássica pelo geral e universal: o objeto adequado da literatura continuava sendo *quod semper quod ubique ab omnibus est*. Tal preferência era especialmente pronunciada na corrente neoplatônica, que sempre fora forte na literatura de ficção e adquiria crescente importância na crítica literária e na estética de modo geral. Em seu *Essay on the freedom of wit and humour* [Ensaio sobre a liberdade de espírito e humor] (1709), por exemplo, Shaftesbury expressou enfaticamente a aversão dessa escola de pensamento à particularidade na literatura e na arte:

> A variedade da natureza é de tal ordem que distingue todas as coisas que ela forma através de um caráter original *peculiar*; que, se estritamente observado, fará o assunto parecer diferente de tudo que existe no mundo. Mas esse efeito o bom poeta e o bom pintor diligentemente procuram evitar. Eles detestam a *minudência* e temem a *singularidade*.[8]

E prosseguiu:

> O simples pintor de rostos, na verdade, tem pouco em comum com o poeta; contudo, como o simples historiador, copia o que vê e minuciosamente traça cada feição e cada marca estranha.

E concluiu, arrogante: "É diferente com homens inventivos".

Entretanto, apesar da determinação de Shaftesbury, uma tendência estética contrária, favorável à particularidade, logo começou a se firmar, em grande parte graças à aplicação da abordagem psicológica de Hobbes e Locke. Lorde Kames foi talvez o porta-voz mais direto dessa tendência. Em seus *Elements of criticism* [Elementos da crítica] (1762) declarou que "termos abstratos ou gerais não produzem bons resultados numa composição destinada à distração; porque é somente com objetos particulares que as imagens podem se formar";[9] e prosseguiu, dizendo que, ao contrário da opinião geral, o atrativo de

Shakespeare reside no fato de que "cada item de suas descrições é particular, como na natureza".

Nesse aspecto, como também na questão da originalidade, Defoe e Richardson estabeleceram a característica direção literária da forma romance muito antes de a teoria crítica fornecer qualquer fundamento. Nem todos concordarão com Kames que "cada item" das descrições de Shakespeare é particular; mas a particularidade da descrição sempre foi tida como elemento típico do estilo narrativo de *Robinson Crusoé* e *Pamela*. Na verdade a primeira biógrafa de Richardson, mrs. Barbauld, descreveu seu gênio em termos de uma analogia que tem figurado constantemente na controvérsia entre generalidade neoclássica e particularidade realista. Sir Joshua Reynolds, por exemplo, expressou sua convicção neoclássica declarando preferir "as grandes ideias gerais" da pintura italiana à "verdade literal e [...] à minuciosa exatidão" da escola holandesa;[10] cabe lembrar que os realistas franceses seguiam a "*vérité humaine*" de Rembrandt e não a "*idéalité poétique*" da escola clássica. Mrs. Barbauld acuradamente indicou a posição de Richardson nesse conflito ao escrever que seu biografado tinha "o acabamento preciso de um pintor holandês [...] contente de produzir efeitos com a paciente labuta da minúcia".[11] Na verdade tanto ele como Defoe não se perturbaram com o desdém de Shaftesbury e, como Rembrandt, estavam contentes de ser "simples pintores de rosto e historiadores".

O conceito de particularidade realista na literatura é algo geral demais para que se possa demonstrá-lo concretamente: tal demonstração demanda que antes se estabeleça a relação entre a particularidade realista e alguns aspectos específicos da técnica narrativa. Dois desses aspectos são de especial importância para o romance: caracterização e apresentação do ambiente; certamente o romance se diferencia dos outros gêneros e de formas anteriores de ficção pelo grau de atenção que dispensa à individualização das personagens e à detalhada apresentação de seu ambiente.

(C)

Filosoficamente a abordagem particularizante da personagem se traduz no problema de definir a pessoa individual. Depois que Descartes conferiu importância suprema aos processos de pensamento na consciência do indivíduo, os problemas filosóficos relacionados com a identidade pessoal despertaram grande atenção. Na Inglaterra, por exemplo, Locke, o bispo Butler, Berkeley, Hume e Reid debateram a questão, e a controvérsia até foi parar nas páginas do *Spectator*.[12]

O paralelo entre a tradição do pensamento realista e as inovações formais dos primeiros romancistas é evidente: filósofos e romancistas dedicaram ao indivíduo particular maior atenção do que este recebera até então. Entretanto a grande atenção que o romance dispensou à particularização da personagem é um tema tão amplo que consideraremos apenas um de seus aspectos mais maleáveis: a maneira pela qual o romancista tipicamente indica sua intenção de apresentar uma personagem como um indivíduo particular nomeando-a da mesma forma que os indivíduos particulares são nomeados na vida real.

Logicamente o problema da identidade individual tem íntima relação com o status epistemológico dos nomes próprios; assim, nas palavras de Hobbes, "os nomes próprios trazem à mente uma única coisa; os universais lembram muitas a todos".[13] Os nomes próprios têm exatamente a mesma função na vida social: são a expressão verbal da identidade particular de cada indivíduo. Na literatura, contudo, foi o romance que estabeleceu essa função.

Nas formas literárias anteriores evidentemente as personagens em geral tinham nome próprio, mas o tipo de nome utilizado mostrava que o autor não estava tentando criá-las como entidades inteiramente individualizadas. Os preceitos da crítica clássica e renascentista concordavam com a prática literária, preferindo nomes ou de figuras históricas ou de tipos. De qualquer modo os nomes situavam as personagens no contexto de um amplo conjunto de expectativas formadas basicamente a partir da literatura passada, e não do contexto da vida contemporânea. Mesmo na comédia, onde em geral as personagens não eram históricas, mas sim inventadas, os nomes deviam ser "característicos", como nos diz Aristóteles,[14] e tenderam a permanecer como tal muito depois do surgimento do romance.

Tipos mais antigos de prosa de ficção também tendiam a utilizar nomes próprios característicos, ou não particulares e de algum modo irrealistas; nomes que, como os de Rabelais, Sidney ou Bunyan, denotavam qualidades particulares ou que, como os de Lyly, Aphra Behn ou mrs. Manley, tinham conotações estrangeiras, arcaicas ou literárias que excluíam qualquer sugestão de vida real e contemporânea. Confirma o caráter basicamente literário e convencional desses nomes próprios o fato de que em geral eram um só — mr. Badman ou Euphues —; ao contrário das pessoas reais, as personagens de ficção não tinham nome e sobrenome.

Mas os primeiros romancistas romperam com a tradição e batizaram suas personagens de modo a sugerir que fossem encaradas como indivíduos particulares no contexto social contemporâneo. Defoe usa os nomes próprios de modo displicente e às vezes contraditório; porém raramente escolhe nomes convencionais ou extravagantes — uma possível exceção, Roxana, é um pseudônimo bem explicado —; e a maioria de seus protagonistas, como Robinson Crusoé ou Moll Flanders, tem nomes e alcunhas completos e realistas. Richardson prosseguiu nessa prática, porém foi muito mais cuidadoso e deu nome e sobrenome a todas as suas personagens principais, bem como à maioria das secundárias. Também se defrontou com um problema menor, porém não desprovido de importância, na elaboração de um romance: escolher nomes sutilmente adequados e sugestivos, ainda que pareçam banais e realistas. Assim as conotações românticas de Pamela esbarram no sobrenome comum de Andrews; Clarissa Harlowe e Robert Lovelace são batizados adequadamente; e na verdade quase todos os nomes próprios de Richardson, de mrs. *Sin*clair a sir Charles *Grand*ison, parecem autênticos e condizentes com a personalidade de seus portadores.

Como assinalou um crítico contemporâneo, Fielding batizou suas personagens "não com grandiloquentes nomes fantásticos, mas com nomes que, embora às vezes tenham alguma relação com a personagem, possuem uma terminação mais moderna".[15] Heartfree, Allworthy e Square, certamente versões modernizadas do nome de um tipo, não deixam de ser convincentes; mesmo Western ou Tom Jones sugerem que o autor visava tanto ao tipo geral como ao indivíduo particular. Isso, contudo, não contradiz o presente argumento, pois com certeza há concordância geral quanto ao fato de que os nomes de Fielding e na verdade toda a construção de suas personagens constituem uma ruptura com o tratamento habitual dessas questões no romance. Não que, como vimos no caso de Richardson, não haja lugar no romance para nomes próprios que de algum modo são adequados à personagem em questão, porém essa adequação não deve interferir na função primordial do nome: mostrar que a personagem deve ser vista como uma pessoa particular, e não como um tipo.

Na verdade parece que Fielding compreendeu isso quando escreveu seu último romance, *Amelia*: sua preferência neoclássica por nomes de tipos encontra expressão apenas em personagens menores como Justice Thrasher e Bondum, o meirinho; e todas as personagens principais — os Booth, miss Matthews, o dr. Harrison, o coronel James, o sargento Atkinson, o capitão Trent e mrs. Bennet, por exemplo — têm nomes usuais na época. Na verdade há alguma evidência de que, como certos romancistas modernos, Fielding recolheu esses nomes ao acaso numa lista de contemporâneos — todos os sobrenomes mencionados acima constam de uma relação de assinantes da edição de 1724 da *History of his own time* [História de seu tempo], de Gilbert Burnet, edição que, como se sabe, o autor de *Tom Jones* possuía.[16]

De qualquer modo, é certo que Fielding fez consideráveis e crescentes concessões ao costume inaugurado por Defoe e Richardson de batizar as personagens com nomes habituais em sua época. Alguns romancistas do final do século XVIII, como Smollett e Sterne, nem sempre seguiram esse costume, que, no entanto, se fixou mais tarde como parte da tradição do gênero; e, conforme Henry James assinalou com relação ao fecundo clérigo mr. Quiverful, de Trollope,[17] o romancista só pode romper com a tradição destruindo a crença do leitor na realidade literal da personagem.

(D)

Locke definiu a identidade pessoal como uma identidade de consciência ao longo de um período no tempo; o indivíduo estava em contato com sua identidade contínua através da lembrança de seus pensamentos e atos passados.[18] Hume retomou essa localização da fonte da identidade pessoal no repertório das lembranças: "Se não tivéssemos memória, nunca teríamos noção de causalidade nem, consequentemente, daquela cadeia de causas e efeitos que constitui nosso *self* ou pessoa".[19] Essa posição é típica do romance; muitos romancistas, de Sterne a Proust, exploraram a personalidade conforme é definida na interpenetração de sua percepção passada e presente.

O tempo é uma categoria essencial em outra abordagem similar porém mais superficial do problema da definição da individualidade de qualquer objeto. O "princípio de individuação" aceito por Locke era o da existência num local particular do espaço e tempo: pois, como escreveu, "as ideias se tornam gerais separando-se delas as circunstâncias de tempo e lugar",[20] portanto se tornam particulares só quando essas duas circunstâncias são especificadas. Da mesma forma as personagens do romance só podem ser individualizadas se estão situadas num contexto com tempo e local particularizados.

Na Grécia e em Roma a filosofia e a literatura receberam profunda influência da concepção platônica segundo a qual as Formas ou Ideias eram as realidades definitivas por trás dos objetos concretos do mundo temporal. Essas formas eram concebidas como atemporais e imutáveis[21] e, assim, refletiam a premissa básica de sua civilização em geral: não aconteceu nem podia acontecer nada cujo significado fundamental não fosse independente do fluxo do tempo. Tal premissa é diametralmente oposta à concepção que se impôs a partir do Renascimento segundo a qual o tempo é não só uma dimensão crucial do mundo físico como ainda a força que molda a história individual e coletiva do homem.

Em nada o romance é tão característico de nossa cultura como na forma pela qual reflete essa orientação típica do pensamento moderno. E. M. Forster considera o retrato da "vida através do tempo" como a função distintiva que o romance acrescentou à preocupação mais antiga da literatura pelo retrato da "vida através dos valores";[22] Spengler atribui o surgimento do romance à necessidade que o homem moderno "ultra-histórico" sente de uma forma literária capaz de abordar "a totalidade da vida";[23] mais recentemente Northrop Frye vê a "aliança entre tempo e homem ocidental" como a característica definidora do romance comparado com outros gêneros.[24]

Já examinamos um aspecto da importância que o romance atribui à dimensão tempo: sua ruptura com a tradição literária anterior de usar histórias atemporais para refletir verdades morais imutáveis. O enredo do romance também se distingue da maior parte da ficção anterior por utilizar a experiência passada como a causa da ação presente: uma relação causal atuando através do tempo substitui a confiança que as narrativas mais antigas depositavam nos disfarces e coincidências, e isso tende a dar ao romance uma estrutura muito mais coesa. Ainda mais importante, talvez, é o efeito sobre a caracterização da insistência do romance no processo temporal. O exemplo mais evidente e extremo é o romance de fluxo de consciência, que se propõe apresentar uma citação direta do que ocorre na mente do indivíduo sob o impacto do fluxo temporal; em geral, porém, mais que qualquer outro gênero literário, o romance se interessou pelo desenvolvimento de suas personagens no curso do tempo. Por fim, a descrição detalhada que o romance faz das preocupações da vida cotidiana também depende de seu poder sobre a dimensão tempo: T. H. Green mostrou que grande parte da vida do homem tendia a ser quase inacessível à representação literária por causa de sua lentidão;[25] a fidelidade do romance à experiência cotidiana depende diretamente de seu emprego de uma escala temporal muito mais minuciosa do que aquela utilizada pela narrativa anterior.

O papel do tempo na literatura antiga, medieval e renascentista certamente difere muito do que tem no romance. A restrição da ação da tragédia a 24 horas, por exemplo, a decantada unidade de tempo, na verdade equivale a uma negação da importância da dimensão temporal na vida humana; pois, de acordo com a concepção da realidade pelo mundo clássico — subsistindo em universais atemporais —, implica que a verdade da existência pode se revelar inteiramente no espaço de um dia como no espaço de uma vida toda. As decantadas personificações do tempo como o carro alado ou o sombrio ceifeiro revelam uma concepção essencialmente similar. Concentram a atenção não no fluxo temporal, mas na morte, que é atemporal; cabe-lhes a função de minar nossa percepção da vida cotidiana a fim de que nos preparemos para encarar a eternidade. Na verdade essas personificações se assemelham à doutrina da unidade do tempo por serem fundamentalmente a-históricas e, portanto, típicas da menor importância atribuída à dimensão temporal na maioria das obras literárias anteriores ao romance.

A noção de passado histórico em Shakespeare, por exemplo, é muito diferente da concepção moderna. Troia e Roma, os Plantageneta e os Tudor, nada está suficientemente longe para diferir muito do presente ou entre si. Nesse aspecto Shakespeare reflete a concepção de sua época: morrera trinta anos antes de o termo "anacronismo" ser usado na Inglaterra pela primeira vez[26] e ainda estava muito preso à concepção medieval da História, segundo a qual, não importa o período, a roda do tempo revolve os mesmos *exempla* eternamente aplicáveis.

Essa concepção a-histórica está ligada a uma surpreendente falta de interesse pelo detalhamento do tempo minuto a minuto e dia a dia — falta de interesse que levou o esquema temporal de tantas peças de Shakespeare e de muitos de seus predecessores, a partir de Ésquilo, a aturdir editores e críticos. Na ficção mais antiga a atitude com relação ao tempo é bastante parecida; a sequência de acontecimentos situa-se num *continuum* de tempo e espaço muito abstrato e atribui bem pouca importância ao tempo como um fator dos relacionamentos humanos. Coleridge apontou a "maravilhosa independência e a verdadeira ausência imaginativa de todo espaço ou tempo particular em *The faerie queene* [A rainha das fadas]";[27] e a dimensão temporal das alegorias de Bunyan ou das narrativas épicas também é vaga e não particularizada.

Logo, porém, a moderna noção de tempo começou a permear muitas áreas de pensamento. O final do século XVII assistiu ao surgimento de um estudo da História mais objetivo e, por conseguinte, de uma compreensão mais profunda da diferença entre passado e presente.[28] Newton e Locke apresentaram uma nova análise do processo temporal;[29] este se tornou um sentido de duração mais lento e mecânico, determinado com precisão suficiente para medir a queda dos objetos ou a sucessão dos pensamentos.

Esses novos enfoques refletem-se nos romances de Defoe. Sua ficção é a primeira que nos apresenta um quadro da vida individual numa perspectiva mais ampla como um processo histórico e numa visão mais estreita que mostra o processo desenrolando-se contra o pano de fundo dos pensamentos e ações mais efêmeros. É verdade que as escalas de tempo de seus romances às vezes são contraditórias em si mesmas e em relação a sua suposta ambientação histórica, mas o simples fato de existirem tais objeções certamente constitui um tributo à maneira como o leitor sente o arraigamento das personagens na dimensão temporal. Evidentemente não pensaríamos em levantar as mesmas objeções quanto a *Arcadia* de Sidney ou *The pilgrim's progress* [A jornada do peregrino]; a realidade temporal não se evidencia o suficiente para permitir qualquer tipo de discrepâncias. Em Defoe essa realidade se evidencia. Em seus melhores momentos ele nos convence inteiramente de que sua narrativa se desenrola em determinado lugar e em determinado tempo, e ao lembrarmo-nos de seus romances pensamos basicamente naqueles momentos intensos da vida das personagens, encadeados de maneira a compor uma perspectiva biográfica convincente. Percebemos um sentido de identidade pessoal que subsiste através da duração e no entanto se altera em função da experiência.

Essa percepção é mais intensa em Richardson, que teve o cuidado de situar os fatos de sua narrativa num esquema temporal de uma riqueza de detalhes sem precedentes: o sobrescrito de cada carta nos informa o dia da semana e muitas vezes a hora do dia; e isso compõe uma estrutura objetiva para o detalhe temporal ainda maior das próprias cartas — sabemos, por exemplo, que Clarissa faleceu numa quinta-feira, 7 de setembro, às dezoito horas e quarenta minutos. O emprego da forma epistolar também leva o leitor a sentir que realmente participa da ação, com uma intensidade até então inédita. Richardson sabia, conforme escreveu no "Prefácio" de *Clarissa*, que as "situações críticas [...] com o que se pode chamar de descrições e reflexões instantâneas" prendem melhor a atenção; e em muitas cenas o ritmo da narrativa diminui, graças a descrições minuciosas, aproximando-se bastante daquele da experiência real. Nessas cenas Richardson conquistou para o romance o que a técnica do "*close-up*" de D. W. Griffith fez para o cinema: acrescentou uma nova dimensão à representação da realidade.

Fielding tratou o problema do tempo em seus romances a partir de uma posição mais exterior e tradicional. Em *Shamela* zomba do tempo presente utilizado por Richardson:

> Mrs. Jervis e eu estamos na cama, a porta não está trancada; se meu patrão chegar [...] escuto-o chegar à porta. Vês que escrevo no presente, como diz o pastor Williams. Bem, ele está na cama, entre nós.[30]

Em *Tom Jones* ele indicou sua intenção de ser muito mais seletivo que Richardson ao trabalhar a dimensão tempo:

> Pretendemos [...] perseguir o método daqueles escritores que declaram revelar as revoluções dos países, e não imitar o historiador difícil e prolixo que, para preservar a regularidade de sua sequência, julga-se na obrigação de encher tanto papel com o detalhe de meses e anos em que nada digno de nota ocorreu quanto o que se utiliza para épocas notáveis em que as maiores cenas se desenrolaram no palco da vida humana.[31]

Paralelamente, contudo, *Tom Jones* introduziu uma inovação interessante no tratamento do tempo em obras de ficção. Fielding parece ter usado um almanaque, esse símbolo da difusão de uma noção objetiva do tempo pela imprensa escrita; salvo ligeiras exceções, praticamente todos os fatos de seu romance possuem uma coerência cronológica não só em relação uns aos outros e à época em que ocorreu cada estágio da viagem das várias personagens de West Country a Londres, mas também em relação a considerações externas como as fases adequadas da Lua e a programação da revolta jacobita de 1745, ano em que presumivelmente transcorre a ação.[32]

(E)

No presente contexto, como em muitos outros, o espaço é necessariamente o correlativo do tempo. O caso individual e particular logicamente é definido com relação a duas coordenadas: espaço e tempo. Como Coleridge assinalou, psicologicamente nossa ideia de tempo está "sempre misturada com a ideia de espaço".[33] Na verdade para muitos propósitos as duas dimensões são inseparáveis, como sugere o fato de as palavras "presente" e "minuto" poderem referir-se a qualquer dimensão; e a introspecção mostra que não conseguimos facilmente visualizar um momento particular da existência sem situá-lo também em seu contexto espacial.

Na tragédia, na comédia e na narrativa o lugar era tradicionalmente quase tão genérico e vago quanto o tempo. Como nos informa Johnson, Shakespeare "não considera a diferença de tempo ou local";[34] e a *Arcadia* de Sidney é tão solta no espaço quanto os limbos boêmios do palco elisabetano. É verdade que na picaresca, bem como em Bunyan, há muitas descrições físicas, vívidas e particularizadas; são, contudo, incidentais e fragmentárias. Defoe parece ser o primeiro dos escritores ingleses que visualizou o conjunto da narrativa como se esta se desenrolasse num ambiente físico real. Seu cuidado com a descrição do ambiente ainda é intermitente, mas os detalhes vívidos conquanto ocasionais suplementam a contínua implicação de sua narrativa e nos levam a relacionar muito mais completamente Robinson Crusoé e Moll Flanders a seus respectivos meios do que fazíamos com as personagens de ficção anteriores. Essa firmeza da ambientação destaca-se particularmente na maneira como Defoe trata os objetos móveis do mundo físico: em *Moll Flanders* há muito linho e ouro, enquanto a ilha de Robinson Crusoé está cheia de roupas e ferramentas.

Novamente no centro do desenvolvimento da técnica da narrativa realista, Richardson levou o processo ainda mais longe. Em seus romances faz poucas descrições do cenário natural, porém dispensa considerável atenção aos interiores. As residências de Pamela em Lincolnshire e Bedfordshire são prisões bastante reais; Grandison Hall é descrito com numerosos detalhes; e algumas descrições de *Clarissa* antecipam a habilidade de Balzac em construir o cenário do romance de modo a conferir-lhe força dramática — a mansão Harlowe torna-se um ambiente físico e moral terrivelmente real.

Nesse aspecto também Fielding se afasta um pouco da particularidade de Richardson. Não nos apresenta interiores completos, e suas frequentes descrições de paisagens são bastante convencionais. No entanto *Tom Jones* contém a primeira mansão gótica da história do romance;[35] e Fielding é tão cuidadoso com a topografia da ação quanto com a cronologia; cita o nome de muitos lugares percorridos por Tom Jones em sua viagem a Londres e fornece vários indícios da localização de outros.

Em geral, portanto, embora não haja no romance do século XVIII nada que se iguale aos capítulos iniciais de *Le rouge et le noir* [O vermelho e o negro] ou *Le père Goriot* [O pai Goriot] — os quais indicam de imediato a importância que Stendhal e Balzac conferem ao meio ambiente em seu retrato total da vida —, sem dúvida a busca da verossimilhança levou Defoe, Richardson e Fielding a iniciar aquele poder de "colocar o homem inteiramente em seu cenário físico", o que para Allen Tate constitui a característica distintiva do gênero romance;[36] e a considerável extensão de seu sucesso não constitui o menor dos fatores que os distinguem dos ficcionistas anteriores e explicam sua importância na tradição da nova forma.

(F)

Parece que todas as características técnicas do romance descritas acima contribuem para a consecução de um objetivo que o romancista compartilha com o filósofo: a elaboração do que pretende ser um relato autêntico das verdadeiras experiências individuais. Tal objetivo envolvia muitas outras rupturas com as tradições da ficção, além das já mencionadas. A mais importante talvez — a adaptação do estilo da prosa a fim de dar uma impressão de absoluta autenticidade — também se relaciona intimamente com uma das ênfases metodológicas distintivas do realismo filosófico.

Assim como foi o ceticismo nominalista com relação à linguagem que começou a minar a atitude dos realistas escolásticos diante dos universais, assim também o moderno realismo logo se defrontou com o problema semântico. Nem todas as palavras representam objetos reais, ou não os representam da mesma forma, e portanto a filosofia se viu diante do problema de definir sua lógica. Os capítulos finais do terceiro livro do *Essay concerning human understanding* [Ensaio sobre o entendimento humano], de Locke, constituem provavelmente a evidência mais importante dessa corrente no século XVII. Muitos dos comentários sobre o uso adequado das palavras excluiriam boa parte da literatura, pois, como Locke constata com tristeza, "a eloquência, tal qual o sexo frágil", implica um prazeroso engano.[37] Por outro lado é interessante notar que alguns dos "abusos de linguagem" especificados por Locke — como a linguagem figurativa, por exemplo — constituíram uma característica da narrativa de ficção, porém são muito mais raros na prosa de Defoe e Richardson do que em qualquer ficcionista anterior.

A tradição estilística da ficção mais antiga não se preocupava tanto com a correspondência entre palavras e coisas quanto com as belezas extrínsecas que o uso da retórica podia conferir à descrição e à ação. A *Aethiopica* de Heliodoro estabeleceu a tradição da ornamentação linguística na narrativa grega e a tradição prosseguiu no eufuísmo de John Lyly e Sidney e nos conceitos elaborados, ou *phébus*, de La Calprenède e Madeleine de Scudéry. Assim, mesmo que os novos ficcionistas tivessem rejeitado a velha tradição de misturar poesia e prosa — tradição seguida até em narrativas totalmente dedicadas a retratar uma vida desprezível, como o *Satyricon*, de Petrônio —, ainda restaria a forte expectativa literária de que usariam a linguagem como uma fonte de interesse em si mesma e não como um simples veículo referencial.

De qualquer modo evidentemente a tradição crítica clássica em geral não via utilidade na descrição realista despojada que tal emprego da linguagem implicaria. Quando o nono *Tatler** (1709) apresentou a "Description of the morning" [Descrição da manhã] de Swift como uma obra em que o autor "segue um caminho inteiramente novo e descreve as coisas tal qual ocorreram", o tom era irônico. A suposição implícita de escritores e críticos cultos era a de que a habilidade de um autor se revelava não na fidelidade com que fazia suas palavras corresponderem aos respectivos objetos, mas na sensibilidade literária com que seu estilo refletia o decoro linguístico adequado ao assunto. Assim,

* *The Tatler*: periódico escrito, editado e publicado na Inglaterra, entre 1709 e 1711, por Richard Steele com a colaboração de Joseph Addison. (N. T.)

é natural que devamos nos voltar para escritores externos aos círculos intelectuais para buscar nossos exemplos mais antigos da narrativa de ficção elaborada numa prosa praticamente restrita a um emprego descritivo e denotativo da linguagem. Também é natural que muitos escritores cultos tenham atacado Defoe e Richardson por sua forma canhestra e em geral descuidada.

Por certo suas intenções basicamente realistas demandavam algo muito diferente dos padrões estabelecidos da prosa literária. É verdade que o movimento em direção a uma prosa clara e fácil no final do século XVII contribuiu muito para a criação de um modo de expressão bem mais adequado ao romance realista do que aquele que existia antes; enquanto a concepção lockiana da linguagem começava a refletir-se na teoria literária — John Dennis, por exemplo, baniu as imagens em determinadas circunstâncias por julgá-las não realistas: "Nenhum tipo de imagem pode expressar a dor. Se um homem se lamenta por símiles, eu rio ou durmo".[38] Não obstante, a norma da prosa no período augustano* continuava sendo literária demais para ser a voz natural de Moll Flanders ou Pamela Andrews: e embora a prosa de Addison, por exemplo, ou de Swift seja bastante simples e direta, sua ordenada economia tende a sugerir mais um resumo sucinto que um relato completo.

Assim, quando Defoe e Richardson rompem com os cânones do estilo da prosa, devemos considerar sua atitude não como uma falha incidental, e sim como o preço que tinham de pagar para manter-se fiéis ao que descreviam. Em Defoe essa fidelidade é sobretudo física, em Richardson é basicamente emocional, mas em ambos sentimos que o propósito primordial consiste em fazer as palavras trazerem-nos seu objeto em toda a sua particularidade concreta, mesmo que isso lhes custe repetições, parênteses, verbosidade. Evidentemente Fielding não rompeu com as tradições do estilo da prosa augustana ou com a abordagem da época. Mas

* Augustano: referente ao período neoclássico da literatura inglesa, na primeira metade do século XVIII; o refinamento e a profusão de grandes escritores lembravam a época de Augusto, o imperador romano. (N. T.)

pode-se dizer que isso depõe contra a autenticidade de suas narrativas. Ao ler *Tom Jones* não imaginamos que estamos espreitando uma nova exploração da realidade; a prosa imediatamente nos informa que as operações exploratórias terminaram há muito tempo, que podemos nos poupar o trabalho, e nos fornece um relato selecionado e claro das descobertas.

Aqui há uma curiosa antinomia. Por um lado Defoe e Richardson inflexivelmente aplicam a posição realista à estrutura da linguagem e da prosa, desprezando outros valores literários. Por outro lado as virtudes estilísticas de Fielding tendem a interferir em sua técnica de romancista, porque uma evidente seleção de visão destrói nossa confiança na realidade do relato ou pelo menos desvia nossa atenção do conteúdo da narrativa para a habilidade do narrador. Parece haver uma contradição inerente entre os valores literários antigos e permanentes e a técnica narrativa característica do romance.

Sugere isso um paralelo com a ficção francesa. Na França a posição crítica clássica, com sua ênfase na elegância e na concisão, permaneceu incontestada até o advento do Romantismo. Em parte por isso, talvez, a ficção francesa desde *La princesse de Clèves* [A princesa de Clèves] até *Les liaisons dangereuses* [As ligações perigosas] permanece à margem da principal tradição do romance. Apesar de toda a sua acuidade psicológica e de sua habilidade literária, é elegante demais para ser autêntica. Nesse aspecto madame de La Fayette e Choderlos de Laclos são os opostos de Defoe e Richardson, cuja prolixidade tende a constituir uma garantia da autenticidade de seu relato, cuja prosa visa exclusivamente ao que Locke definiu como o objetivo próprio da linguagem, "transmitir o conhecimento das coisas",[39] e cujos romances como um todo pretendem não ser mais que uma transcrição da vida real — nas palavras de Flaubert, "*le réel écrit*".

Parece, portanto, que a função da linguagem é muito mais referencial no romance que em outras formas literárias; que o gênero funciona graças mais à apresentação exaustiva que à concentração elegante. Esse fato sem dúvida explicaria por que o romance é o mais traduzível de todos os gêneros; por que muitos romancistas incontestavelmente grandes, de Richardson e Balzac a Hardy e Dostoiévski, muitas vezes escrevem sem elegância e algumas vezes até com declarada vulgaridade; e por que o romance tem menos necessidade de comentário histórico e literário que outros gêneros — sua convenção formal obriga-o a fornecer suas próprias notas de pé de página.

II

Até aqui tratamos das principais analogias entre o realismo na filosofia e na literatura. Não as consideramos perfeitas: a filosofia é uma coisa e a literatura é outra. Tampouco as analogias dependem da hipótese de a tradição realista na filosofia ter suscitado o realismo no romance. Provavelmente houve certa influência, sobretudo através de Locke, cujo pensamento permeia o século XVIII. Entretanto, se existe uma relação causal de alguma importância, provavelmente é bem menos direta: tanto as inovações filosóficas quanto as literárias devem ser encaradas como manifestações paralelas de uma mudança mais ampla — aquela vasta transformação da civilização ocidental desde o Renascimento que substituiu a visão unificada de mundo da Idade Média por outra muito diferente, que nos apresenta essencialmente um conjunto em evolução, mas sem planejamento, de indivíduos particulares vivendo experiências particulares em épocas e lugares particulares.

Aqui, no entanto, estamos interessados numa concepção muito mais limitada, na extensão em que a analogia com o realismo filosófico ajuda a isolar e definir o estilo narrativo específico do romance. Tem-se dito que este é a soma das técnicas literárias através das quais o romance imita a vida seguindo os procedimentos adotados pelo realismo filosófico em sua tentativa de investigar e relatar a verdade. Tais procedimentos absolutamente não se restringem à filosofia; na verdade tendem a ser adotados sempre que se investiga a relação entre qualquer descrição de um fato e a realidade. Assim, pode-se dizer que o romance imita a realidade adotando procedimentos de outro grupo de especialistas em epistemologia, o júri de um tribunal. As expectativas deste, como as do leitor de um romance, coincidem sob muitos aspectos: ambos querem conhecer "todos os particulares" de determinado caso — a época e o local da ocorrência —; ambos exigem informações sobre a identidade das partes envolvidas e não aceitarão provas relativas a gente chamada sir Toby Belch ou mr. Badman — menos ainda referentes a uma Chloe sem sobrenome e "tão comum quanto o ar" —; e também esperam que as testemunhas contem a história "com suas próprias palavras". Na verdade o júri adota a "visão circunstancial da vida", que, segundo T. H. Green,[40] é a característica do romance.

O método narrativo pelo qual o romance incorpora essa visão circunstancial da vida pode ser chamado seu realismo formal; formal porque aqui o termo "realismo" não se refere a nenhuma doutrina ou propósito literário específico, mas apenas a um conjunto de procedimentos narrativos que se encontram tão comumente no romance e tão raramente em outros gêneros literários que podem ser considerados típicos dessa forma. Na verdade o realismo formal é a expressão narrativa de uma premissa que Defoe e Richardson aceitaram ao pé da letra, mas que está implícita no gênero romance de modo geral: a premissa, ou convenção básica, de que o romance constitui um relato completo e autêntico da experiência humana e, portanto, tem a obrigação de fornecer ao leitor detalhes da história como a individualidade dos agentes envolvidos, os particulares das épocas e locais de suas ações — detalhes que são apresentados através de um emprego da linguagem muito mais referencial do que é comum em outras formas literárias.

Como as regras da evidência, o realismo formal obviamente não passa de uma convenção; e não há razão para que o relato da vida humana apresentado através dele seja mais verdadeiro que aqueles apresentados através das convenções muito diferentes de outros gêneros literários. Na realidade a impressão de total autenticidade do romance pode suscitar certa confusão quanto a esse aspecto: e a tendência de alguns realistas e naturalistas de esquecerem que a transcrição fiel da realidade não leva necessariamente à criação de uma obra fiel à verdade ou dotada de permanente valor literário sem dúvida é em parte responsável pela aversão generalizada que hoje em dia se vota ao realismo e suas obras. Tal aversão, entretanto, também pode suscitar uma confusão crítica, levando-nos ao erro oposto; não devemos deixar que nossa percepção de certas falhas nos objetivos da escola realista diminua a considerável extensão em que o romance em geral — tanto de Joyce como de Zola — emprega os meios literários aqui denominados realismo formal. Tampouco devemos esquecer que, embora seja apenas uma convenção, o realismo formal, como todas as convenções literárias, tem suas vantagens específicas. Há diferenças importantes no grau em que as diferentes formas literárias imitam a realidade; e o realismo formal do romance permite uma imitação mais imediata da experiência individual situada num contexto temporal e espacial do que outras formas literárias. Por conseguinte as convenções do romance exigem do público menos que a maioria das convenções literárias; e isso com certeza explica por que a maioria dos leitores nos dois últimos séculos tem encontrado no romance a forma literária que melhor satisfaz seus anseios de uma estreita correspondência entre a vida e a arte. Tampouco as vantagens da correspondência estrita e detalhada com a vida real oferecidas pelo realismo formal se limitam a contribuir para a popularidade do romance; como veremos, elas também se relacionam com suas qualidades literárias mais características.

Evidentemente no sentido mais estrito Defoe e Richardson não descobriram o realismo formal, apenas o aplicaram de maneira mais completa do que os escritores que os antecederam. Como Carlyle assinalou,[41] Homero, por exemplo, tinha em comum com eles essa "clareza de visão" que se manifesta nas descrições "detalhadas, extensas e deliciosamente acuradas", abundantes em suas obras; e na ficção posterior, de *O asno de ouro* a *Aucassin e Nicolette*, de Chaucer a Bunyan, há muitos trechos que mostram as personagens, suas ações e seu ambiente com uma particularidade tão autêntica quanto a de qualquer romance do século XVIII. Contudo há uma diferença importante: em Homero e na prosa de ficção mais antiga esses trechos são relativamente raros e tendem a destacar-se da narrativa geral; a estrutura literária total não era orientada no sentido do realismo formal, e o enredo sobretudo — em geral tradicional e quase sempre muito improvável — estava em conflito direto com suas premissas. Mesmo quando declararam perseguir um objetivo inteiramente realista, como foi o caso de muitos autores do século XVII, os escritores mais antigos não eram sinceros. La Calprenède, Richard Head, Grimmelshausen, Bunyan, Aphra Behn, Furetière,[42] para mencionar apenas alguns, afirmaram que sua ficção correspondia à verdade; contudo não são mais convincentes do que a maioria dos hagiógrafos medievais, que fizeram declarações semelhantes. Em nenhum dos casos o propósito da verossimilhança se firmara o bastante para levar à rejeição total de qualquer convenção não realista que dominasse o gênero.

Por motivos que examinaremos no capítulo seguinte, Defoe e Richardson tinham com relação às convenções literárias uma independência sem precedentes que podia ter interferido em suas intenções essenciais e aceitaram com muito maior compreensão as exigências da verdade literal. Lamb não poderia ter escrito com relação a nenhuma ficção anterior a Defoe, em termos muito semelhantes aos que Hazlitt usou ao tratar de Richardson:[43] "É como ler uma evidência na corte de justiça".[44] Se isso é bom ou mau é uma questão aberta; Defoe e Richardson dificilmente mereceriam sua fama se não tivessem outros méritos, muito maiores. Entretanto, não há dúvida de que a evolução de um método narrativo capaz de criar tal impressão é a manifestação mais evidente daquela mutação da prosa de ficção que denominamos romance; a importância histórica de Defoe e Richardson reside na maneira repentina e completa com que deram vida ao que pode ser considerado o mínimo denominador comum do gênero romance como um todo: seu realismo formal.

2. O PÚBLICO LEITOR E O SURGIMENTO DO ROMANCE

ACABAMOS DE VER QUE O REALISMO formal do romance envolveu uma ampla ruptura com a tradição literária vigente. Vários fatores contribuíram para que essa ruptura ocorresse na Inglaterra antes e mais completamente que em outro país, e dentre eles teve considerável importância a mudança que se processou no público leitor do século XVIII. Em seu *English literature and society in the eighteenth century* [Literatura e sociedade inglesa no século XVIII], por exemplo, Leslie Stephen afirma que "a extensão gradual da classe leitora afetou o desenvolvimento da literatura a ela dirigida"[1] e aponta o surgimento do romance, bem como o do jornalismo, como exemplos fundamentais do efeito das mudanças no público literário. Entretanto a natureza da evidência é de tal ordem que uma análise completa seria extremamente longa e não esgotaria certas questões importantes sobre as quais dispomos de informação escassa e de difícil interpretação: assim, o que apresentamos aqui não passa de uma abordagem sucinta de algumas das possíveis relações entre mudanças na natureza e na organização do público leitor e o surgimento do romance.

I

Muitos observadores do século XVIII achavam que sua época assistiu a um notável e crescente interesse popular pela leitura. Por outro lado é provável que, embora grande em comparação com épocas anteriores, o público leitor estivesse longe da extensão que tem hoje em dia. A prova mais convincente é estatística — ressalvando-se que, em graus variados porém sempre consideráveis, todas as estimativas disponíveis são bem pouco confiáveis e de aplicação problemática.

A única estimativa contemporânea da extensão do público leitor foi feita no final do século: na década de 1790 Burke avaliou-o em 80 mil indivíduos.[2] É um número pequeno para uma população de pelo menos 6 milhões e provavelmente seria ainda menor no período de que nos ocupamos. É o que sugere a evidência mais confiável fornecida pela circulação de jornais e periódicos: uma cifra, a de 43 800 exemplares vendidos semanalmente em 1704,[3] indica menos de um comprador para cem pessoas; outro número, o de 23 673 exemplares vendidos diariamente em 1753,[4] sugere que, embora tivesse triplicado na primeira metade do século, o público comprador de jornais ainda era pequeno em comparação com o total da população. Ainda que aceitemos a maior estimativa contemporânea de leitores por exemplar — vinte, segundo diz Addison no *Spectator*[5] —, os leitores de jornal não somariam meio milhão de pessoas — no máximo uma entre onze na população total —; e como a estimativa de vinte leitores por exemplar parece um exagero muito grande (e não desinteressado), provavelmente a proporção real era a metade disso ou menos que uma pessoa em vinte.

A venda dos livros mais populares da época sugere um público comprador que ainda se pode contar em dezenas de milhares. A maioria das poucas obras seculares que venderam mais de 10 mil exemplares eram panfletos sobre assuntos do momento, como a *Conduct of the allies* [Conduta dos aliados] (1711), de Swift, que vendeu 11 mil exemplares,[6] e as *Observations on the nature of civil liberty* [Observações sobre a natureza da liberdade civil] (1776), de Price, que em poucos meses vendeu 60 mil exemplares.[7] O maior número registrado para uma única obra — 105 mil, para a *Letter from the lord bishop of London to the clergy and people of London on the occasion of the late earthquakes...* [Carta do senhor bispo de Londres ao clero e ao povo de Londres por ocasião dos últimos terremotos] (1750), do bispo Sherlock[8] — refere-se a um panfleto religioso um tanto sensacionalista, tendo muitos exemplares sido distribuídos gratuitamente com objetivos evangélicos. A venda de obras mais extensas e, portanto, mais caras era bem menor, sobretudo quando se tratava de livros de natureza leiga.

Quanto ao crescimento do público leitor, os números são ainda menos confiáveis que os referentes a seu tamanho; contudo dois dos menos duvidosos sugerem que nesse período ocorreu um aumento considerável. Em 1724 o impressor Samuel Negus queixou-se de que o número de tipografias de Londres saltara para 75;[9] entretanto em 1757 outro impressor, Strahan, calculava que havia algo entre 150 e duzentas tipografias "constantemente ocupadas".[10] Uma estimativa moderna da publicação média anual de novos livros, exceto panfletos, sugere que o número praticamente se quadruplicou ao longo do século; entre 1666 e 1756 a média anual foi inferior a cem e de 1792 a 1802 saltou para 372.[11]

Assim, é possível que, ao falar de uma "nação de leitores",[12] em 1781, Johnson tivesse em mente uma situação que em larga medida começara a ocorrer depois de 1750, mas não convém tomar suas palavras ao pé da letra: o público leitor pode ter crescido o bastante para justificar a hipérbole, porém a proporção ainda era muito limitada.

Um breve exame dos fatores que afetaram a composição do público leitor mostrará por que ele se manteve tão restrito segundo os padrões modernos.

O primeiro desses fatores — e o mais evidente — eram as limitadíssimas oportunidades de instrução — instrução não no sentido do século XVIII, ou seja, de conhecimento das línguas e literaturas clássicas, mormente a latina, mas na acepção moderna de capacidade de ler e escrever a língua materna. Até isso estava longe de ser universal na Inglaterra setecentista. Por volta do final do século James Lackington, por exemplo, escreveu que "ao distribuir panfletos religiosos descobri que alguns lavradores e seus filhos e também três quartas partes dos pobres não sabiam ler";[13] e há indícios suficientes para concluir que no campo muitos pequenos agricultores, suas famílias e a maioria dos lavradores eram analfabetos e mesmo nas cidades alguns pobres — sobretudo soldados, marinheiros e o populacho das ruas — não sabiam ler.

Entretanto é provável que nas cidades fosse mais comum o semianalfabetismo que o analfabetismo completo. Principalmente em Londres: a difusão de nomes em lugar de sinais indicando as lojas — o que em 1782 surpreendeu o visitante suíço Carl Philipp Moritz como algo insólito[14] — com certeza indica que cada vez mais se supunha que a comunicação escrita seria compreendida por um número bastante grande, inclusive pelos estrangeiros de Gin Lane, para valer a pena utilizá-la.

Parece que havia boas oportunidades de aprender a ler, embora as evidências indiquem que a instrução pública era, quando muito, irregular e esporádica. Não existia propriamente um sistema educacional, mas uma rede de escolas de vários tipos, mantidas ou não por doações, cobria o país, à exceção de algumas regiões rurais mais distantes e certas cidades industriais do norte. Em 1788, o primeiro ano sobre o qual há dados confiáveis, cerca de um quarto das paróquias da Inglaterra não tinha nenhum tipo de escola e quase a metade não dispunha de estabelecimentos de ensino mantidos por doações.[15] Antes dessa data, no mesmo século, a extensão provavelmente era um pouco maior.

Em geral a frequência a essas escolas era breve e irregular demais para que os pobres pudessem aprender alguma outra coisa além dos rudimentos da leitura. As crianças das classes mais pobres em geral saíam da escola aos seis ou sete anos e, se continuavam, era apenas durante os poucos meses em que não havia trabalho no campo ou na fábrica. O tipo mais comum de ensino elementar, ministrado nas *dame schools*,* custava entre dois e seis *pence* por semana, quantia que pesava bastante em muitos orçamentos e era completamente inacessível ao milhão ou mais de pessoas que viviam da assistência aos pobres.[16] A

* *Dame school*: tipo de escola instalada na casa de uma mulher que alfabetizava as crianças das redondezas e lhes ensinava os rudimentos da aritmética. (N. T.)

algumas dessas pessoas, sobretudo em Londres e nas cidades maiores, as escolas de caridade ofereciam instrução gratuita, enfatizando, porém, a educação religiosa e a disciplina social; ensinar a ler, escrever e fazer contas constituía um objeto secundário, raramente perseguido com grandes esperanças de sucesso:[17] em vista disso e de outras razões, é bem pouco provável que as escolas de caridade tenham contribuído de forma significativa para uma alfabetização eficaz dos pobres e muito menos para a ampliação do público leitor.

De qualquer modo não havia concordância geral quanto à instrução dos pobres. Durante o século XVIII aumentaram as objeções utilitaristas e mercantilistas à alfabetização das classes mais desfavorecidas. Com sua habitual franqueza Bernard Mandeville expressou a atitude usual em seu *Essay on charity and charity schools* [Ensaio sobre a caridade e as escolas de caridade] (1723): "Ler, escrever, contar são [...] muito perniciosos aos pobres [...] Homens que devem permanecer e terminar seus dias numa quadra da vida árdua, fatigante e dolorosa, quanto antes se instalarem nela, tanto mais pacientemente a suportarão".[18]

Essa era a opinião de muitos, não só empregadores e economistas, como vários pobres, na cidade e no campo. Por exemplo, Stephen Duck, o poeta debulhador, foi tirado da escola aos catorze anos de idade pela mãe "a fim de que não se tornasse fino demais para a família que o concebeu";[19] e muitos outros filhos de camponeses pobres só iam à escola quando seu trabalho não fazia falta na terra. Nas cidades havia pelo menos um fator ainda mais hostil à instrução popular: o crescente emprego de crianças com mais de cinco anos para suprir a demanda de mão de obra industrial. O trabalho na fábrica não era tão sujeito a fatores climáticos e o longo expediente deixava pouco ou nenhum tempo livre para ir à escola; por conseguinte, é provável que em algumas regiões fabris o índice de alfabetismo tendeu a baixar ao longo do século XVIII.[20]

Portanto, conforme demonstra a vida de poetas autodidatas como Duck, James Lackington, William Hutton e John Clare, havia muitos obstáculos graves no caminho dos membros das classes trabalhadoras que queriam aprender a ler e escrever; contudo o fator preponderante do analfabetismo era provavelmente a falta de motivação para aprender. Saber ler era um verniz necessário apenas aos que se destinavam a ocupações típicas da classe média — comércio, administração e as profissões em geral — e, tratando-se de um processo psicológico difícil, que requer exercício contínuo, é provável que apenas uma pequena proporção das classes laboriosas já alfabetizada se incluísse entre o público leitor e que a maior parte desse grupo tivesse ocupações nas quais ler e escrever constituísse uma necessidade profissional.

Muitos outros fatores tendiam a restringir o público leitor. Do ponto de vista do escritor o mais importante deles talvez seja o econômico.

Duas das estimativas mais confiáveis dos rendimentos médios dos principais grupos sociais — a de Gregory King em 1696[21] e a de Defoe em 1769[22] — mostram que mais da metade da população mal conseguia suprir as necessidades básicas. King afirma que 2 825 000 pessoas de uma população total de 5 550 500 constituíam uma "maioria inútil", que "diminuía a riqueza do reino". Essa maioria compunha-se basicamente de indigentes e trabalhadores braçais; e King calcula que a renda familiar média variava de seis a vinte libras por ano. Evidentemente esses grupos viviam no nível de mera subsistência e não podiam se dar o luxo de gastar com livros e jornais.

Tanto King quanto Defoe falam de uma classe intermediária, situada entre os pobres e os abastados. King relaciona 1 990 000 pessoas com renda familiar de 38 a sessenta libras anuais. Compreendiam: 1 410 000 "pequenos proprietários e agricultores" com rendimentos anuais de 55 e 42 libras e dez *shillings*; 225 mil "donos de loja e comerciantes" com 45 libras por ano; e 240 mil "artesãos e outros profissionais" com rendimentos médios de 38 libras anuais. Nenhum desses salários permitiria comprar livros, ainda mais que constituíam os rendimentos de famílias inteiras; no entanto devia sobrar algum dinheiro para os agricultores e comerciantes mais ricos, e é provável que as mudanças operadas nessa classe intermediária tenham contribuído para ampliar o público leitor do século XVIII.

Essa ampliação deve ter sido mais acentuada nas cidades, pois acredita-se que na época diminuiu o número de pequenos proprietários rurais, cujos rendimentos possivelmente se mantiveram estáveis ou decresceram,[23] enquanto aumentavam o número e a riqueza de comerciantes, profissionais independentes, funcionários administrativos e membros do clero.[24] Sua abastança crescente provavelmente os levou à órbita da cultura da classe média, até então reservada a um número menor de comerciantes e artesãos bem-sucedidos. É possível que se deva a eles a expansão mais significativa do público comprador de livros.

O alto custo dos livros no século XVIII enfatiza o rigor dos fatores econômicos que restringiam o público leitor. Os preços eram mais ou menos comparáveis aos de hoje, porém os rendimentos médios tinham cerca de um décimo do poder aquisitivo atual: um trabalhador braçal ganhava em média dez *shillings* por semana, enquanto um artesão especializado ou um pequeno comerciante se satisfazia com uma libra semanal.[25] Charles Gildon caçoava: "Nenhuma velha pode arcar com o preço, mas (todas) compram *Robinson Crusoé*";[26] certamente bem poucas mulheres pobres podiam comprar a edição original a cinco *shillings* o exemplar.

Assim como o contraste econômico entre as diferentes classes era muito maior que hoje, assim também o preço dos diversos tipos de livros variava muito mais. Fólios luxuosos para as bibliotecas dos nobres e dos comerciantes ricos custavam um guinéu ou mais o exemplar, enquanto um duodécimo, com talvez a mesma quantidade de material impresso, variava de um a *três shillings*. A *Iliad* de Pope, a seis guinéus a coleção, era inacessível a muitos compradores de livros; mas logo surgiram uma edição holandesa pirata e outras versões mais baratas "para satisfação daqueles que estavam impacientes para ler o que até então não podiam comprar".[27]

Esses leitores menos endinheirados não podiam adquirir as epopeias francesas, geralmente editadas em fólios muito caros. Mas — significativamente — os romances custavam um preço médio. Pouco a pouco passaram a ser publicados em dois ou mais volumes pequenos, vendidos a três *shillings* se encadernados e a dois *shillings* e três *pence* em folhas soltas. Assim, *Clarissa* surgiu em sete volumes, depois oito, e *Tom Jones* em seis. Portanto, apesar de módico em comparação com obras maiores, o preço do romance só estava ao alcance dos abastados: *Tom Jones*, por exemplo, custava mais do que um trabalhador ganhava em média por semana. Com certeza o público leitor de romances não pertencia à camada mais representativa da sociedade — ao contrário, por exemplo, do que ocorreu com as plateias do teatro elisabetano. Só os indigentes não podiam gastar um *penny* de vez em quando para ir ao Globe Theater: o ingresso não custava mais que uma cerveja. Em contrapartida o que se pagava por um romance podia sustentar uma família por uma ou duas semanas. Isso é importante. No século XVIII o romance estava mais próximo da capacidade aquisitiva dos novos leitores da classe média do que muitas formas de literatura e erudição estabelecidas e respeitáveis, porém estritamente falando não era um gênero popular.

Certamente os leitores menos endinheirados podiam adquirir muitas outras publicações mais baratas: baladas por meio *penny* ou um *penny*; folhetos contendo novelas cavaleirescas resumidas, novas histórias de crimes ou relatos de acontecimentos extraordinários por preços que variavam de um *penny* a seis *pence*; panfletos por três *pence* a um *shilling*; e principalmente jornais por um *penny* — em 1712 impôs-se uma taxa, subindo o preço para três meios *pence* ou dois *pence* até 1757 e para três *pence* depois de 1776. Muitos desses jornais publicavam contos ou romances em capítulos — *Robinson Crusoé*, por exemplo, foi reimpresso dessa forma no *Original London Post*, jornal que saía três vezes por semana, bem como em duodécimos e até panfletos. Contudo para nossos propósitos específicos o público mais pobre não tem importância: os romancistas que nos interessam não tinham em mente essa forma de publicação, e os impressores e editores especializados nela normalmente usavam obras que já haviam sido publicadas em edições mais caras, e em geral não pagavam nada.

Pode-se ter uma ideia da medida em que os fatores econômicos retardaram a expansão do público leitor, em especial o do romance, pelo rápido sucesso das bibliotecas públicas ou circulantes, como passaram a ser chamadas após 1742, quando surgiu o termo.[28] Já havia registro de bibliotecas desse tipo, sobretudo a partir de 1725, mas sua rápida expansão iniciou-se em 1740, quando se criou em Londres a primeira biblioteca circulante, às quais se seguiram no mínimo sete apenas numa década. As taxas de inscrição eram módicas: em geral variavam de meio guinéu a um guinéu por ano, e muitas vezes se podia emprestar livros por um *penny* o volume ou três *pence* o habitual romance de três volumes.

A maioria das bibliotecas circulantes continha todo tipo de literatura, porém o romance constituía a principal atração e sem dúvida foi o gênero que mais contribuiu para ampliar o público leitor de ficção ao longo do século. Foi também a forma literária que suscitou o maior volume de comentários contemporâneos sobre a extensão da leitura às classes inferiores. Dizia-se que essas "lojinhas de literatura"[29] corrompiam a mente de escolares, lavradores, "criadas da melhor espécie",[30] e até mesmo de "todo açougueiro e padeiro, remendão e latoeiro nos três reinos".[31] Assim, é provável que até 1740 o alto preço dos livros impedisse que uma parcela substancial do público leitor tivesse participação integral na vida literária e que essa parcela se compusesse basicamente de possíveis leitores de romance, muitos dos quais seriam mulheres.

A distribuição do lazer na época corrobora e amplifica o quadro já apresentado da composição do público leitor; e ainda fornece a melhor evidência disponível para explicar a crescente participação das mulheres nesse público. Pois, enquanto boa parte da nobreza e da pequena aristocracia continuava sua regressão cultural do cortesão elisabetano aos "bárbaros" de Arnold, a literatura tendia a se tornar um entretenimento basicamente feminino.

Como tantas outras vezes, Addison é o arauto da nova tendência. Ele assim escreveu no *Guardian* (1713):

> Há algumas razões pelas quais o estudo se adapta melhor ao mundo feminino que ao masculino. Primeiro, porque as mulheres dispõem de mais tempo livre e levam uma vida mais sedentária [...] Existe outra razão para que sobretudo as mulheres de posição se dediquem às letras, a saber, porque seus maridos geralmente não são versados nelas.[32]

E a maioria não se envergonhava nem um pouco disso, a julgar pelo atarefado mr. Lofty, em *The good natur'd man* [O homem afável] (1768), de Goldsmith, que declara: "A poesia é uma coisa bem bonita para nossas esposas e nossas filhas, porém não para nós".[33]

As mulheres das classes alta e média podiam participar de poucas atividades masculinas, tanto de negócios como de divertimento. Era raro envolverem-se em política, negócios ou na administração de suas propriedades; tampouco tinham acesso aos principais divertimentos masculinos, como caçar ou beber. Assim, dispunham de muito tempo livre e ocupavam-no basicamente devorando livros.

Lady Mary Wortley Montagu, por exemplo, era uma ávida leitora de romances; depois de pedir à filha que lhe enviasse uma lista de livros copiada de anúncios de jornais, acrescentou: "Não tenho dúvida de que pelo menos a maior parte deve ser um lixo, bobagens etc. Entretanto servirá para passar o tempo".[34] Mrs. Thrale, pertencente a um nível social bem mais baixo, conta que por ordem do marido "não devia *pensar em cozinha*" e explica que em função desse ócio forçado "voltou-se para a literatura como o único passatempo".[35]

Muitas mulheres menos abastadas também dispunham de mais tempo livre que antigamente. B. L. de Muralt já constatara em 1694 que "mesmo entre a gente do povo os maridos raramente fazem as mulheres trabalharem";[36] e outro visitante estrangeiro, César de Saussure, observou em 1727 que as esposas dos comerciantes eram "preguiçosas e poucas fazem trabalhos de agulha".[37] Esse tipo de comentário mostra bem a extensão do ócio das mulheres, fruto de uma importante transformação econômica. Já não eram necessários os velhos deveres da dona de casa, como fiar e tecer, fazer pão e cerveja, fabricar velas e sabão, entre outros, pois muitos artigos agora eram manufaturados e podiam ser comprados nas vendas e mercados. Essa relação entre o aumento do ócio feminino e o desenvolvimento da especialização econômica foi registrada em 1748 pelo viajante sueco Pehr Kalm, que se surpreendeu ao descobrir que na Inglaterra "dificilmente se vê uma mulher ocupada em tarefas ao ar livre"; e mesmo dentro de casa, descobriu, "fiar e tecer também é uma coisa rara na maioria dos lares, pois as muitas fábricas as poupam de tal necessidade".[38]

Provavelmente Kalm exagera a extensão da mudança e de qualquer modo refere-se apenas ao meio urbano. Nas regiões rurais distantes de Londres a economia mudou em ritmo bem mais lento e a maioria das mulheres com certeza continuou a dedicar-se quase exclusivamente às várias ocupações domésticas que ainda mantinham a casa autossuficiente. Não obstante é certo que no início do século XVIII o ócio feminino cresceu muito, embora provavelmente apenas em Londres e seus arredores e nas cidades provincianas de maior porte.

É difícil determinar o quanto desse ócio era dedicado à leitura. As cidades, e sobretudo Londres, ofereciam numerosos entretenimentos: durante a temporada havia peças, ópera, bailes de máscaras, bailes públicos, reuniões, enquanto os novos balneários lotavam nos meses ociosos do verão. Mesmo assim, até os mais ardentes devotos dos prazeres da cidade deviam dispor de algum tempo livre para ler; e as muitas mulheres que não queriam ou não podiam partilhá-los deviam ter mais tempo ainda. As mulheres de formação puritana também viam na leitura uma distração bem mais inócua. Isaac Watts, um dissidente muito influente do começo do século XVIII, estendeu-se sobre "todas as dolorosas e nefastas consequências do tempo perdido"[39] e recomendou a seus pupilos, em geral mulheres, que ocupassem as horas ociosas com leituras e discussões literárias.[40]

No início do século XVIII criticou-se muito a maneira como as classes trabalhadoras atraíam a ruína para si mesmas e para o país aspirando ao mesmo tipo de lazer das esferas superiores. Boa parte dessas jeremiadas não deve ser levada em consideração. Não só porque as roupas e os divertimentos elegantes eram muito mais caros que hoje em relação ao padrão de vida, mas também porque bastava o ócio de alguns poucos afortunados ou imprevidentes aumentar para despertar um tipo de medo e hostilidade que temos dificuldade em compreender. A opinião tradicional era a de que as distinções de classe constituíam a base da ordem social e que consequentemente o lazer convinha apenas às classes ociosas; e reforçava muito essa opinião a teoria econômica da época, que se opunha a tudo que pudesse afastar os trabalhadores de seus deveres. Assim, havia considerável concordância entre os porta-vozes do mercantilismo e os do pensamento religioso e social tradicional: até mesmo a leitura constituía uma distração perigosa para os trabalhadores braçais, pois podia afastá-los de suas ocupações primordiais. Por exemplo, em seus *Essays on the employment of time* [Ensaios sobre o emprego do tempo] (1750), Robert Bolton, deão de Carlisle, cogita da possibilidade da leitura como passatempo para o camponês e o artesão, mas em seguida a rejeita sumariamente: "Não, o conselho para ele é: 'Observa o que passa'".[41]

De qualquer modo os pobres tinham bem poucas oportunidades de pecar nesse aspecto. No campo trabalhava-se enquanto houvesse luz do dia, e mesmo em Londres o expediente se estendia das seis da manhã às oito ou nove da noite. Havia apenas quatro feriados habituais: natal, páscoa, pentecostes e o dia de são Miguel — em Londres havia ainda os oito dias de enforcamento em Tyburn. É verdade que em certas ocupações favorecidas os trabalhadores, especialmente os londrinos, podiam se ausentar com bastante liberdade e não deixavam de fazê-lo. Mas como regra geral só havia folga no domingo, e depois de seis dias de *labor ipse voluptas* costumava-se dedicar o sétimo a atividades mais extrovertidas que a leitura. Francis Place achava que no século XVIII a única diversão da classe trabalhadora era beber;[42] e cabe lembrar que o preço do gim tornava a embriaguez mais barata que a leitura de um jornal.

Quem talvez gostasse de ler deparava com outras dificuldades além de falta de tempo e do preço dos livros. Havia pouca privacidade, já que, sobretudo em Londres, as moradias estavam sempre superlotadas; e geralmente a luz era insuficiente para se ler, mesmo de dia. O imposto da janela, instituído no final do século XVII, reduziu-as ao mínimo, e as que sobraram em geral eram fundas e cobertas de papel ou vidro verde. À noite a iluminação constituía problema sério, pois as velas, mesmo as de um vintém, eram um luxo. Richardson se orgulhava de tê-las comprado quando ainda era um aprendiz,[43] mas outros não podiam adquiri-las ou usá-las. James Lackington, por exemplo, foi proibido por seu patrão, um padeiro, de ter luz no quarto e afirma que lia à luz da lua![44]

Havia, no entanto, dois grupos grandes e importantes de trabalhadores relativamente pobres que deviam ter oportunidade para ler: os aprendizes e os criados, sobretudo estes últimos. Em geral dispunham de tempo e de luz para ler; normalmente havia livros na casa onde trabalhavam e se não havia podiam comprá-los, já que não tinham de gastar o salário com alimentação e alojamento; e como sempre tendiam a imitar o exemplo dos patrões.

Muitas queixas da época contra o ócio, os luxos e as pretensões literárias das camadas inferiores referem-se aos aprendizes e aos empregados domésticos, sobretudo lacaios e camareiras. Ao estimar a importância literária deste último grupo cabe lembrar que constituía uma classe numerosa e destacada, sendo provavelmente o maior grupo profissional do país no século XVIII, como de resto sempre o fora. Assim, pode-se considerar Pamela a heroína mítica de uma confraria muito poderosa de criadas letradas e ociosas. Depois de deixar mr. B., sua principal exigência ao tratar um novo emprego foi ter "um tempinho para ler".[45] Essa insistência prefigurava seu triunfo, quando, seguindo um caminho raro entre os pobres em geral porém menos em sua profissão específica, ela derrubou as barreiras sociais e literárias com seu hábil emprego do que se poderia chamar de instrução notável, um eloquente tributo à extensão de seu ócio.

Assim as evidências da disponibilidade do lazer e de seu uso confirmam a descrição geral que fizemos da composição do público leitor no início do século XVIII. Apesar de sua considerável expansão, em geral esse público descia na escala social só até os comerciantes e donos de lojas, com a importante exceção dos aprendizes e criados mais favorecidos. Entretanto houve acréscimos, provenientes sobretudo dos grupos sociais cada vez mais numerosos e prósperos, engajados no comércio e na indústria. Esse é um dado importante, pois pode ser que só essa mudança específica, ainda que de proporções relativamente menores, tenha alterado o centro de gravidade do público leitor o suficiente para, pela primeira vez, colocar a classe média como um todo numa posição predominante.

Ao pesquisar os efeitos dessa mudança na literatura não se deve esperar nenhuma manifestação muito direta ou extraordinária dos gostos e aptidões da classe média, pois de qualquer modo sua predominância entre o público leitor preparava-se havia muito tempo. Entretanto parece que a mudança do centro de gravidade do público leitor provocou um efeito geral interessante para o surgimento do romance. O fato de a literatura do século XVIII se dirigir a um público mais amplo deve ter diminuído a relativa importância daqueles leitores que dispunham de instrução e tempo ocioso suficientes para se interessar, profissional ou semiprofissionalmente, pelas letras clássicas e modernas; e em contrapartida deve ter aumentado a importância relativa daqueles que desejavam uma forma mais fácil de entretenimento literário, ainda que gozasse de menor prestígio entre os intelectuais.

Supõe-se que as pessoas sempre leram por prazer e distração, entre outras coisas; mas parece que no século XVIII surgiu uma tendência de perseguir esses objetivos com maior exclusividade do que antes. Tal era pelo menos a opinião de Steele, expressa no *Guardian* (1713), atacando a predominância desse

> jeito duvidoso de ler [...] que naturalmente nos induz a um modo indeterminado de pensar [...] Aquele conjunto de palavras que se chama estilo fica totalmente aniquilado [...] A defesa comum dessas pessoas é que não têm na leitura outro propósito além do prazer, o qual, creio eu, devia brotar mais da reflexão e da lembrança do que se leu do que da transitória satisfação do que se faz, e nosso prazer devia ser proporcional a nosso proveito.[46]

"A transitória satisfação do que se faz" parece uma descrição singularmente adequada do caráter da leitura presente na maioria dos exemplos das duas novas formas literárias do século XVIII, o jornal e o romance — ambos estimulam um tipo de hábito de leitura rápida, desatenta, quase inconsciente. No prefácio da *Select collection of novels and histories* [Coletânea seleta de romances e histórias] (1720), de Samuel Croxall, Huet refere-se à facilidade dessa satisfação proporcionada pela ficção:

> aquelas descobertas que envolvem e possuem [a mente] da maneira mais eficaz são obtidas sem o menor esforço, a imaginação tem a maior parte e o assunto é evidente a nossos sentidos [...] E assim são as narrativas de ficção, que devem ser compreendidas sem grande esforço da mente ou o exercício de nossa faculdade racional e onde será suficiente uma forte fantasia, com pouco ou nenhum ônus para a memória.[47]

O novo equilíbrio de forças na literatura provavelmente tendia a favorecer distração fácil à custa da obediência aos padrões críticos tradicionais, e com certeza essa mudança de ênfase constituiu um fator essencial para as realizações de Defoe e Richardson. Também parece provável que essas realizações se devessem ainda a outras características mais positivas dos gostos e atitudes dos novos leitores da época: a posição da classe mercantil, por exemplo, foi muito influenciada pelo individualismo econômico e pelo puritanismo algo secularizado que encontra expressão nos romances de Defoe; e o componente feminino do público, cada vez mais importante, encontrou muitos de seus leitores expressos por Richardson. Mas só analisaremos essas relações depois de concluir o presente exame do público leitor com um apanhado das outras mudanças no gosto e na organização.

II

A maioria dos livros publicados no século XVIII, como nos séculos anteriores, refere-se a assuntos religiosos. Ao longo do século publicaram-se em média mais de duzentas obras desse tipo por ano. *The pilgrim's progress* — tratada com desdém pelos poucos autores eruditos que se dignaram a lhe dar atenção — chegou a 1792 com 160 edições;[48] pelo menos dez manuais de devoção venderam mais de trinta edições ao longo do século XVIII e muitas outras obras religiosas e didáticas gozavam de idêntica popularidade.[49]

Contudo essas vendas enormes não contradizem o fato de que os leitores do século XVIII tinham gostos cada vez mais laicos. Para começar, parece que o número de obras religiosas não aumentou na mesma proporção da população ou das vendas de outros tipos de publicação.[50] Ademais, parece que os leitores de obras religiosas não eram os mesmos dos livros seculares. "Ninguém lê sermões, a não ser os metodistas e dissidentes", declara em *Humphrey Clinker* (1771), de Smollett, o livreiro londrino Henry Davis,[51] e corroboram sua afirmação as escassas referências a obras populares nas cartas eruditas da época.

Por outro lado muitos leitores, sobretudo aqueles provenientes de camadas menos instruídas da sociedade, começaram com obras religiosas e passaram a nutrir interesses literários mais amplos. Defoe e Richardson são figuras representativas dessa tendência. Seus antepassados, como os de muitos de seus leitores, praticamente liam apenas obras de devoção no século XVII; mas eles mesmos conjugavam interesses religiosos e laicos. Defoe escreveu romances e também obras piedosas como *Family instructor* [O instrutor da família]; Richardson conseguiu transferir seus anseios morais e religiosos para a ficção, predominantemente secular. Esse meio-termo entre os intelectuais e os menos instruídos, entre as belas letras e a orientação religiosa é, talvez, a tendência mais importante da literatura setecentista e encontra sua primeira expressão nas mais famosas inovações literárias do século, a criação do *Tatler* em 1709 e a do *Spectator* em 1711.

Esses periódicos, publicados respectivamente três vezes por semana e todos os dias, continham ensaios sobre temas de interesse geral que refletiam o objetivo defendido por Steele em *The Christian hero* [O herói cristão] (1701): tentavam tornar o erudito religioso e o religioso erudito, e seu "saudável projeto de tornar o conhecimento útil"[52] teve pleno êxito não só entre as pessoas cultas como com outros componentes do público leitor. O *Spectator* e o *Tatler* eram muito apreciados nas academias dissidentes[53] e em outros grupos que em geral não viam com bons olhos a literatura laica: e muitas vezes eram as únicas obras de literatura secular ao alcance de provincianos incultos que aspiravam ao saber.

O ensaio periódico contribuiu muito para a formação de um gosto que o romance também satisfazia. Macaulay achava que, se Addison tivesse escrito um romance, este teria sido "superior a todos que temos";[54] T. H. Green considerou o *Spectator*

> o primeiro e melhor representante daquele estilo especial de literatura — a única literatura realmente popular de

nossa época — que consiste em falar ao público sobre si mesmo. A humanidade é captada tal como se reflete na vida comum [...] e [...] copiada com a mais minuciosa fidelidade.[55]

Entretanto a transição dos de Coverley Papers para o romance não foi imediata, sobretudo porque os jornalistas de sucesso não tinham inspiração e não conseguiam criar uma galeria de personagens igualmente interessantes; e essa orientação específica da ficção não prosseguiu na segunda grande inovação jornalística do século XVIII: a criação do *Gentleman's Magazine*, em 1731, pelo jornalista e livreiro Edward Cave.

Esse importante periódico mensal não se limitava ao jornalismo político, mas apresentava também um variado cardápio literário, que ia de "An impartial view of various weekly essays" [Uma visão imparcial de diversos ensaios semanais] a "Select pieces of poetry" [Poesias selecionadas]. Cave procurou atender a gostos ainda mais variados que aqueles que o *Spectator* pretendia satisfazer; além de informação substancial apresentava uma miscelânea de assuntos, que iam desde receitas culinárias até charadas. E também obteve estrondoso sucesso; o dr. Johnson calculou em 10 mil exemplares a circulação do *Magazine* e dizia que vinte publicações o imitavam; em 1741 Cave afirmou que o periódico era "lido onde se falasse a língua inglesa e [...] reimpresso em várias tipografias da Grã-Bretanha, da Irlanda e das Colônias".[56]

Duas das características do *Gentleman's Magazine* — informação prática sobre a vida doméstica e uma conjugação de ensinamento com distração — mais tarde foram incorporadas ao romance. Ademais a transição do *Spectator* para o *Gentleman's Magazine* demonstra o surgimento de um público leitor bastante independente dos padrões literários tradicionais e que por isso mesmo poderia aceitar uma forma literária não sacramentada pelos cânones críticos estabelecidos; o próprio jornal, como o *Grub Street Journal* comentou num obituário satírico de Defoe, constituía "um divertimento desconhecido na época de Augusto".[57] Contudo, embora o jornalismo tivesse atraído muitos leitores interessados em temas laicos, o público ainda não havia encontrado uma forma de ficção que atendesse a seu desejo de informação, conhecimento, distração e leitura fácil.

III

O *Gentleman's Magazine* representa também uma importante mudança na composição do público leitor. O *Spectator* era elaborado pelos melhores escritores da época; atendia ao gosto da classe média, mas por uma espécie de filantropia literária; Steele e Addison eram favoráveis ao estilo de vida da classe média, mas a rigor não pertenciam a ela. Menos de uma geração depois, entretanto, o *Gentleman's Magazine* apresentava uma orientação social muito diferente: dirigido por um jornalista e livreiro arrojado porém pouco instruído, tinha como principais colaboradores escribas de aluguel e amadores. Essa mudança indica um processo do qual Richardson — tipógrafo e cunhado de James Leake, livreiro e proprietário de uma biblioteca circulante — é um representante notável: a nova predominância no cenário literário de gente dedicada à produção e à venda dos produtos da imprensa. A razão principal dessa predominância é clara: o patrocínio da corte e da nobreza declinara, tendendo a criar um vazio entre o autor e seus leitores; e esse vazio foi rapidamente preenchido pelos intermediários do mercado literário, os editores — ou livreiros, como em geral eram chamados —, que ocupavam uma posição estratégica entre o escritor e o impressor e entre estes e o público.

No começo do século XVIII os livreiros, sobretudo em Londres, haviam conquistado uma posição financeira, um destaque social e uma importância literária consideravelmente maiores que os de seus antepassados ou de seus confrades em outros países. Entre eles havia diversos aristocratas (sir James Hodges, sir Francis Gosling, sir Charles Corbett), altos funcionários (Henry Lintot) e membros do parlamento (William Strahan); e muitos — como os Tonson, Bernard Lintot, Robert Dodsley e Andrew Millar — estavam ligados a grandes figuras da vida londrina. Junto com alguns impressores, possuíam ou controlavam todos os principais canais de opinião — jornais e revistas — e, assim, podiam obter boa publicidade para seus produtos.[58] Esse virtual monopólio dos canais de opinião também redundou num monopólio de escritores. Pois, apesar dos esforços da *Society for the Encouragement of Learning* [Sociedade pelo Estímulo ao Conhecimento] para que os autores tivessem acesso imediato ao público, *the trade* [o comércio] continuava sendo a única forma de publicação frutífera para o escritor.

Sem dúvida os livreiros tinham grande poder de influência sobre autores e público; assim, cabe examinar se esse poder se relacionou de algum modo com o surgimento do romance.

A opinião contemporânea certamente se preocupava muito com a nova influência dos livreiros, e muitas vezes se afirmou que tal influência acabou transformando a literatura num produto como qualquer outro. Em 1725 Defoe expressou essa opinião da forma mais sucinta:

> Escrever [...] tornou-se um ramo considerável do comércio inglês. Os livreiros são os patrões fabricantes ou empregadores. Os diversos escritores, autores, copiadores, subescritores e todos os outros que operam com pena e tinta são os trabalhadores empregados pelos ditos patrões fabricantes.[59]

Defoe não condenou essa comercialização, porém, a maioria dos defensores dos padrões literários tradicionais condenou-a, sim, e em termos enfáticos. Goldsmith, por exemplo, muitas vezes lamentou “essa fatal revolução que converteu [a arte de] escrever numa profissão mecânica; e os livreiros, ao invés dos grandes, tornaram-se os patrões e pagadores dos homens de gênio”.[60] Fielding foi ainda mais longe e relacionou explicitamente a “fatal revolução” com um desastroso declínio nos padrões literários: afirmou que os “comerciantes de papel, comumente chamados livreiros” costumavam empregar trabalhadores sem "as qualificações de gênio ou conhecimento" e insinuou que seus produtos resultaram em bons escritos graças a uma espécie de Lei de Gresham, obrigando o público a "tomar sidra aguada [...] porque não sabem produzir outra bebida".[61]

Grub Street* era outro sinônimo dessa "fatal revolução". Saintsbury[62] e muitos outros não encontram dificuldade em mostrar que em certo sentido "Grub Street" é um mito; na verdade os livreiros sustentavam mais autores com maior generosidade do que os antigos mecenas. Em outro sentido, porém, Grub Street realmente existiu e pela primeira vez: o que amedrontava Pope e seus amigos era a sujeição da literatura às leis econômicas do *laissez-faire*, sujeição que significava que os livreiros, fossem quais fossem seus gostos, eram obrigados a ser "desonestos por profissão", como disse George Cheyne numa carta a Richardson;[63] tinham de obter dos paspalhos de Grub Street o que o público poderia querer comprar.

O romance era considerado em geral como um exemplo típico da espécie de literatura aviltada que os livreiros ofereciam ao público leitor. Por exemplo, James Ralph, amigo e colaborador de Fielding, escreveu em *The case of authors* [O caso dos autores] (1758):

> A produção de livros é o negócio que faz o livreiro prosperar: as normas do comércio obrigam-no a comprar o mais barato possível e vender o mais caro possível [...] sabendo bem que tipo de mercadoria mais se presta ao mercado, ele faz suas encomendas de acordo com isso; e é tão inflexível ao determinar o prazo da publicação quanto ao calcular o pagamento.
>
> Isso esclarecerá bastante os paroxismos da imprensa: o livreiro sagaz sente o pulso dos tempos e, de acordo com o ritmo, decide não curar, mas estimular a doença: enquanto

* Grub Street: rua de Londres habitada antigamente por numerosos escritores pobres ou escribas de aluguel; atual Milton Street. (N. T.)

o paciente continua a engolir, ele continua a ministrar; e ao primeiro sintoma de náuseas, muda a dose. Daí a cessação de todos os carminativos políticos e a introdução das cantáridas sob a forma de contos, novelas, romances etc.[64]

Na verdade, entretanto, é bastante improvável que o processo fosse tão consciente e direto como Ralph sugere. Ele escrevia numa época em que, após o grande sucesso dos romances de Richardson e Fielding e a subsequente expansão das bibliotecas circulantes, os escribas da Grub Street passaram a elaborar romances e a traduzir originais franceses numa escala considerável por encomenda de livreiros e donos de bibliotecas circulantes como Francis e John Noble. Até então, contudo, há poucos indícios de que os livreiros contribuíssem diretamente para estimular a composição de romances; ao contrário, se examinarmos as obras que os livreiros promoveram de fato, verificaremos que preferiam grandes trabalhos de informação como a *Cyclopaedia* (1728) de Ephraim Chambers, o *Dictionary* (1755) e a *Lives of the poets* [Vidas dos poetas] (1779-1781), ambos de Johnson, e muitas outras compilações históricas e científicas, que encomendavam em larga escala.

É verdade que dois livreiros, Charles Rivington e John Osborne, pediram a Richardson que elaborasse um manual popular para redação de cartas familiares e com isso deram o impulso inicial para a composição de *Pamela*. Mas *Pamela* foi quase um acidente; muito solicitado como escritor, Richardson surpreendeu-se com seu "estranho sucesso" e vendeu dois terços dos direitos autorais por vinte libras (com relação a seus dois últimos romances, porém, foi mais esperto).[65] Tampouco parece provável que *Joseph Andrews*, a experiência crucial de Fielding, tenha resultado de algum estímulo por parte dos livreiros. Diz-se que Fielding ficou estupefato quando o livreiro Millar lhe ofereceu duzentas libras pelo manuscrito e por algumas obras menores;[66] ao que parece, após o sucesso de *Pamela* Millar previa grandes vendas para o primeiro romance de Fielding, mas nem ele nem ninguém havia encorajado o autor de *Tom Jones* a tomar essa nova direção literária sugerindo que poderia ser lucrativa.

Contudo, se os livreiros pouco ou nada fizeram para promover o surgimento do romance, há alguns indícios de que, ao retirar a literatura da tutela dos mecenas e colocá-la sob o controle das leis de mercado, eles indiretamente contribuíram para o desenvolvimento de uma das inovações técnicas características da nova forma — suas copiosas descrições e explicações — e possibilitaram a notável independência de Defoe e Richardson em relação à tradição crítica clássica que constituía condição indispensável de sua realização literária.

Uma vez que o principal objetivo do escritor deixava de ser satisfazer os padrões dos mecenas e da elite literária, outras considerações adquiriram nova importância. Pelo menos duas delas devem ter estimulado a prolixidade do autor: primeiro, escrever de maneira bem explícita e até mesmo tautológica podia ajudar os leitores menos instruídos a compreendê-lo facilmente; e segundo, como quem lhe pagava era o livreiro e não o mecenas, rapidez e volume tendiam a se tornar as supremas virtudes econômicas.

Goldsmith indicou essa segunda tendência ao considerar a relação entre o livreiro e o autor em seu *Enquiry into the present state of learning* [Investigação sobre a presente situação do saber] (1759): "Talvez não se consiga imaginar uma conjugação mais prejudicial ao gosto do que esta. É do interesse de um pagar tão pouco ao escritor e do outro escrever o máximo possível".[67] De certo modo corrobora a afirmação de Goldsmith o fato de que no início do século XVIII tornou-se mais ou menos habitual acusar-se um autor de escrever profusamente por motivos econômicos; John Wesley insinuou, com certa maldade, que Isaac Watts escrevia muito para "ganhar dinheiro".[68] Pode ser que essa tendência também tenha contribuído para o surgimento da novela, como sugerem acusações semelhantes levantadas contra Defoe e Richardson.

O resultado mais evidente da aplicação de critérios basicamente econômicos à produção literária foi favorecer a prosa em detrimento do verso. Em *Amelia* (1751), de Fielding, o escritor de aluguel deixa bem clara essa relação: "Para os livreiros uma página é uma página e não faz a menor diferença se é em prosa ou em verso".[69] Consequentemente, achando que as rimas "são coisas intratáveis", o morador de Grub Street deixa de escrever poesia para as revistas e dedica-se à produção de romances. Por dois motivos: porque a "narrativa é o único ramo de nossa atividade que vale a pena abraçar" e porque "com certeza é o trabalho mais fácil do mundo; pode-se escrevê-la quase tão depressa quanto se pode correr a pena pelo papel".

Havia tempo que Defoe seguia nesse rumo; no começo da carreira ele utilizou o meio vigente da sátira versificada, mas depois passou a dedicar-se quase exclusivamente à prosa. E essa prosa obviamente era fácil, prolixa, espontânea — qualidades bem adequadas ao estilo de seus romances e à maior compensação financeira por sua labuta. Elegância verbal, estrutura complexa, execução cuidadosa — tudo isso tomava tempo e podia exigir numerosas alterações, porém Defoe parece levar a um extremo sem precedentes as implicações econômicas da situação do escritor, considerando que só se devia proceder a revisão mediante remuneração extra. Pelo menos foi o que afirmou o editor anônimo da edição de 1738 de *The complete English tradesman* [O perfeito comerciante inglês], de Defoe, que considerou as obras do autor de *Robinson Crusoé* "em termos gerais [...] demasiado prolixas e perifrásticas" e acrescentou: "para que uma obra completa saísse de suas mãos era preciso dar-lhe tanto por página escrita a sua maneira; e depois mais a metade [dessa quantia] para cortar as excrescências ou encurtá-la".[70]

Mais ou menos a mesma coisa ocorria com Richardson, embora o motivo econômico provavelmente fosse bem menos urgente. Em 1739 seu amigo, o dr. George Cheyne, censurou-o por pensar em termos de livreiro ao avaliar "o preço do autor pelo número de páginas".[71] Mais tarde, escrevendo sobre *Clarissa*, Shenstone disse que Richardson "prolongou o livro desnecessariamente, com extravagante prolixidade [...] o que por certo não teria feito se não fosse impressor além de escritor"; e continuou, prestando inconsciente tributo ao realismo formal de Richardson: "Só o *fato* poderia autorizar tanta minúcia, e na verdade nem isso: apenas um tribunal de Justiça".[72]

Evidentemente Defoe e Richardson não romperam com os critérios literários clássicos apenas no estilo da prosa, mas em quase todos os aspectos de sua visão de mundo e das técnicas pelas quais a transmitiram. Quanto a isso também são a expressão das profundas mudanças no contexto social da literatura — mudanças que abalaram ainda mais o prestígio dos padrões críticos instituídos.

Em meados do século XVIII havia plena consciência da maneira pela qual o novo equilíbrio de forças revolucionara o recrutamento de críticos e autores. Segundo Fielding todo o universo literário tornava-se "uma democracia, ou melhor, uma completa anarquia"; e não havia ninguém para impor as velhas leis, pois, conforme escreveu no *Covent Garden Journal* (1752), até os "cargos da crítica" foram ocupados por "um amplo contingente irregular", admitido "no reino da crítica sem conhecer uma palavra das velhas leis".[73] Um ano depois o dr. Johnson insinuou no *Adventurer* que esse irregulares também estavam instalados entre os autores: "A época atual bem pode ser denominada, com grande propriedade, a era dos autores; pois talvez nunca tenha havido uma época em que homens de todos os níveis de capacidade, todo tipo de instrução, toda profissão e emprego se dedicaram com tamanho ardor à palavra impressa". Em seguida, enfatizando o contraste com o passado, acrescentou: "Antigamente o domínio da escrita era reservado àqueles que, pelo estudo ou pela aparência do estudo, deviam ter adquirido um conhecimento inatingível para a parte atarefada da humanidade".[74]

Entre aqueles que dificilmente teriam sido escritores na antiga ordem e que pouco ou nada sabiam das "velhas leis" da literatura devemos com certeza incluir dois representantes da parte atarefada da humanidade no século XVIII: Defoe e Richardson. Suas ideias e sua formação dificilmente os levariam a esperar que os velhos árbitros do destino literário os aprovassem; entretanto, quando lembramos como a posição clássica era adversa às exigências do realismo formal, torna-se evidente que suas tendências muito distintas constituíam provavelmente uma condição essencial de suas inovações literárias. É de fato a conclusão de mrs. Chapone no tocante a Richardson: "Somente do ignorante podemos agora receber algo de original; cada mestre copia aqueles investidos de autoridade consagrada e não olha para o objeto natural".[75] Defoe e Richardson por certo eram mais livres para apresentar o "objeto natural" como bem quisessem do que os escritores franceses, por exemplo, pois na França a cultura literária ainda se orientava basicamente para a corte; e essa é a provável razão pela qual foi na Inglaterra que o romance conseguiu romper mais cedo e de modo mais completo com os temas e o estilo da ficção anterior.

Em última análise, porém, a substituição dos mecenas pelos livreiros e a consequente independência de Defoe e Richardson em relação ao passado literário são meros reflexos de uma característica mais ampla e ainda mais importante da época — a grande força e a autoconfiança da classe média como um todo. Em função de seus múltiplos contatos com tipografia, venda de livros e jornalismo Defoe e Richardson estavam bem a par dos novos interesses e aptidões do público leitor; porém ainda mais importante é o fato de representarem inteiramente o novo centro de gravidade desse público. Como profissionais londrinos da classe média, tinham apenas de consultar seus próprios padrões de forma e conteúdo para assegurar-se de que aquilo que escreviam atrairia um público extenso. Provavelmente é esse o efeito mais importante da mudança na composição do público leitor e do predomínio dos livreiros sobre o surgimento do romance; não tanto porque Defoe e Richardson satisfizessem as novas necessidades de seus leitores, mas porque podiam expressar essas necessidades com muito maior liberdade.

3. *ROBINSON CRUSOÉ*, O INDIVIDUALISMO E O ROMANCE

PARECE QUE O INTERESSE DO ROMANCISTA pela vida cotidiana de pessoas comuns depende de duas importantes condições gerais: a sociedade deve valorizar muito cada indivíduo para considerá-lo digno da sua literatura séria; e deve haver entre as pessoas comuns suficiente variedade de convicções e ações para que seu relato minucioso interesse a outras pessoas comuns, aos leitores de romances. Provavelmente essas condições só vieram a prevalecer em época mais ou menos recente, pois resultam do surgimento de uma sociedade caracterizada por aquele vasto complexo de fatores independentes que se denomina "individualismo".

O próprio termo é recente, tendo surgido em meados do século XIX. Sem dúvida em todas as épocas e em todas as sociedades houve "individualistas" no sentido de egocêntricos, singulares ou independentes com relação às opiniões e aos hábitos vigentes; entretanto o conceito de individualismo envolve muito mais que isso. Pressupõe toda uma sociedade regida basicamente pela ideia da independência intrínseca de cada indivíduo em relação a outros indivíduos e à fidelidade aos modelos de pensamento e conduta do passado designados pelo termo "tradição" — uma força que é sempre social, não individual. A existência de tal sociedade depende evidentemente de um tipo especial de organização política e econômica e de uma ideologia adequada; de modo mais específico, depende de uma organização econômica e política que proporcione a seus membros um amplo leque de escolhas e de uma ideologia baseada não na tradição do passado, mas na autonomia do indivíduo, sem levar em conta status social ou capacidade pessoal. Em geral se concorda que a sociedade moderna é individualista nesses aspectos e que das muitas causas históricas de seu surgimento duas têm fundamental importância: o advento do moderno capitalismo industrial e a difusão do protestantismo, sobretudo em suas formas calvinista ou puritana.

I

O capitalismo suscitou um grande aumento da especialização econômica; e isso, conjugado com uma estrutura social menos rígida e homogênea e com um sistema político menos absolutista e mais democrático, aumentou enormemente a liberdade de escolha individual. Para os que se integraram à nova ordem econômica a entidade efetiva em que passaram a basear os arranjos sociais já não era a família, a igreja, a guilda, o município ou qualquer outra unidade coletiva, mas o indivíduo: ele era responsável pela determinação de seus papéis econômico, social, político e religioso.

É muito difícil situar o momento em que essa mudança de orientação passou a afetar a sociedade como um todo — provavelmente não foi antes do século XIX. Mas com certeza o movimento começou muito antes. No século XVI a Reforma e o surgimento dos Estados nacionais desafiaram de forma decisiva a homogeneidade social da cristandade medieval e, nas famosas palavras de Maitland, "pela primeira vez o Estado absoluto deparou-se com o indivíduo absoluto". Entretanto, fora da esfera política e religiosa a mudança foi lenta, e é provável que só com o maior desenvolvimento do capitalismo industrial, sobretudo na Inglaterra e nos Países Baixos, criou-se uma estrutura socioeconômica basicamente individualista que passou a afetar uma parte considerável (embora de maneira nenhuma a maioria) da população.

Pelo menos é do consenso geral que as bases da nova ordem surgiram no período imediatamente posterior à Revolução Gloriosa de 1689. As classes comerciais e industriais, que desempenharam papel fundamental na criação da ordem social individualista, haviam conquistado maior poder político e econômico, e tal poder já começava a se refletir no campo da literatura. Vimos que as classes médias urbanas se tornavam muito mais importantes na composição do público leitor; e ao mesmo tempo a literatura começava a considerar favoravelmente o comércio e a indústria. Esse foi um processo novo. Escritores mais antigos, como Spenser, Shakespeare, Donne, Ben Jonson e Dryden, por exemplo, tendiam a apoiar a ordem socioeconômica tradicional e combateram muitos sintomas do individualismo emergente. Mas no começo do século XVIII Addison, Steele e Defoe ostensivamente colocavam o selo da aprovação literária nos heróis do individualismo econômico.

A nova tendência também se evidenciava no campo da filosofia. Os grandes empiristas ingleses do século XVII eram tão individualistas em seu pensamento político e ético quanto em sua epistemologia. Bacon esperava dar um novo impulso à teoria social aplicando seu método indutivo a um acúmulo de dados factuais referentes a um grande número de indivíduos particulares.[1] Percebendo também que o assunto ainda não fora abordado de forma adequada, Hobbes baseou sua teoria ética e política na constituição psicológica essencialmente egocêntrica do indivíduo;[2] em seus *Two treatises of government* [Dois tratados de governo] (1690), Locke construiu o sistema de pensamento político fundamentado na irrevogabilidade dos direitos individuais e em oposição aos direitos mais tradicionais da Igreja, da família ou do rei. O fato de esses pensadores terem sido a vanguarda política e psicológica do individualismo nascente, bem como os pioneiros de sua teoria do conhecimento, mostra como suas reorientações se articulavam neles mesmos e em relação às inovações do romance. Pois, assim como há uma coerência básica entre a natureza não realista das formas literárias dos gregos, sua posição moral altamente social ou cívica e sua preferência filosófica pelo universal, assim também o romance moderno está intimamente associado, por um lado, à epistemologia realista da era moderna e, por outro, ao individualismo de sua estrutura social. Nas esferas literária, filosófica e social o enfoque clássico no ideal, no universal e no coletivo deslocou-se por completo e ocupam o moderno campo de visão sobretudo o particular isolado, o sentido apreendido diretamente e o indivíduo autônomo.

Defoe, cuja posição filosófica tem muito em comum com a dos empiristas ingleses do século XVII, expressou os diversos elementos do individualismo de modo mais completo que qualquer outro escritor antes dele, e sua obra apresenta uma demonstração única da relação entre o individualismo em suas muitas formas e o surgimento do romance. Essa relação se evidencia com particular clareza em seu primeiro romance, *Robinson Crusoé*.

II

(A)

Muitos economistas adequadamente usaram *Robinson Crusoé* para ilustrar seu *homo economicus*. Assim como "o corpo político" simbolizava o pensamento comum típico das sociedades anteriores, assim também o "homem econômico" simbolizava a nova posição do individualismo em seu aspecto econômico. Atribui-se sua invenção a Adam Smith; na verdade o conceito é muito mais antigo, porém só se destacou como uma expressão do individualismo do sistema econômico como um todo quando tal individualismo atingiu um estágio avançado de desenvolvimento.

Nem é preciso mostrar que Robinson Crusoé, como outras personagens principais de Defoe — Moll Flanders, Roxana, o coronel Jacque e o capitão Singleton —, personifica o individualismo econômico. Todos os heróis de Defoe procuram o dinheiro, que ele chama de "o denominador comum do mundo";[3] e procuram-no de modo muito metódico, segundo a contabilidade de lucros e perdas que Max Weber considera a característica técnica distintiva do capitalismo moderno.[4] Observamos que os heróis de Defoe não precisam aprender essa técnica; sejam quais forem as circunstâncias de seu nascimento e educação, eles a têm no sangue e nos fornecem muito mais informações sobre seus bens do que qualquer outra personagem de ficção. Em Crusoé a contabilidade supera outros pensamentos e emoções; quando seu administrador lisboeta lhe oferece 160 moedas de ouro para aliviar-lhe as dificuldades, ele relata: "Mal pude conter as lágrimas ao ouvi-lo; em suma, aceitei cem moedas de ouro e pedi pena e tinta para dar-lhe um recibo".[5]

A contabilidade é apenas um aspecto de um tema central na moderna ordem social. Nossa civilização como um todo baseia-se em relações individuais contratuais, em oposição às relações não escritas, tradicionais e coletivas das sociedades anteriores; e a ideia do contrato desempenhou um papel importante na evolução teórica do individualismo político. Destacou-se na luta contra os Stuart e foi endeusada no sistema político de Locke. Na verdade Locke achava que as relações contratuais eram obrigatórias até no estado natural;[6] Crusoé age como um bom lockiano — quando outras pessoas chegam à ilha, ele as obriga a aceitarem sua dominação mediante contratos escritos que reconhecem seu poder absoluto (embora saibamos, por informação anterior, que a tinta acabara).[7]

Entretanto a primazia do motivo econômico e uma reverência inata à contabilidade e à lei do contrato não são os únicos aspectos em que Robinson Crusoé simboliza os processos relacionados com o advento do individualismo econômico. A hipóstase do motivo econômico logicamente acarreta uma depreciação de outros estilos de pensamento, sentimento e ação: as formas tradicionais de relacionamento de grupo — a família, a guilda, a aldeia, o sentido da nacionalidade — enfraquecem, bem como as reivindicações de realização e prazer individuais não econômicos, que variam da salvação espiritual às alegrias da recreação.[8]

Essa ampla reorganização dos componentes da sociedade humana tende a ocorrer sempre que o capitalismo industrial se torna a força predominante da estrutura econômica,[9] o que logo se evidenciou na Inglaterra. Na verdade já se tornara lugar-comum em meados do século XVIII. Goldsmith, por exemplo, em *The traveller* [O viajante] (1764), assim descreveu as circunstâncias da decantada liberdade da Inglaterra:

That independence Britons prize too high,
Keeps man from man, and breaks the social tie;
The self-dependent lordlings stand alone,
All claims that bind and sweeten life unknown;
Here by the bonds of nature feebly held,
Minds combat minds, repelling and repell'ed [...]
Nor this the worst. As nature's ties decay,
As duty, love, and honour fail to sway,
Fictitious bonds, the bonds of wealth and law,
*Still gather strength, and force unwilling awe.**[10]

Ao contrário de Goldsmith, Defoe não era inimigo declarado da nova ordem, longe disso; não obstante há em *Robinson Crusoé* muita coisa que corrobora a visão de Goldsmith, conforme se pode ver no tratamento dado a relações de grupos como a família ou a nação.

A maioria dos protagonistas de Defoe ou não tem família — Moll Flanders, o coronel Jacque e o capitão Singleton — ou a abandonou em tenra idade para nunca mais voltar — é o caso de Roxana e Robinson Crusoé. Não se pode dar grande importância a esse fato, pois os relatos de aventuras exigem a ausência de laços sociais convencionais. Contudo, pelo menos em *Robinson Crusoé*, o herói tem um lar e uma família e os deixa pela clássica razão do *homo economicus* — é necessário para melhorar sua

* Aquela independência que os ingleses tanto prezam/ Afasta um homem do outro e rompe o elo social;/ Os fidalgotes autossuficientes permanecem sós,/ Tudo que une e ameniza a vida [é] desconhecido;/ Aqui pelos laços naturais frouxamente atados,/ As mentes combatem as mentes, repelindo e repelidas [...]/ E não é o pior. Enquanto se rompem os elos naturais,/ Enquanto dever, amor e honra deixam de imperar,/ Laços fictícios, os laços de riqueza e de lei,/ Ainda reúnem forças e suscitam involuntário espanto.

condição financeira. "Algo fatal naquela propensão da natureza" chama-o ao mar e à aventura e o impede de "dedicar-se aos negócios" na posição em que ele nasceu — "a posição superior da vida humilde"; e isso apesar do panegírico que seu pai faz de tal condição. Depois ele considera que é seu "pecado original" essa falta de "desejos limitados", essa insatisfação com "o estado em que Deus e a natureza o colocaram".[11] Na época, porém, a discussão entre ele e os pais gira em torno não do dever filial ou da religião, e sim do que poderia resultar em maiores vantagens materiais: partir ou ficar. Os dois lados aceitam como básico o argumento econômico. E naturalmente Crusoé lucra com seu "pecado original" e enriquece mais que o pai.

Na verdade esse "pecado original" é a própria tendência dinâmica do capitalismo, que tem por objetivo não apenas manter o status quo, mas transformá-lo sem cessar. Partir, melhorar de situação constitui uma característica fundamental do estilo de vida individualista. Pode ser considerada como a concretização econômica e social da "inquietação" que Locke colocou no centro de seu sistema de motivação[12] e cuja existência, segundo a posição oposta de Pascal, constituía a permanente desgraça dos mortais. "Toda a infelicidade dos homens deriva de um simples fato, de que eles não conseguem ficar quietos em seu canto", escreveu Pascal.[13] O herói de Defoe está longe de concordar com isso, pois, mesmo depois de velho, nos diz: "nada mais havendo, descobri que viajar e negociar com lucro tão grande e, posso dizer, certo proporcionava maior prazer e satisfação ao espírito que ficar parado — isso, sobretudo para mim, era a pior coisa da vida".[14] Assim, em *Farther adventures* [Novas aventuras] Crusoé parte para mais uma lucrativa odisseia.

A tendência fundamental do individualismo econômico impede-o, portanto, de ter muita consideração pelos laços de família, como filho ou como marido. Isso contradiz a ênfase que Defoe coloca na importância social e religiosa da família em obras didáticas como *Family instructor*; mas seus romances refletem a prática, não a teoria, e atribuem a esses laços um papel secundário e restritivo.

Quem examina racionalmente os próprios interesses econômicos pode se sentir bem pouco ligado à pátria e à família. Defoe com certeza avaliava indivíduos e países a partir de seus méritos econômicos. Assim, um de seus pronunciamentos mais patrióticos refere-se à capacidade de trabalho de seus concidadãos, que, segundo ele, produzem por hora mais que os trabalhadores de qualquer outro país.[15] Crusoé — ao qual Walter de la Mare chamou, com acerto, de a "afinidade eletiva de Defoe"[16] — revela sua xenofobia sobretudo quando não encontra virtudes econômicas. Se as encontra — como no governador espanhol, no padre francês, no fiel administrador português — não poupa os elogios. Por outro lado, condena muitos ingleses, como seus colonos na ilha, pela falta de esforço. Não são os laços sentimentais que o unem à pátria ou à família; ele gosta de pessoas com as quais pode fazer bons negócios, não importa sua nacionalidade; e, como Moll Flanders, acredita que "com dinheiro no bolso se está bem em qualquer parte".[17]

O que à primeira vista poderia classificar *Robinson Crusoé* na categoria especial de "viagem e aventura" na verdade não é válido. A ênfase na viagem tende a colocar o livro numa posição um tanto periférica em relação ao desenvolvimento do gênero romance, pois remove o herói de seu ambiente habitual, condizente com relacionamentos sociais estáveis e coesos. Porém Crusoé não é um simples aventureiro, e suas viagens, como sua independência em relação aos laços sociais, não passam de casos um tanto extremos de tendências normais na sociedade moderna como um todo, pois, ao transformar a procura do lucro num motivo básico, o individualismo econômico aumentou em muito a mobilidade individual. Como demonstraram estudos modernos,[18] a trajetória de Robinson Crusoé baseia-se mais especificamente em alguns dos incontáveis volumes sobre as explorações daqueles viajantes que, no século XVI, contribuíram muito para o desenvolvimento do capitalismo proporcionando o ouro, os escravos e os produtos tropicais de que dependia a expansão do comércio e continuaram o processo no século XVII desenvolvendo as colônias e os mercados internacionais dos quais dependia o futuro progresso do capitalismo.

Portanto o enredo de Defoe exprime algumas das tendências mais importantes da vida de sua época e isso é o que distingue seu herói da maioria dos viajantes da literatura. Robinson Crusoé não é, como Autólico, um comerciante que viaja mas tem raízes numa localidade conhecida, apesar de extensa; também não é, como Ulisses, um viajante forçado que tenta voltar para a família e a pátria: o lucro é toda a sua vocação e o mundo inteiro, seu território.

O primado da vantagem econômica individual tendia a diminuir a importância das relações pessoais e grupais, sobretudo as baseadas em sexo, pois, como Weber assinalou,[19] sendo um dos fatores não racionais mais poderosos da vida humana, o sexo é também uma das mais poderosas ameaças em potencial à busca racional de objetivos econômicos e portanto, conforme veremos, passou a ser fortemente controlado na ideologia do capitalismo industrial.

Com certeza o amor romântico não tem antagonista maior que Defoe entre os ficcionistas. O autor de *Robinson Crusoé* tende a minimizar até a satisfação sexual (quando a ela se refere); em *The Review*, por exemplo, declarou que "essa ninharia chamada prazer [...] não vale o arrependimento".[20] Com relação ao casamento sua atitude é confusa, pois a virtude econômica e moral do homem não constitui garantia de um investimento matrimonial lucrativo: em sua colônia,

> como no mundo em geral (em tal situação não sei quais seriam os sábios desígnios da Providência Divina), os dois sujeitos honestos tinham as duas piores esposas e os três réprobos, que mal valiam a pena de enforcar [...] tinham três esposas espertas, trabalhadeiras, atentas e engenhosas.[21]

Seu parêntese cheio de perplexidade testemunha com eloquência a seriedade com que ele encara essa falha na racionalidade da Providência.

Não surpreende, pois, que o amor tenha um papel pequeno na vida de Crusoé e que mesmo as tentações do sexo estejam ausentes da ilha, cenário de seus maiores triunfos. Quando sente a solidão, ele reza por uma companhia, mas percebemos que deseja um escravo.[22] Depois, com Sexta-Feira, vive um idílio sem a presença da mulher — revolucionária ruptura com as expectativas tradicionais suscitadas pelas ilhas desertas desde a *Odisseia* até o *New Yorker*.

Quando Crusoé retorna à civilização, o sexo continua subordinado aos negócios. Ele só se casa depois que uma nova viagem lhe assegura a situação financeira e sobre essa suprema aventura humana limita-se a dizer que não lhe acarretou "nem desvantagem nem insatisfação". O casamento, o nascimento de três filhos e a morte da esposa compreendem apenas a primeira parte de um trecho que termina com planos para mais uma viagem.[23]

As mulheres só podem desempenhar um papel importante: o econômico. Quando os colonos de Crusoé sorteiam cinco mulheres, o narrador nos informa:

> Aquele a quem coube escolher primeiro [...] tomou a que era considerada a mais insípida e velha das cinco, o que provocou o riso dos restantes [...] porém o sujeito considerou melhor que os outros que deviam esperar assistência no tocante a dedicação e negócios como em tudo mais; e ela se revelou a melhor esposa do lote inteiro.[24]

"A melhor esposa do lote inteiro." A linguagem comercial nos lembra que, baseado no tratamento que Defoe reserva às mulheres, Dickens concluiu que ele devia ter sido "um tipo bem insípido e desagradável".[25]

Outros relacionamentos pessoais de Crusoé revelam a mesma depreciação de fatores não econômicos. Ele os trata em termos de mercadoria. O caso mais óbvio é o de Xury, o menino mouro que o ajudou a escapar da escravidão e em outra ocasião propôs provar sua dedicação sacrificando a própria vida. Crusoé corretamente decide "amá-lo para sempre" e promete "transformá-lo num grande homem". Mas quando o acaso os leva ao capitão português que lhe oferece sessenta moedas — o dobro da recompensa de Judas —, ele não resiste e vende Xury como escravo. Seus escrúpulos são prontamente silenciados pela promessa do novo proprietário de "libertá-lo dentro de dez anos, se ele se tornar cristão". Depois o remorso o domina, porém só quando os trabalhos da ilha tornam a mão de obra mais importante que o dinheiro.[26]

Igualmente egocêntricas são suas relações com Sexta-Feira. Crusoé não pergunta seu nome, mas lhe dá um. Até na linguagem — o meio pelo qual os seres humanos podem se relacionar entre si num nível um pouco superior ao dos animais, como Crusoé escreveu em suas *Serious reflections* [Reflexões sérias][27] — ele revela seu espírito pragmático. "Também o ensinei a dizer sim e não",[28] conta-nos; mas até o fim de sua longa convivência Sexta-Feira ainda fala um inglês precário, como apontou Charles Gildon,[29] crítico contemporâneo de Defoe.

Não obstante Crusoé considera o relacionamento ideal. Ele é completamente feliz, na medida em que "a felicidade completa pode existir na vida terrena".[30] Um silêncio funcional, quebrado apenas por um eventual "Não, Sexta-Feira", ou um abjeto "Sim, amo", é a música de sua *île joyeuse*. Parece que a natureza social do homem, sua necessidade de amizade e compreensão, satisfaz-se inteiramente com a dádiva justa ou a grata aceitação de uma condescendência benévola, mas que não deixa de ser exigente. É verdade que depois, como no caso de Xury, Crusoé promete a si mesmo "fazer alguma coisa importante" por seu servo, "se ele sobreviver a mim". Por sorte não precisa fazer nenhum sacrifício, pois Sexta-Feira morre no mar, recebendo apenas uma breve palavra de compaixão.[31]

Laços emocionais e relações pessoais em geral desempenham, portanto, um papel bem pequeno em *Robinson Crusoé*, a não ser quando envolvem questões econômicas. Por exemplo, depois que o herói parte só há certa emoção quando seu fiel administrador de Lisboa revela que ele agora é um homem muito rico: "Empalideci e senti-me mal; e não tivesse o bom homem corrido a dar-me um cordial, creio que a repentina surpresa teria derrotado a natureza e eu teria morrido no mesmo instante".[32] Só o dinheiro — a fortuna no sentido moderno — pode despertar um sentimento profundo; e a amizade só é concedida àqueles aos quais Crusoé pode confiar com segurança seus interesses econômicos.

Vimos que para Robinson Crusoé ficar parado era "a pior coisa da vida"; o lazer era quase tão ruim. Nesse aspecto ele se assemelha a seu autor, que parece ter feito poucas concessões às distrações. Defoe tinha raros amigos escritores e é, talvez, um exemplo único de um grande autor bem pouco interessado em literatura, sobre a qual nada diz de importante.[33]

Tanto Crusoé como Defoe são indiferentes à experiência estética. Podemos aplicar-lhes o que Marx disse sobre o capitalista típico: "O prazer é subordinado ao capital, e o indivíduo que tem prazer ao que capitaliza".[34] Algumas versões francesas de *Robinson Crusoé* fazem o protagonista dirigir hinos de louvor à natureza, começando por "Oh, Natureza!".[35] Defoe não fez isso. A paisagem da ilha convida não à adoração, mas à exploração; Crusoé se preocupa tanto com as maneiras de cultivar suas terras que não dispõe de tempo para perceber que elas também compõem uma paisagem.

Naturalmente Crusoé tem seus prazeres. Se não dança com as cabras, como Selkirk,[36] pelo menos brinca com elas e com o papagaio e com os gatos; mas o que lhe dá maior alegria é vistoriar seus bens: "Eu tinha tudo tão organizado, que para mim era um grande prazer ver todos os meus bens em tal ordem e principalmente verificar que meu estoque do essencial era tão grande".[37]

(B)

Se o caráter de Robinson Crusoé é em grande parte fruto das orientações sociopsicológicas do individualismo econômico, parece que o atrativo de suas aventuras se deve sobretudo aos efeitos de outro fator importante do capitalismo moderno: a especialização econômica.

A divisão do trabalho contribuiu em muito para a realização do romance: em parte porque, quanto mais especializada for a estrutura socioeconômica, mais numerosas serão as diferenças significativas de caráter, atitude e experiência da vida contemporânea que o romancista pode retratar e que interessam a seus leitores; em parte porque, aumentando o tempo ocioso, a especialização econômica proporciona o tipo de público de massa ao qual o romance está associado; e em parte porque tal especialização cria nesse público necessidades que o romance satisfaz. Pelo menos assim pensava T. H. Green:

> Na progressiva divisão do trabalho, à medida que nos tornamos mais úteis como cidadãos, parece que perdemos nossa integralidade como homens [...] a organização perfeita da sociedade moderna elimina o empolgamento da aventura e a oportunidade de um esforço independente. Em nossa profissão há menos interesse humano a nos tocar.

Pode-se "mitigar" tal situação, conclui Green, com a ajuda do "jornal e do romance".[38]

É bem provável que a falta de variedade e estímulo no trabalho cotidiano, resultante da especialização econômica, seja responsável pela dependência do indivíduo de nossa cultura em relação a experiências sucedâneas propiciadas pela palavra impressa, em especial pelo jornalismo e pelo romance. Entretanto *Robinson Crusoé* constitui uma ilustração muito mais direta da tese de Green, já que boa parte de seu atrativo se deve à natureza das "oportunidades de um esforço independente" no campo econômico oferecidas ao herói — e do qual o leitor pode participar vicariamente. O atrativo de tal esforço é por certo uma medida da profundidade das privações acarretadas pela especialização econômica, cuja amplitude é sugerida pela forma como nossa civilização reintroduziu alguns processos econômicos básicos à guisa de recreações terapêuticas: ao cuidar das plantas, tecer, elaborar peças de cerâmica, acampar, trabalhar com madeira e cuidar dos animais, todos podemos experimentar as mesmas satisfações que as circunstâncias proporcionaram ao herói de Defoe; e, como ele, podemos demonstrar o que de outro modo não saberíamos: que "fazendo o julgamento mais racional das coisas, todo homem pode no futuro dominar todas as artes mecânicas".[39]

Defoe certamente sabia que a crescente especialização econômica, característica de sua época, contribuía muito para as "artes mecânicas" estranhas à experiência de seus leitores. Por exemplo, quando faz pão, Crusoé reflete: "É maravilhoso, e creio que pouca gente pensou muito nisso, a saber, a curiosa quantidade de pequenas coisas necessárias para [...] fazer [...] este simples pedaço de pão".[40] A descrição de Defoe prossegue por sete páginas, que teriam sido bem pouco interessantes na Idade Média ou na época dos Tudor, pois então esses processos econômicos se realizavam diariamente na casa de todos. Porém no início do século XVIII, como Kalm apontou, a maioria das mulheres não "fazia pão, pois havia um padeiro em cada paróquia ou aldeia",[41] e Defoe podia esperar que seus leitores se interessassem pelas minuciosas descrições da vida econômica que constituem uma parte tão importante e memorável de sua narrativa.

Evidentemente *Robinson Crusoé* não se refere à vida econômica concreta da Inglaterra de Defoe. Seria até um tanto contrário aos fatos da vida econômica regida pela divisão do trabalho mostrar o trabalho braçal do indivíduo médio como algo digno de interesse ou estimulante. Segundo o famoso exemplo da divisão do trabalho em *The wealth of nations* [A riqueza das nações],[42] de Adam Smith, o homem que realiza uma das muitas etapas da fabricação de um alfinete provavelmente não acha sua tarefa tão absorvente e interessante como Crusoé. Assim, Defoe atrasa o relógio econômico e leva seu herói para um ambiente primitivo, onde pode apresentar o trabalho como algo diversificado e estimulante e mostrar que a grande diferença com relação ao operário que fabrica alfinetes está na equivalência absoluta entre esforço individual e recompensa individual. Essa foi a mudança final das condições econômicas da época necessária para que Defoe desse expressão narrativa à contrapartida ideológica da Divisão do Trabalho: a Dignidade do Trabalho.

O credo da dignidade do trabalho não é inteiramente moderno: na era clássica os cínicos e estoicos combateram a depreciação do trabalho braçal, que é uma parte necessária da escala de valores de uma sociedade escravocrata, e depois o cristianismo, que nas origens contava sobretudo com os escravos e os pobres, contribuiu muito para abrandar a aversão ao trabalho braçal. No entanto a ideia só se desenvolveu plenamente na era moderna, talvez porque seu conteúdo gratificante se tornasse mais necessário à medida que o desenvolvimento da especialização econômica tornava o trabalho braçal mais embrutecedor; e o credo em si tem íntima relação com o advento do protestantismo. O calvinismo em particular tendia a fazer seus adeptos esquecerem a ideia de que o trabalho era o castigo divino para a desobediência de Adão enfatizando a ideia muito diferente de que a infatigável administração dos dons materiais de Deus constituía uma obrigação ética e religiosa de suprema importância.[43]

A qualidade da administração de Crusoé é inquestionável; ele se permite poucos momentos de descanso, e mesmo a chegada de mais mão de obra — Sexta-Feira — significa maior produção e não menos trabalho. Defoe claramente pertence à tradição do protestantismo ascético. Boa parte do que ele escreveu lembra formulações de Weber, Troeltsch e Tawney; no aforismo de Dickory Cronke, por exemplo: "Quando estiveres sonolento de manhã, anima-te e pensa que nasceste para o trabalho e que fazendo o bem em tua geração correspondes a tua índole e ages como um homem".[44] Com um sofisma obtuso ele chega a dizer que a busca da utilidade econômica constituía uma imitação de Cristo: "Sendo a utilidade o grande prazer e justamente considerada por todos os homens de bem como a mais verdadeira e nobre finalidade da vida, na qual os homens se aproximam mais da natureza de nosso Salvador, que saiu pelo mundo fazendo o bem".[45]

Aqui a atitude de Defoe mostra uma confusão de valores religiosos e materiais a que era muito suscetível o evangelho puritano da dignidade do trabalho: uma vez que os valores espirituais mais elevados haviam sido vinculados ao trabalho de cada dia, o passo seguinte do indivíduo autônomo era considerar suas realizações como um meio quase divino de dominar o ambiente. É provável que essa secularização da concepção calvinista de administração tivesse tido considerável importância para o surgimento do romance. Certamente *Robinson Crusoé* é o primeiro romance no sentido de que é a primeira narrativa de ficção na qual as atividades cotidianas de uma pessoa comum constituem o centro da atenção. É verdade que tais atividades não são enfocadas sob uma luz totalmente secular; mas os romancistas posteriores puderam, como Defoe, abordar os afazeres mundanos do homem sem colocá-los num contexto religioso. Assim, é provável que a concepção puritana da dignidade do trabalho tivesse contribuído para a premissa geral do romance segundo a qual a vida cotidiana do indivíduo possui importância e interesse suficientes para tornar-se tema digno de literatura.

III

O individualismo econômico explica grande parte do caráter de Crusoé; a especialização econômica e sua ideologia ajudam a esclarecer o fascínio de suas aventuras; mas o que domina seu ser espiritual é o individualismo puritano.

Troeltsch afirmou que "a realização verdadeiramente duradoura do individualismo deve-se a um movimento religioso e não secular, à Reforma e não ao Renascimento".[46] Não é possível nem vale a pena tentar estabelecer prioridades nessas questões, mas é verdade que, se existe um elemento que todas as formas do protestantismo têm em comum, trata-se da substituição do domínio da Igreja como mediadora entre o homem e Deus por outra concepção da religião na qual cabe ao indivíduo a responsabilidade básica por sua orientação espiritual. Dois aspectos dessa nova posição protestante — a tendência a aumentar a consciência do *self* como entidade espiritual e a tendência a uma espécie de democratização do ponto de vista moral e social — são particularmente importantes tanto para *Robinson Crusoé* quanto para o desenvolvimento dos pressupostos em que se baseia o realismo formal do romance.

A concepção do autoexame religioso como dever importante de todos os indivíduos evidentemente é muito mais antiga que o protestantismo; deriva da ênfase individualista e subjetiva do cristianismo primitivo e encontra sua primeira expressão nas *Confissões* de santo Agostinho. Mas segundo o consenso geral foi Calvino que, no século XVI, restabeleceu e sistematizou essa forma de introspecção espiritual e transformou-a no mais importante ritual religioso, tanto para o leigo como para o sacerdote: todo bom puritano constantemente examinava seu íntimo tentando identificar sua posição no plano divino de salvação e danação.

Essa "interiorização da consciência" manifesta-se no calvinismo. Na Nova Inglaterra "praticamente todo puritano letrado tem algum tipo de diário";[47] e na Inglaterra *Grace abounding* [Graça abundante] é o grande monumento de um estilo de vida que Bunyan partilhava com os outros membros de sua seita,[48] os batistas, que, com pequenas modificações, eram calvinistas ortodoxos. Em gerações posteriores o hábito da introspecção se manteve mesmo quando a convicção religiosa arrefeceu e o resultado foram as três maiores confissões autobiográficas da era moderna: as de Pepys, Rousseau e Boswell, todos eles educados na disciplina calvinista; seu fascínio pela autoanálise e também seu egocentrismo extremo são traços de caráter que os identificam com o calvinismo tardio em geral[49] e com os heróis de Defoe.

(A)

É óbvia a importância que teve para a obra de Defoe e o surgimento do romance esse modelo espiritual subjetivo e individualista. *Robinson Crusoé* inaugura no romance aquela abordagem da experiência que compete com a autobiografia confessional e supera as outras formas literárias no tocante a aproximar o leitor do ser moral, interior, do protagonista e consegue isso utilizando como base formal a memória autobiográfica, que foi a expressão literária mais imediata e difundida da tendência introspectiva do puritanismo em geral.

Naturalmente Defoe nasceu e se criou puritano. Seu pai era um dissidente, talvez batista, mais provavelmente presbiteriano, de qualquer modo calvinista; e mandou-o para uma academia dissidente, pretendendo talvez encaminhá-lo ao sacerdócio. As convicções religiosas de Defoe mudaram muito e em seus escritos ele mostrou toda a gama de doutrinas — da crença absoluta na predestinação ao deísmo racional — que o puritanismo conheceu ao longo de sua evolução; mas não há dúvida de que Defoe foi um dissidente e que boa parte da posição revelada em seus romances é claramente puritana.

Nada sugere que Crusoé tivesse sido concebido como um dissidente. Por outro lado, o teor de suas reflexões religiosas muitas vezes é puritano — um teólogo achou-o muito semelhante ao do Catecismo Presbiteriano Resumido da Assembleia de Westminster de 1648.[50] Crusoé fornece frequentes indícios de idolatria da Bíblia: só na primeira parte do livro cita vinte versículos, além de fazer numerosas referências, e algumas vezes procura a orientação divina abrindo a Bíblia ao acaso. Porém o aspecto mais importante de sua vida espiritual é a tendência ao rigoroso autoexame moral e religioso. A cada um de seus atos segue-se uma reflexão sobre a maneira pela qual esses atos revelam as intenções da Providência. Se o milho cresce, certamente é um milagre "destinado a meu sustento"; se lhe sobrevém um acesso de febre, "um demorado exame das angústias da morte"[51] convence-o de que ele merece ser condenado por não demonstrar suficiente gratidão pelos benefícios recebidos. O leitor moderno tende sem dúvida a dar pouca atenção a essas passagens; mas Crusoé e o autor deixaram seu ponto de vista bem claro ao atribuir ao campo espiritual tanta importância quanto ao prático, em espaço e em ênfase. Assim, os prováveis remanescentes da disciplina introspectiva calvinista contribuíram para a criação de um herói cujo cotidiano mental e moral é, pela primeira vez na história da ficção, plenamente partilhado com o leitor.

Evidentemente esse importante avanço literário não se deve apenas à tendência introspectiva do puritanismo. Como vimos, o evangelho do trabalho exerceu um efeito semelhante ao atribuir às tarefas econômicas do cotidiano do indivíduo a mesma importância de sua autoanálise espiritual diária; e complementou os efeitos paralelos das duas tendências outra tendência do puritanismo estreitamente relacionada.

Se Deus atribuiu ao indivíduo a responsabilidade básica pelo próprio destino espiritual, segue-se que ele tornou isso possível revelando suas intenções através dos fatos da vida cotidiana. Assim, o puritano tendia a ver em cada momento de sua experiência pessoal um rico potencial de significado moral e espiritual; e o herói de Defoe age segundo essa tradição quando tenta interpretar muitos fatos mundanos da narrativa como indicadores divinos que podem ajudá-lo a encontrar seu lugar no plano eterno de redenção e danação.

Nesse plano evidentemente todas as almas têm oportunidades iguais; assim, o indivíduo pode mostrar suas qualidades espirituais tanto na conduta normal como em circunstâncias mais raras e dramáticas. Essa era uma das razões pelas quais o puritanismo em geral tendia à democratização da escala moral e social, para o que concorriam diversos fatores. Havia, por exemplo, muitos motivos sociais, morais e políticos para os puritanos serem hostis à escala aristocrática de valores; tampouco podiam eles aprovar sua expressão literária nos heróis tradicionais da ficção anterior, conquistadores extrovertidos que obtiveram suas vitórias não no espírito nem no gabinete de trabalho, mas no campo de batalha e na alcova. Não há dúvida de que o puritanismo deu às concepções sociais e literárias de seus adeptos uma orientação fundamental e em certo sentido democrática, que Milton descreveu no *Paraíso perdido* — "Saber/ que o que existe diante de nós na vida cotidiana/ é a sabedoria primordial"[52] — e que inspirou a Defoe um de seus escritos mais eloquentes, um ensaio no *Applebee's Journal* (1722) sobre o funeral de Marlborough. A peroração do ensaio começa assim:

> Qual é então a função da vida? O que pretendem os grandes homens, que passam pelo palco do mundo triunfantes como aqueles a que chamamos de heróis? É crescer na boca da fama e ocupar muitas páginas da História? Oh, não! Nada mais resta senão narrá-los para a leitura da posteridade, até transformá-los em fábula e invenção. É fornecer assunto para os poetas e viver em suas rimas imortais, como dizem? Em suma, tudo que lhes cabe é tornarem-se balada e canção, entoadas pelas anciãs para acalentar as crianças; ou, numa esquina, para reunir as multidões em benefício do ladrão e da meretriz. Ou será sua função acrescentar virtude e devoção a sua glória, que os levará à Eternidade e os tornará realmente imortais? O que é a glória sem a virtude? Um grande homem sem religião não passa de um grande animal sem alma.

Em seguida Defoe passa para algo mais próximo da avaliação do mérito estritamente ética que seria um dos legados do puritanismo ao código da classe média: "O que é a honra sem o mérito? E o que pode ser chamado de verdadeiro mérito senão o que faz de uma pessoa não só um homem bom, como um grande homem?".[53]

Deve-se admitir que nem Crusoé, nem qualquer outro herói de Defoe destaca-se por esses padrões de virtude, religião, mérito e bondade; e por certo o autor não pretendeu que se destacassem. Entretanto esses padrões representam de fato o plano moral em que se situam os romances de Defoe e segundo o qual seus heróis devem ser julgados: a escala ética foi tão interiorizada e democratizada que, ao contrário do que ocorre na epopeia ou nos relatos anteriores, é relevante para a vida e a atuação de pessoas comuns. Nesse aspecto os heróis de Defoe são característicos do romance moderno: Robinson Crusoé, Moll Flanders e até o coronel Jacque nunca pensam em glória ou honra; situam-se no plano moral da vida cotidiana mais inteiramente que os protagonistas de narrativas anteriores, e nos pensamentos como nos atos revelam apenas bondade e maldade comuns, democráticas. Personagem mais heroica de Defoe, Robinson Crusoé nada tem de incomum na personalidade ou na maneira como encara suas estranhas experiências; como Coleridge mostrou, ele é essencialmente "o representante universal, a pessoa, a qual cada leitor pode substituir por si mesmo [...] tudo que faz, pensa, sofre ou deseja é o que cada homem pode imaginar-se fazendo, pensando, sentindo ou desejando".[54]

A criação de Robinson Crusoé como o "representante universal" relaciona-se ainda de outro modo com a tendência igualitarista do puritanismo. Pois essa tendência não só levou o indivíduo a encarar cada problema do cotidiano como uma questão de profunda e constante preocupação espiritual, mas também estimulou uma posição literária adequada à descrição de tais problemas com a mais rigorosa fidelidade.

Em *Mimesis*, um brilhante panorama da representação realista na literatura desde Homero até Virginia Woolf, Erich Auerbach demonstrou a relação geral entre a visão cristã do homem e o retrato literário sério das pessoas e da vida reais. A teoria clássica dos gêneros reflete a orientação social e filosófica dos gregos e romanos: a tragédia expunha em linguagem adequadamente elevada as vicissitudes heroicas de gente melhor que nós, enquanto o domínio da realidade cotidiana pertencia à comédia, que, num estilo adequadamente "vulgar", devia retratar gente "inferior a nós". Mas a literatura cristã, refletindo uma posição filosófica e social muito diferente, não tinha lugar para essa *Stiltrennung*, ou segregação de estilos, segundo o status do assunto. As narrativas do Evangelho tratavam os feitos de pessoas humildes com a máxima seriedade e, conforme a ocasião, até com sublimidade; essa tradição se manteve em muitas formas literárias medievais, das vidas de santos aos milagres, e encontrou sua maior expressão na *Divina comédia*, de Dante.[55]

As tendências classicistas do Renascimento e da Contrarreforma restabeleceram, porém, a antiga doutrina dos gêneros e na verdade elaboraram-na tanto que teriam surpreendido o próprio Aristóteles. O exemplo extremo dessa elaboração encontra-se na literatura francesa do século XVII, sobretudo na tragédia; não só se usava constantemente um *style noble* bem regulamentado, como ainda se baniram do palco os objetos e atitudes da vida cotidiana.

Nos países protestantes, contudo, a *Stiltrennung* nunca teve tamanha autoridade, especialmente na Inglaterra, onde o neoclassicismo se confrontava com o exemplo de Shakespeare e aquela mistura característica de elementos trágicos e cômicos que fazia parte de seu legado medieval. Sem embargo num aspecto importante até mesmo Shakespeare obedeceu à *Stiltrennung*: seu tratamento de personagens vulgares e rústicas assemelha-se muito ao dos protagonistas da tradição neoclássica desde Ben Jonson até Dryden e nada tem de igualitário. É muito significativo que as principais exceções a essa atitude depreciativa se encontrem nas obras dos escritores puritanos. Em Adão Milton criou o primeiro herói épico que é essencialmente um "representante universal"; considerando que todas as almas são iguais aos olhos de Deus, Bunyan dispensou aos humildes uma atenção muito maior e mais compassiva do que lhes concedia a literatura da época; e os romances de Defoe ilustram no grau máximo a relação entre o individualismo democrático do puritanismo e a representação objetiva do mundo real cotidiano e de todos que o habitam.

(B)

Mas entre Bunyan e Defoe existe uma grande diferença que nos permite entender por que o autor de *Robinson Crusoé* é tido, em geral, como o primeiro romancista inglês. Na ficção anterior do movimento puritano — em obras como *Plain man's pathway to heaven* [O caminho do homem comum para o céu], de Arthur Dent, ou nas histórias de Bunyan e de seu *confrère* batista, Benjamin Keach — encontramos muitos elementos do romance: linguagem simples, descrições realistas de pessoas e locais, e uma apresentação séria dos problemas morais de indivíduos comuns. Contudo a importância das personagens e de suas ações depende muito de um esquema transcendental: dizer que as personagens são alegóricas equivale a afirmar que sua realidade terrena não constitui o principal assunto do autor, mas que este espera, através delas, mostrar-nos uma realidade maior, situada além do tempo e do espaço.

Nos romances de Defoe, por outro lado, as preocupações religiosas, embora estejam presentes, não são tão prioritárias: na verdade a herança do puritanismo é frágil demais para fornecer um modelo contínuo para a experiência do herói. Por exemplo, se examinarmos o efeito real da religião sobre o comportamento de Crusoé, constataremos que é curiosamente pequeno. Defoe muitas vezes sugere que um incidente é um ato de proteção ou castigo divinos, porém os fatos da narrativa raramente demonstram essa concepção. Tomemos um exemplo fundamental: se o pecado original de Crusoé era a desobediência aos pais — o herói abandona a família —, ele certamente não sofre punição nenhuma, pois obtém sucesso a partir disso e mais tarde empreende outras viagens sem o menor receio de estar desafiando a Providência. Na verdade sua atitude está muito próxima da "negligência" em relação aos "avisos, sinais e instruções da Providência" que em suas *Serious reflections* Crusoé chama de uma "espécie de ateísmo prático".[56] Quando a Providência distribui bênçãos — como, por exemplo, quando ele encontra os grãos de milho e arroz — as coisas são diferentes: Crusoé só tem de aceitar. Mas o conjunto da trilogia sugere que não se pode negligenciar impunemente nenhuma das intervenções menos agradáveis da Providência.

Marx assinalou com azedume esse caráter um tanto gratuito da vida religiosa de Crusoé. "Não levamos em conta suas preces, pois são para ele uma fonte de prazer e ele as vê realmente como recreação."[57] Marx teria gostado de saber que, para Gildon, as "reflexões religiosas e úteis" foram "na verdade incluídas [...] para aumentar o volume do tratado de Defoe até transformá-lo num livro de cinco *shillings*".[58] Ambos estavam certos ao atentar para a descontinuidade entre os aspectos religiosos e a ação do romance, mas suas explicações são um tanto injustas. As intenções espirituais de Defoe provavelmente eram sinceras, porém padeciam da fraqueza de toda "religião dominical" e manifestam-se em tributos — periódicos e algo inconvincentes — ao transcendente em momentos em que a ação real e o esforço intelectual permitem ou até impõem o repouso. Certamente é essa a religião de Crusoé, e sentimos que, em última análise, resulta de um conflito não resolvido e talvez até inconsciente travado no íntimo do autor. Defoe viveu na esfera da ação prática e utilitária e podia ser inteiramente fiel a si mesmo ao descrever esse aspecto da vida de Robinson Crusoé. Mas de quando em quando sua formação religiosa obrigava-o a assumir o papel do grande repórter e elaborar uma matéria brilhante para abastecer o estoque de comentários espirituais de que seu colega distante necessitava para alimentar a página dedicada à religião. O puritanismo tornou inalterável a política editorial, mas em geral se satisfazia com uma adesão meramente formal. Também nesse aspecto Defoe é típico da evolução do puritanismo; nas palavras de H. W. Schneider, "as crenças raramente se transformam em dúvidas; elas se tornam rituais".[59] As questões sobrenaturais não fornecem os temas essenciais dos romances de Defoe, mas permeiam a narrativa com passagens ameaçadoras que demonstram uma prática um tanto mecânica da religião ao longo da vida.

A relativa fraqueza da religião nos romances de Defoe indica, portanto, não insinceridade, mas a profunda secularização de sua posição, uma secularização que constituía um traço marcante de sua época — a própria palavra, na acepção moderna, data das primeiras décadas do século XVIII. Defoe nasceu numa época em que a comunidade puritana se arruinara com a Restauração e escreveu *Robinson Crusoé* no ano da controvérsia do Salters' Hall, quando os dissidentes já haviam perdido a esperança de estabelecer algum tipo de acordo com a Igreja Anglicana e perceberam que até seus esforços de coesão dentro do grupo eram inúteis. Nas *Serious reflections of Robinson Crusoe* o herói medita sobre a decadência da religião cristã em todo o mundo; é uma força minoritária e dividida num mundo pagão e a intervenção final de Deus parece mais remota que nunca. Pelo menos é essa a conclusão de Robinson Crusoé nas palavras finais do livro:

> Não se encontrará tal fervor pela religião cristã em nossos dias ou talvez em nenhuma época do mundo, até que o próprio Céu rufe os tambores e as legiões gloriosas do alto desçam para propagar o trabalho e submeter o mundo inteiro à obediência ao rei Jesus — um tempo que, dizem alguns, não está distante, mas sobre o qual nada ouvi em minhas viagens e revelações, não, nem uma palavra.[60]

"Não, nem uma palavra": a queda mortal lança Crusoé no desespero. O que ele aprendeu a esperar e o que vivenciou não se ajustam. Até que o próprio céu rufe os tambores ele deve se conformar com uma jornada de peregrino por um mundo efetivamente secular, avançar por uma senda que a Providência Divina não ilumina mais.

São muitas as causas da secularização nessa época, porém uma das mais importantes, em especial com relação ao puritanismo, foi o progresso socioeconômico. Na Nova Inglaterra, por exemplo, os colonizadores logo se esqueceram de que haviam fundado "uma colônia religiosa, não uma colônia mercantil"; e em sua *History of Plymouth Plantation* [História da Colônia de Plymouth] o governador Bradford mostra como um santo puritano acabou escrevendo "cada vez menos como um pregador puritano e cada vez mais como o autor de *Robinson Crusoé*".[61] Na Inglaterra, à época de Defoe, pelo menos as seitas dissidentes mais respeitáveis eram controladas por mercadores e financistas abastados e um tanto oportunistas; e as possibilidades de ganhar mais dinheiro levaram muitos dissidentes prósperos não só ao conformismo como ao ingresso na Igreja Anglicana.[62] No começo da carreira Defoe denunciou esse fato veementemente, mas Robinson Crusoé também é um conformista ocasional que até se faz passar por católico quando seus interesses econômicos o exigem.

O conflito entre valores espirituais e materiais é bem antigo, porém evidenciou-se mais, talvez, no século XVIII que em qualquer outra época porque muita gente, ao que parece de boa-fé, achava que tal conflito na verdade não existia. O bispo Warburton, por exemplo, dizia que "promover a utilidade é, ao mesmo tempo, promover a verdade, sua companheira inseparável".[63] A relutância em considerar a medida em que valores espirituais e materiais podem se opor é bem acentuada nos romances de Defoe, e até se pode argumentar que o problema crítico crucial que tais valores colocam é o de descobrir se na verdade não acabaram confundindo toda a questão. Mas, seja qual for nossa resposta, pelo menos é claro que a simples possibilidade de tal confusão só existe porque Defoe nos apresenta uma narrativa em que temas "elevados" e "baixos" são tratados com idêntica seriedade: o *continuum* moral de seus romances está mais próximo da completa conjugação de questões espirituais e materiais que as escolhas morais do cotidiano geralmente envolvem, do que o mesmo *continuum* em qualquer forma de ficção anterior.

Parece, pois, que a importância de Defoe na história do romance está diretamente ligada à maneira como sua estrutura narrativa incorporou a luta entre o puritanismo e a tendência à secularização arraigada no progresso material. Ao mesmo tempo também é evidente que o ponto de vista secular e econômico prepondera e explica por que em geral se considera Defoe — e não Bunyan — a primeira figura-chave no surgimento do romance.

De Vogüé, o adversário católico dos realistas franceses, considerou uma presunção ateísta o fato de o romance excluir o não natural;[64] e é certo que o recurso habitual do gênero — o realismo formal — tende a ignorar tudo que não seja avalizado pelos sentidos: o júri normalmente não aceita a intervenção divina como explicação para as ações humanas. Assim, é provável que uma certa dose de secularização constituísse uma condição indispensável para o surgimento do novo gênero. O romance só podia se concentrar nas relações humanas, pois a maioria dos escritores e leitores acreditava que os seres humanos individuais, e não as coletividades como a Igreja ou os atores transcendentes, como as Pessoas da Trindade, detinham o papel supremo no palco do mundo. O romance, escreveu Georg Lukács, é a epopeia de um mundo esquecido por Deus;[65] segundo o marquês de Sade, apresenta *"le tableau des moeurs séculaires"* [o quadro dos costumes seculares].[66]

Isso não quer dizer, obviamente, que o romancista ou sua obra não possam ser religiosos, mas apenas que, sejam quais forem os objetivos do autor, seus recursos estarão restritos a personagens e ações terrenas: o reino do espírito só deve ser apresentado através das experiências subjetivas das personagens. Assim, a verossimilhança ou a importância dos romances de Dostoiévski, por exemplo, não dependem de suas posições religiosas; a intervenção divina não é um constructo necessário para uma explicação adequada e completa das causas e significados de cada ato, como é em Bunyan. Aliocha e o padre Zósima são retratados com muita objetividade: na verdade o próprio brilho da apresentação de Dostoiévski mostra que ele não pode supor, mas deve provar, a realidade do espírito: e *Os irmãos Karamázovi* como um todo não precisa de nenhuma causa ou significado não natural para ser eficiente e completo.

Resumindo, podemos dizer que o romance requer uma visão de mundo centrada nas relações sociais entre indivíduos; e isso envolve secularização porque até o final do século XVII o indivíduo não era concebido como um ser inteiramente autônomo, mas como um elemento num quadro cujo significado depende de pessoas divinas e cujo modelo secular provém de instituições tradicionais como a Igreja e a monarquia.

Ao mesmo tempo não se deve subestimar a contribuição positiva do puritanismo, não só para a evolução do individualismo moderno mas também para o surgimento do romance e sua tradição posterior na Inglaterra. Através do puritanismo Defoe levou para o romance uma abordagem dos interesses psicológicos do indivíduo que constituiu um avanço enorme no tipo de raciocínio retórico que passava por descrição psicológica até nas melhores narrativas de ficção, como nas de madame de La Fayette. Nem contradiz a importância positiva da formação dissidente de Defoe o fato de sua obra mostrar que sua "experiência da realidade nada tinha em comum com a de um calvinista convicto",[67] como diz Rudolph Stamm, autor do estudo mais completo das posições religiosas do autor de *Robinson Crusoé*. Pois podemos dizer que Defoe, bem como outros autores da mesma linha — Samuel Richardson, George Eliot, D. H. Lawrence —, herdou tudo do puritanismo exceto a fé religiosa. Todos esses romancistas veem a vida como uma constante luta moral e social; consideram cada fato da vida como uma proposição de uma questão intrinsecamente moral na qual a razão e a consciência podem exercer toda a sua capacidade antes que seja possível realizar a ação correta; através da introspecção e da observação procuram construir seu próprio esquema pessoal de convicção moral; e de modos diferentes manifestam o individualismo farisaico e um tanto inflexível dos inícios do puritanismo.

IV

Até agora nos preocupamos primordialmente com a luz que a primeira obra de ficção de Defoe lança sobre a natureza das relações entre o individualismo econômico e religioso e o surgimento do romance; mas, como a razão básica de nosso interesse por *Robinson Crusoé* é sua grandeza literária, a relação entre essa grandeza e a maneira como reflete as mais profundas aspirações e dilemas do individualismo também requer algumas rápidas considerações.

Robinson Crusoé alinha-se naturalmente com os grandes mitos da civilização ocidental, com Fausto, dom Juan e dom Quixote. Todos eles procuram obstinadamente concretizar um dos desejos característicos do homem ocidental. Cada um encarna uma *arete* e uma *hubris* — um valor excepcional e um excesso vicioso —, em esferas de ação particularmente importantes em nossa cultura. Dom Quixote tem a impetuosa generosidade e a obsessão restritiva do idealismo cavaleiresco; dom Juan procura e ao mesmo tempo se atormenta com a ideia da ilimitada experiência com as mulheres; Fausto, o grande sábio, jamais satisfaz sua curiosidade e por isso é condenado. Naturalmente Crusoé negaria sua afinidade com tais personagens; estas são criaturas excepcionais, enquanto qualquer um faria o que ele fez nas circunstâncias dadas. Contudo Crusoé também possui um valor excepcional: é autossuficiente. E tem um excesso: o egocentrismo exagerado condena-o à solidão, onde quer que esteja.

Pode-se argumentar que ele é obrigado a ser egocêntrico, pois se vê abandonado numa ilha. Mas também deve-se admitir que anda procurando seu destino e que a ilha lhe proporciona a oportunidade única de concretizar o grande anseio da civilização moderna: a absoluta liberdade econômica, social e intelectual do indivíduo.

Sua concretização da liberdade individual levou Rousseau a propor *Robinson Crusoé* como "o único livro que ensina tudo que os livros podem ensinar" para a educação de Émile; e declarou: "o modo mais seguro de elevar-se acima dos preconceitos e determinar o próprio julgamento acerca da relação real entre as coisas é colocar-se no lugar de um homem isolado e julgar tudo como esse homem julgaria segundo sua verdadeira utilidade".[68]

Em sua ilha, Crusoé também usufrui da absoluta liberdade em relação às restrições sociais que Rousseau tanto desejava — não há laços de família nem autoridades civis para interferirem com sua autonomia individual. Mesmo quando já não está sozinho sua autarquia pessoal permanece — na verdade aumenta: o papagaio grita o nome do dono; Sexta-Feira espontaneamente jura ser seu escravo para sempre; Crusoé imagina-se monarca absoluto, e um visitante chega a perguntar se ele é um deus.[69]

Por fim, a ilha proporciona-lhe o completo *laissez-faire* de que o homem econômico precisa para realizar seus objetivos. Na Inglaterra as condições do mercado, taxações, problemas de mão de obra impedem que o indivíduo controle cada aspecto da produção, distribuição e troca. A conclusão é óbvia. Atenda ao chamado dos amplos espaços abertos, descubra uma ilha deserta que não tem dono e ninguém cobiça, e construa ali seu Império pessoal com a ajuda de um homem chamado Sexta-Feira, que não precisa de salário e aceita com facilidade o jugo do homem branco.

Esse é o lado positivo e profético da história de Defoe, o lado que faz de Crusoé uma inspiração para economistas e educadores e um símbolo para as pessoas deslocadas no capitalismo urbano — como Rousseau — e também para seus heróis mais práticos — como os construtores de impérios. Crusoé concretiza todas essas liberdades ideais e assim se torna um herói mítico da sociedade moderna. O homem "incapaz de viver em sociedade ou que não precisa dela porque se basta a si mesmo deve ser ou um animal ou um deus",[70] disse Aristóteles, que certamente acharia Crusoé um herói bem estranho. Talvez com razão, pois as liberdades ideais que ele conquista são impraticáveis no mundo real e, na medida em que pudessem ser instituídas, desastrosas para a felicidade humana.

Pode-se argumentar que as realizações de Robinson Crusoé são verossímeis e convincentes. Sim, mas só porque em sua narrativa — talvez como uma vítima inconsciente do que Karl Mannheim chamou de "mentalidade utópica", dominada pela vontade de agir e que, por conseguinte, "volta as costas a tudo que possa abalar sua crença"[71] — Defoe não leva em conta dois fatos importantes: a natureza social de toda economia humana e os verdadeiros efeitos psicológicos da solidão.

A base da prosperidade de Robinson Crusoé é o estoque de ferramentas que ele retira do naufrágio; compreendem "o maior depósito de todos os gêneros [...] que um homem sozinho conseguiu criar".[72] Portanto o herói de Defoe não é realmente um primitivo ou um proletário, mas um capitalista. Na ilha ele se torna o proprietário de uma terra rica porém incultivada. Essa propriedade e o estoque retirado do navio constituem os milagres que fortalecem a fé dos partidários do novo credo econômico. Mas só a dos verdadeiros crentes: para o cético o clássico idílio da livre-iniciativa não sustenta a opinião de que alguém tenha conquistado conforto e segurança apenas com os próprios esforços. Na verdade Crusoé é o feliz herdeiro dos esforços de outros incontáveis indivíduos; sua solidão é a medida e o preço dessa felicidade, pois envolve a morte de todos os outros proprietários em potencial; e o naufrágio, longe de ser uma peripécia trágica, é o *deus ex machina* que permite a Defoe apresentar o trabalho solitário não como uma alternativa para uma sentença de morte, mas como uma solução para as perplexidades da realidade socioeconômica.

Também é evidente a objeção psicológica a *Robinson Crusoé* como modelo de ação. Assim como a sociedade molda o indivíduo, a solidão prolongada pode reconduzi-lo ao estado primitivo do pensamento e das emoções. Nas fontes que Defoe usou para elaborar *Robinson Crusoé* o verdadeiro destino dos náufragos era, quando muito, insípido. Na pior das hipóteses, acossados pelo medo e atormentados pela degradação que o meio lhes impunha, eles desciam progressivamente ao nível dos animais, perdiam o uso da linguagem, enlouqueciam ou morriam de inanição. Um livro que Defoe deve ter lido, *The voyages and travels of J. Albert de Mandelslo* [As viagens e andanças de J. Albert de Mandelslo], relata dois casos: o de um francês que depois de apenas dois anos de solidão em Maurício rasgou as roupas num acesso de loucura resultante de uma dieta à base de tartaruga crua, e o de um marinheiro holandês ilhado em Santa Helena que desenterrou o corpo de um colega e lançou-se ao mar no caixão.[73]

Essas realidades de solidão absoluta correspondiam à visão tradicional de seus efeitos, conforme expressa o dr. Johnson: "o mortal solitário (era) certamente voluptuoso, provavelmente supersticioso e possivelmente louco: a mente se estagna por falta de uso, adoece e extingue-se como uma vela num ar viciado".[74]

Na história de Defoe acontece exatamente o contrário: Crusoé transforma o abandono em triunfo. Defoe deixa de lado a probabilidade psicológica para resgatar sua visão da inexorável solidão humana e por isso exerce tanta atração sobre os que se sentem solitários — e quem não se sente às vezes? Uma voz interior continuamente sugere que o isolamento humano alimentado pelo individualismo é doloroso e tende a levar à animalidade apática e ao desequilíbrio mental; Defoe afirma, confiante, que a solidão pode se tornar o prelúdio da realização mais plena das potencialidades de cada indivíduo; e os leitores solitários de dois séculos de individualismo só podem aplaudir um exemplo tão convincente da transformação da necessidade em virtude, uma visão tão colorida e estimulante dessa imagem universal da experiência individualista: a solidão.

Não há dúvida de que a solidão é universal — a palavra está sempre inscrita no reverso da medalha do individualismo. Embora Defoe fosse um otimista porta-voz da nova ordem socioeconômica, a irrefletida veracidade de sua visão como romancista levou-o, como vimos, a relatar muitos dos fenômenos menos empolgantes relacionados com o individualismo econômico que tendiam a isolar o homem da família e da pátria. Os sociólogos modernos atribuíram consequências muito semelhantes às outras duas tendências principais refletidas em *Robinson Crusoé*. Max Weber, por exemplo, mostrou como o individualismo religioso de Calvino criou entre seus adeptos um "isolamento interior"[75] historicamente inédito; Émile Durkheim atribuiu à divisão do trabalho e às mudanças decorrentes muitos dos infindáveis conflitos e complexidades das normas da sociedade moderna, a anomia[76] que deixa o indivíduo à mercê de si mesmo e eventualmente fornece uma rica mina de problemas sociais e individuais ao romancista empenhado em retratar a vida de seu tempo.

Parece que Defoe tinha muito mais consciência da tipicidade de sua epopeia da solidão do que geralmente se pensa. Porém não tinha plena consciência, pois, como vimos, deixou de lado seus verdadeiros efeitos econômicos e psicológicos para tornar os esforços do herói mais empolgantes do que seriam de outra forma; sem embargo as mais eloquentes declarações de Crusoé referem-se à solidão como a condição universal do homem.

As *Serious reflections of Robinson Crusoe* (1720) constituem na verdade uma variada compilação de textos religiosos, morais e taumatúrgicos e, no conjunto, não podem ser levadas a sério como parte da história: o livro foi lançado basicamente para aproveitar o grande sucesso da primeira parte da trilogia, *The life and strange surprising adventures* [A vida e estranhas aventuras surpreendentes], e a sequência menor, *Further adventures*. Contudo nos prefácios e no primeiro ensaio, "On solitude" [Sobre a solidão], há várias pistas para compreender o significado que Defoe pretendia dar às experiências de seu herói.

No prefácio de *Robinson Crusoé* ele informa que a narrativa, "embora alegórica, é também histórica": baseia-se na vida de um homem "bem conhecido", cujas ações constituem o "assunto destes volumes e ao qual toda a história ou sua maior parte alude da maneira mais direta"; e sugere que ele próprio é o "original" do qual Robinson Crusoé é o "símbolo", que o retrato alegórico é o de sua própria vida.

Muitos críticos têm desmentido ou até ridicularizado essa afirmação. *Robinson Crusoé* foi criticado exatamente por causa de seu caráter fictício, e argumentou-se que Defoe usou a justificativa da alegoria sobretudo para contestar essa crítica e abrandar a aversão dos puritanos à ficção — aversão da qual ele mesmo partilhava. Mas não se pode negar que o livro tem algumas conotações autobiográficas; é a única obra de Defoe que ele diz abordar sua própria vida e coaduna-se bem com muito do que sabemos sobre os pontos de vista e as aspirações do autor.

O próprio Defoe era uma figura solitária; atesta-o o resumo

de sua biografia que ele escreveu no prefácio de um panfleto de 1706, *A reply to a pamphlet, entitled "The lord Haversham's vindication of his speech...*" [Resposta a um panfleto intitulado "A justificativa de lorde Haversham para seu discurso"], onde lamenta:

> como estou sozinho no mundo, abandonado por aquelas mesmas pessoas às quais prestei serviço; [...] como, com [...] nenhum outro recurso além de meu próprio esforço, venci o infortúnio e, graças exclusivamente à composição, passei de dezessete a pouco menos de 5 mil libras; como na prisão, no isolamento, em toda forma de extremos, mantive-me sem a assistência de amigos ou parentes.

"Abrir caminho com incansável diligência" é certamente o heroísmo que Crusoé partilha com seu criador; e no prefácio do livro é essa a qualidade que Defoe menciona como o tema de sua inspiração: "Aqui a invencível paciência recomendou, na pior das misérias, dedicação incansável e determinação destemida nas maiores e mais desencorajadoras circunstâncias".

Depois de afirmar o teor autobiográfico da narrativa, Defoe passa a considerar o problema da solidão. Sua discussão constitui uma interessante ilustração do que Weber pensava sobre os efeitos do calvinismo. A maior parte refere-se à insistência puritana na necessidade de o indivíduo vencer o mundo dentro de si mesmo, alcançar a solidão espiritual sem recorrer à vida monástica. "Trata-se de conquistar uma alma solitária", afirma e continua:

> Podemos realmente desfrutar de todas as partes da completa solidão, se quisermos, e, recebendo suficiente graça, até nas cidades mais populosas, entre os bulícios da conversação e da galanteria de uma corte, ou o barulho e a azáfama de um acampamento, como nos desertos da Arábia e da Líbia ou na vida desolada de uma ilha desabitada.

Esse comentário, entretanto, por vezes se dilui numa afirmação mais genérica da solidão como um fato psicológico penoso:

> Toda reflexão volta-se para dentro, e nosso querido eu é, em certo aspecto, o fim da vida. Portanto, pode-se dizer com acerto que o homem está sozinho no meio das multidões e da azáfama de homens e negócios. Todas as suas reflexões são sobre si mesmo; tudo que é agradável ele toma para si; tudo que é enfadonho e penoso ele prova com seu próprio paladar.[77]

Aqui a insistência puritana em preservar a alma intacta, livre do contágio de um mundo pecador, expressa-se em termos que sugerem um afastamento mais absoluto, secular e pessoal, em relação à sociedade. Mais tarde esse eco da solidão redefinida do *solus ipse* de Descartes exprime uma angustiada sensação de solidão pessoal cuja avassaladora realidade inspira a Defoe sua eloquência mais comovente:

> O que são para nós as tristezas dos outros homens e suas alegrias? Algo que pode nos tocar com a força da compaixão e uma secreta reviravolta dos afetos; mas toda reflexão autêntica é sobre nós mesmos. Nossas meditações são todas solidão absoluta; nossas paixões exercem-se todas no isolamento; amamos, odiamos, desejamos, gozamos, tudo na intimidade e na solidão. Tudo que transmitimos aos outros tem por fim obter sua ajuda na realização de nossos desejos; o fim está em nós; o prazer, a contemplação, tudo é solidão e isolamento; divertimo-nos sozinhos, sofremos sozinhos.

"Desejamos, gozamos, tudo na intimidade e na solidão": o que realmente absorve o homem é algo que o torna solitário onde estiver e muito consciente da natureza interesseira de qualquer relacionamento com outros seres humanos para que neles possa encontrar consolo. "Tudo que transmitimos aos outros tem por fim obter sua ajuda na realização de nossos desejos": um interesse racionalmente concebido faz do discurso um arremedo; e o cenário da vida silenciosa de Crusoé é uma utopia porque seu silêncio funcional, rompido apenas pelo papagaio com seu ocasional "Pobre Robinson Crusoé", não impõe ao egocentrismo ontológico do homem a necessidade de assumir uma falsa fachada de relacionamento social ou de aceitar o arremedo de comunicação com seus semelhantes.

Robinson Crusoé apresenta, portanto, uma advertência sobre as últimas consequências do individualismo absoluto. Entretanto, como todas as tendências extremas, essa também suscitou reação. Assim que a solidão do homem se impôs à atenção da humanidade, a complexa natureza da dependência do indivíduo em relação à sociedade — tida como ponto pacífico até ser desafiada pelo individualismo — passou a ser analisada muito mais minuciosamente. A natureza essencialmente social do homem, por exemplo, tornou-se um dos principais temas dos filósofos do século XVIII e o maior deles, David Hume, escreveu no *Treatise of human nature* [Tratado da natureza humana] (1739) um texto que quase poderia ser uma refutação de Robinson Crusoé:

> Não podemos imaginar nenhum desejo que não tenha relação com a sociedade. [...] Mesmo que todas as forças e os elementos da natureza se conjuguem para servir e obedecer a um homem; mesmo que o sol surja e se ponha sob suas ordens; que o mar e os rios se movam como lhe agrade e a terra espontaneamente forneça tudo que lhe possa ser útil ou agradável; ainda assim ele será infeliz até que tenha pelo menos uma pessoa com a qual possa compartilhar sua felicidade e cuja estima e amizade ele possa desfrutar.[78]

Assim como o moderno estudo da sociedade só começou depois que o individualismo centralizou a atenção no isolamento do homem com relação a seus semelhantes, assim também o romance só pôde iniciar seu estudo das relações pessoais depois que Robinson Crusoé revelou uma solidão que as exigia. Talvez a história de Defoe não seja de fato um romance, na acepção geral, pois dispensa pouca atenção às relações pessoais. Mas foi bom a tradição do romance ter se iniciado com uma obra que destrói as relações da ordem social tradicional e, assim, chama a atenção para a oportunidade e a necessidade de estabelecer uma rede de relações pessoais segundo um modelo novo e consciente; os termos do problema do romance e do pensamento moderno foram definidos quando a velha ordem das relações sociais e morais naufragou, com Robinson Crusoé, na maré alta do individualismo.

4. DEFOE ROMANCISTA: *MOLL FLANDERS*

Os críticos têm discordado mais com relação à produção de Defoe do que à dos dois pretendentes posteriores à paternidade do romance: Richardson e Fielding. Por um lado, Leslie Stephen — que recebeu relógios de F. R. Leavis por ter "dito tudo que era preciso" sobre Defoe romancista[1] — observa que "o mérito das narrativas de De Foe (*sic*) está em proporção direta com o mérito intrínseco de uma simples apresentação dos fatos"[2] — e assim exprime a opinião geral do século XIX segundo a qual, conforme assinalou William Minto, Defoe foi um "grande mentiroso, talvez o maior que já existiu".[3] Mais recentemente, depois de analisar em *Moll Flanders* a relação entre inadequação moral e técnica ficcional primitiva, Mark Schorer conclui que o livro é "nossa revelação clássica da mentalidade mercantilista: a moralidade de medida que Defoe aparentemente deixou de medir".[4] Esses críticos — e muitos outros — não estão convencidos de que Defoe deva ser considerado um grande romancista. Por outro lado há os muitos admiradores que o colocam nos píncaros, desde Coleridge (que, é bem verdade, enaltece apenas *Robinson Crusoé*) até Virginia Woolf, que declarou: "*Moll Flanders* e *Roxana* [...] figuram entre os poucos grandes romances ingleses que podemos indiscutivelmente qualificar como grandes".[5]

O capítulo anterior, sobre *Robinson Crusoé*, apontou algumas das razões históricas da importância de Defoe na tradição do romance, porém não se preocupou com as questões nas quais se baseia o desacordo dos críticos. Tampouco *Robinson Crusoé* constitui o melhor exemplo para tal propósito: provavelmente é o livro mais poderoso e duradouro de Defoe e com certeza o mais popular desse autor, porém Clara Reeve agiu com acerto em *The progress of romance* [A evolução da novela] (1785)[6] ao classificá-lo entre "obras singulares e originais". Pelo menos a partir dos *Aspects of the novel* [Aspectos do romance] (1927), de E. M. Forster, *Moll Flanders* tem sido considerada uma obra representativa do que Defoe poderia realizar no gênero romance e — embora *Colonel Jacque*, *Roxana* e *A journal of plague year* [Diário do ano da peste] tenham alguns méritos incomparáveis — impõe-se como o trabalho mais adequado para a investigação dos métodos do romancista e de seu lugar na tradição do gênero.

Não é por ser fundamentalmente diferente de *Robinson Crusoé* em assunto e atitude que *Moll Flanders* se destaca tanto dentre os romances de Defoe. A heroína é uma criminosa, mas a alta criminalidade em nossa civilização deve-se principalmente à ampla difusão de uma ideologia individualista numa sociedade em que nem todos podem obter sucesso.[7] Como Rastignac e Julien Sorel, Moll Flanders é um produto característico do individualismo moderno na medida em que se julga na obrigação e no direito de obter as maiores recompensas econômicas e sociais e para tanto lança mão de todos os recursos disponíveis.

Seus crimes, assim como as viagens de Robinson Crusoé, ligam-se à dinâmica do individualismo econômico, e por isso é que Moll Flanders difere essencialmente dos protagonistas da picaresca. O pícaro tem uma base histórica real — a ruína da ordem social do feudalismo —, mas esse não é o motivo de suas aventuras; segundo a convenção literária, suas experiências de vida não são suficientemente significativas para suscitar uma grande variedade de observações satíricas e episódios cômicos. Defoe, por outro lado, apresenta meretrizes, piratas, salteadores, ladrões e aventureiros como pessoas comuns, produtos normais do meio em que vivem, vítimas de circunstâncias que qualquer um poderia ter experimentado e que suscitam exatamente os mesmos conflitos morais entre fins e meios com os quais se defrontam outros membros da sociedade. Alguns atos de Moll Flanders talvez se assemelhem muito aos do pícaro, porém o sentimento que evocam é de uma simpatia e de uma identificação mais completas: autor e leitor veem-se obrigados a levar mais a sério a personagem e seus problemas.

Essa seriedade abrange os perigos que a rodeiam em função de suas atividades criminosas: ela se vê muito mais exposta às sanções da lei que qualquer personagem da picaresca — a punição é uma realidade, não uma convenção. Esta é, em parte, uma questão literária: o pícaro desfruta daquela mágica imunidade em relação aos tormentos mais intensos da dor e da morte que é concedida a todos os afortunados habitantes do mundo da comédia, enquanto a essência do universo ficcional de Defoe reside no fato de seus sofrimentos e seus prazeres serem tão intensos como os da vida real. Mas a diferença entre *Moll Flanders* e a picaresca deve-se também a uma específica mudança social intimamente relacionada com o advento do individualismo e que acarretou o surgimento, no início do século XVIII, de uma das instituições características da moderna civilização urbana: uma classe criminosa bem definida e um complexo sistema dedicado a lidar com ela, com tribunais, informantes e até repórteres policiais, como foi o caso de Defoe.

Na Idade Média os exemplos de Cristo e de são Francisco levaram a crer que a pobreza, longe de constituir uma desgraça, podia ampliar as possibilidades de salvação individual. No século XVI, contudo, a nova ênfase na realização econômica levou à ampla aceitação da convicção oposta:[8] a indigência não só era vergonhosa como comprovava a maldade presente e a danação futura. Os heróis de Defoe partilham dessa opinião; preferem roubar a esmolar e perderiam o respeito por si mesmos — bem como o do leitor — se não apresentassem essa *hubris* característica do homem econômico.

Aceitar os objetivos do individualismo econômico envolvia também uma atitude com relação à sociedade e a sua lei. A própria distinção entre criminoso e não criminoso só adquire maior importância quando a conduta do indivíduo é determinada não por sua aceitação dos padrões positivos da comunidade, mas por seus próprios objetivos pessoais, que encontram como única restrição o poder legal da autoridade. Esse processo é bastante evidente em *Moll Flanders*: a lei, segundo as palavras de Goldsmith, apenas "suscita temor"; a *polis* tornou-se a polícia.

O contexto social mais imediato de *Moll Flanders* deriva dos esforços do Estado no sentido de deter o crescimento da criminalidade, sobretudo em Londres. À medida que os roubos se multiplicavam — e *The beggar's opera* [A ópera dos pobres] (1727) assinala a era de ouro do salteador —, as punições para os crimes contra a propriedade tornaram-se muito mais severas: Moll Flanders é passível de enforcamento e de fato é deportada por roubar "duas peças de brocado de seda", enquanto sua mãe teve o mesmo destino por se apoderar de "três peças de fino tecido de Holanda".[9] A forma de sua punição nos remete ao mundo de Robinson Crusoé e à relação entre individualismo econômico e desenvolvimento colonial. De 1717 a 1775 cerca de 10 mil criminosos metropolitanos foram transportados do tribunal de Old Bailey para as colônias inglesas na América do Norte;[10] ali muitos deles, como Moll Flanders e o coronel Jacque, conseguiram encontrar expressão legítima para o impulso que os tornara criminosos em seu país.

Embora se desenrole num ambiente criminoso, *Moll Flanders* constitui essencialmente uma expressão de forças e atitudes muito semelhantes às que são analisadas em *Robinson Crusoé*: do mesmo modo, conquanto a forma em que apresenta tais forças e atitudes seja sob alguns aspectos mais bem-sucedida ou pelo menos mais típica do romance, não difere muito na essência; assim, a maioria do que dissemos sobre o tratamento que Defoe dispensa a enredo, personagem e estrutura global aplica-se a todos os seus romances e à relação entre estes e as forças do individualismo.

I

Eis um episódio da parte final da carreira de Moll Flanders como ladra:

A seguir o que houve de importante foi uma tentativa contra o relógio de ouro de uma dama. Aconteceu numa multidão, num templo, onde eu corria o grande perigo de ser agarrada. Peguei o relógio, mas, dando-lhe um empurrão como se alguém me tivesse jogado contra ela, e nesse momento puxando a joia, não consegui arrancá-lo; então larguei-o e gritei como se quisessem me matar, dizendo que alguém me pisara o pé e que com certeza havia ladrões ali, pois alguém puxara meu relógio; pois notai que nessas aventuras sempre vamos muito bem-vestidas e eu usava roupas muito finas e tinha um relógio de ouro, como uma verdadeira dama.

Mal acabei de dizer isso a outra senhora gritou: "Ladrão!", pois alguém, explicou ela, tentara arrancar-lhe o relógio.

Quando peguei o relógio eu estava perto dela, mas quando gritei afastei-me um pouco, e a multidão empurrando-a um pouco para a frente, ela também fez barulho, porém a alguma distância de mim, de modo que pelo menos não tinha suspeitas com relação a minha pessoa; todavia quando ela gritou "Ladrão!", alguém falou: "Ai, e aqui havia outro; também tentaram roubar esta senhora".

Nesse mesmo instante, um pouco mais além, e felizmente para mim, a multidão gritou também: "Ladrão!" e incontinente agarrou um jovem em pleno flagrante. Foi uma desgraça para o coitado, mas muito oportuno para mim, apesar de já ter me saído bastante bem; porém agora não havia dúvida e uma parte da multidão correu naquele rumo e o pobre moço se viu entregue à fúria da rua, que é de uma crueldade que não preciso descrever e a qual, não obstante, eles sempre preferem a ir parar em Newgate, onde ficam em geral muito tempo e às vezes acabam sendo enforcados, e o melhor que podem esperar, se condenados, é a deportação.[11]

É muito convincente. O relógio de ouro é um objeto real; Moll Flanders não consegue arrancá-lo, nem mesmo puxando-o.

A multidão compõe-se de corpos sólidos, empurrando para a frente e para trás e linchando outro ladrão na rua. Tudo isso acontece num lugar específico e real. É verdade que, conforme seu hábito, Defoe não tenta descrever os detalhes, mas as poucas pinceladas nos convencem plenamente de sua realidade. Um templo dissidente não é o melhor cenário para tais atividades, mas Defoe não põe em dúvida sua capacidade de escritor ao chamar a atenção para essa irônica impropriedade.

Se há dúvidas, referem-se não à autenticidade do episódio, mas a seu status literário. A intensidade da cena é curiosamente incidental. Defoe entra no meio da ação, com "peguei o relógio", e de repente passa do relato sucinto a uma apresentação mais detalhada e imediata, como se quisesse apenas comprovar a verdade da afirmação inicial. Nem a cena foi planejada como um todo coerente: logo um aparte interrompe a narração para explicar algo que podia já ter sido explicado, ou seja, o importante fato de que Moll Flanders estava vestida como uma dama: essa transição reforça nossa convicção de que nenhum *ghost-writer* tentou colocar ordem nas reminiscências da heroína, mas, se desde o início soubéssemos que Moll Flanders estava vestida como uma senhora, a ação se desenvolveria com maior força, graças à continuidade, até o incidente seguinte, os gritos de "Ladrão!".

Defoe em seguida enfatiza a moral prática: ao invés de gritar, a dama devia ter "agarrado o primeiro corpo a seu lado". Com isso ele se mantém fiel ao propósito didático exposto no "Prefácio do autor", porém ao mesmo tempo dirige nossa atenção para o importante problema de identificar o ponto de vista do narrador. Quem conta a história é a própria Moll, arrependida e já no fim da vida; diante disso é surpreendente que no parágrafo seguinte ela fale de sua "protetora" tramando "trapaças". Depois outra confusão sobre o ponto de vista se apresenta: referindo-se a outros ladrões e aos criminosos em geral a heroína diz "eles", não "nós". Fala como se não fizesse parte da malta; ou teria sido um lapso de Defoe, que naturalmente diria "eles" referindo-se aos marginais? E pouco antes, quando lemos que "a outra senhora" gritou, perguntamo-nos: por que "a outra"? Moll Flanders estava sendo irônica com relação a seus trajes de dama? Ou Defoe se esqueceu de que sua heroína na verdade estava longe de ser uma senhora?

Esse tipo de dúvida com relação ao controle da narrativa por parte do autor não se dissipa com a relação — ou melhor, falta de relação — entre esse trecho e o resto do livro. A transição para o episódio seguinte é um tanto confusa. Realiza-se primeiro através da explicação dirigida ao leitor sobre a forma de lidar com os ladrões e depois através de um resumo um tanto confuso da vida da protetora, iniciado com a frase: "Tive outra aventura, que coloca este assunto fora de dúvida e pode servir de lição à posteridade no tocante a ladrões". Mas nós e a posteridade não recebemos lição nenhuma, pois a tal aventura refere-se a roubo de lojas: parece provável que ao iniciar o parágrafo Defoe não tinha em mente o final e improvisou uma transição expositiva para ganhar tempo até inventar outro incidente.

A relação entre a cena do templo e a narrativa como um todo confirma a impressão de que Defoe dava pouca atenção à coerência intrínseca da história. Deportada para a Virgínia, Moll Flanders entrega um relógio ao filho como lembrança do encontro de ambos; diz como "queria que ele o beijasse de vez em quando por amor a mim" e acrescenta: "Naturalmente não lhe contei que o roubei de uma dama num templo de Londres".[12] Como não há em *Moll Flanders* outro episódio referente a relógios, damas e templos, inferimos que Defoe tinha uma vaga lembrança do que escrevera umas cem páginas antes sobre a tentativa de roubo de um relógio de senhora, porém, se esquecera de que essa tentativa havia fracassado.

Tais descontinuidades indicam que Defoe não planejou o romance como um todo coerente, mas foi escrevendo uma parte por vez, rapidamente, e não se deu ao trabalho de uma revisão. Na verdade isso é bastante provável por outras razões. Seu principal objetivo como escritor com certeza era produzir muito — mais de 1500 páginas impressas no ano em que lançou

Moll Flanders — e essa produção não se destinava basicamente a um público atento e crítico. Defoe não era o tipo de escritor obstinado com a própria obra ou sensível às críticas adversas, e isso se evidencia nos termos de sua introdução a *The true-born Englishman* [O inglês autêntico], na qual se desculpa pelas imperfeições poéticas da obra que lhe dava, talvez, maior orgulho:

> Sem ser tomado por adivinho, aventuro-me a predizer que serei criticado por meu estilo pobre, meu verso rude, minha linguagem incorreta, coisas com as quais eu realmente poderia ter tido maior cuidado. Mas o livro está impresso; e embora eu veja algumas falhas, é tarde demais para corrigi-las. E isso é tudo que julgo necessário dizer.

Se foi tão displicente com uma de suas primeiras obras (e ainda por cima um poema), é bem pouco provável que Defoe se dispusesse a vasculhar as possíveis incoerências de um livro de ficção popular como *Moll Flanders*; sobretudo porque, tratando-se de um gênero malvisto e efêmero, provavelmente seu editor não lhe pagaria o extra que, segundo parece, ele exigia para rever o manuscrito.

Essa displicência explica as incoerências de detalhes comuns em todas as suas obras; a mesma falta de planejamento ou de revisão pode ser atribuída à natureza de seu método narrativo.

Quase todos os romances utilizam dois métodos narrativos diferentes: apresentação mais ou menos detalhada do ambiente onde, em tempo e local definidos, desenrola-se a ação das personagens, narrada de modo mais ou menos completo; e passagens sucintas que contêm apenas elementos essenciais do cenário e fornecem a ligação necessária com o restante da estrutura. A tendência da maioria dos romancistas é reduzir ao mínimo essas sinopses e concentrar o máximo de atenção em poucas cenas completas. Não é o caso de Defoe: ele conta a história através de mais de uma centena de cenas cuja extensão média não ultrapassa duas páginas e de um número igualmente grande de sinopses conectivas.

O resultado é óbvio: em quase toda página a tensão diminui quando passamos de um episódio a um resumo — por um instante Moll Flanders aparece profusamente iluminada e no momento seguinte cai nas sombras das confusas lembranças. Por certo são os episódios integralmente desenvolvidos que contêm o que há de empolgante e memorável no livro e que os entusiastas de Defoe sempre citam para demonstrar seu gênio de narrador; mas estes se esquecem de que grande parte da obra consiste de resumos insípidos, encaixados nas brechas da narrativa. Defoe não faz nenhum esforço para reduzir o número de remendos necessários para transformar os episódios em unidades tão grandes quanto possível. Por exemplo, o primeiro grupo principal de episódios, quando Moll é seduzida pelo irmão mais velho, divide-se em numerosos encontros separados entre as personagens envolvidas, dissolvendo-se o efeito de cada um à medida que a narrativa cai no simples resumo. Assim também, quando Moll descobre que se casou com seu meio-irmão, sua reação ante a natureza incestuosa da união dilui-se em tantas cenas separadas que o episódio perde grande parte da força emocional.

Esse aspecto um tanto primitivo da técnica narrativa de Defoe é, em parte, reflexo de seu objetivo literário básico — criar uma semelhança convincente com as memórias autobiográficas de uma pessoa real — e, portanto, requer uma análise mais ampla nesse contexto maior. Antes, porém, precisamos concluir nossa análise do episódio do templo fazendo uma breve consideração sobre o que certamente constitui seu aspecto mais bem-sucedido: a prosa.

Defoe não escreve bem segundo os padrões comuns, mas sua prosa tem uma eficácia extraordinária no sentido de que nos faz acompanhar bem de perto a luta de Moll Flanders para trazer à luz suas lembranças; percebemos então que a concentração exclusiva nesse objetivo explica a total negligência com relação a considerações estilísticas habituais — repetições e parênteses, o ritmo espontâneo e às vezes hesitante, as longas sequências de orações coordenadas. À primeira vista pode parecer que a extensão das frases compromete o efeito da espontaneidade; na verdade, porém, a falta de pausas marcadas e as recapitulações frequentes tendem a reforçar esse efeito.

O que o episódio do templo tem de mais notável é, talvez, o fato de ser narrado no estilo habitual de Defoe. Nenhum outro autor antes dele conseguiu escrever normalmente e ao mesmo tempo convencer o leitor de que assim se expressaria uma pessoa inculta como Moll Flanders; nesse aspecto a naturalidade de Defoe deve-se, em parte, às mudanças na situação dos autores descritas no segundo capítulo e, em parte, a muitos outros fatores que, nas últimas décadas do século XVII, contribuíram para aproximar a linguagem literária dos modos de falar e da compreensão do leitor comum.

O primeiro desses fatores foi a tentativa da Royal Society de desenvolver uma prosa mais factual. Não se pode considerar que isso tenha tido importância fundamental na formação do estilo de Defoe, mas deve ter exercido alguma influência através do viés científico e moderno do currículo da academia dissidente de Newington Green que ele frequentava. A prosa de Defoe ilustra o celebrado programa do bispo Sprat:

> um modo de falar conciso, despojado, natural; expressões positivas; sentidos claros; fluência natural; aproximar o máximo possível todas as coisas da precisão matemática; e preferir a linguagem dos artesãos, camponeses e mercadores à dos intelectuais ou estudiosos.[13]

Naturalmente Defoe preferia essa linguagem, pois era um mercador. Seu vocabulário é por certo o dos "artesãos e camponeses" no sentido de que contém maior número de palavras de origem anglo-saxã que o de qualquer outro escritor famoso, com a importante exceção de Bunyan;[14] ao mesmo tempo tem uma certa "precisão matemática", uma qualidade positiva e referencial muito adequada ao propósito da linguagem que, no dizer de Locke, é "transmitir o conhecimento das coisas". Na verdade o estilo de Defoe reflete a filosofia lockiana num detalhe bastante significativo: em geral ele se contenta com indicar apenas as características essenciais dos objetos que descreve — solidez, extensão, forma, movimento e número, sobretudo número —, dispensando bem pouca atenção a atributos secundários, como cor, som ou gosto.[15]

A qualidade simples e positiva da prosa de Defoe incorpora, portanto, os novos valores da posição científica e racional de fins do século XVII; mas essa também era a tendência de alguns novos estilos da oratória religiosa. Richard Baxter, por exemplo — o qual Defoe leu e cuja posição religiosa era muito semelhante à sua —, fez da clareza seu grande objetivo; e tratava-se de uma clareza quase científica, pois visava a familiarizar a plateia com o que definia como "experimentos da alma", "ocorrências do coração" e "operações de Deus".[16] Mesmo sua ênfase, sua técnica de persuasão dependiam do recurso retórico mais simples: a repetição. Quanto a isso, bem como em toda a sua teoria e prática, Baxter estava bem próximo de Defoe, e pode-se avaliar essa proximidade lendo o relato das considerações que determinaram seu estilo de pregador:

> Quanto mais lido com pessoas ignorantes, mais percebo que nunca se poderá ser claro demais ao lhes falar. Se não utilizamos seu dialeto vulgar, não nos compreendem. Ainda mais, se o usamos, se dispomos essas mesmas palavras numa linda frase ou se falamos com certa brevidade, não percebem o que dizemos. Mais, vejo que se não enfeitamos o assunto com certo número de palavras e nos valemos de algumas repetições, de modo que eles possam ouvi-las de novo inculcadas (em suas mentes), apenas obstruímos seu entendimento e eles não nos compreendem. Aquele estilo [...] um tanto ofensivo à exatidão, enfadonho e detestável para o ouvido curioso [...] será o que maior bem fará ao ignorante.[17]

Provavelmente a prosa do autor de *Moll Flanders* está mais próxima do "dialeto vulgar" e da compreensão que qualquer coisa que Sprat ou Baxter conceberam, sobretudo pelo motivo que Defoe indicou ao dizer que "pregar sermão é falar a uma pequena porção da humanidade; imprimir livros é falar ao mundo inteiro".[18] Como jornalista, escreveu para o público mais amplo e, portanto, tinha de fazer concessões muito maiores à capacidade de entendimento dos leitores. Na *Review* declarou que "escolhera a clareza" e se decidira pela precisão "em fato e estilo", pois era "mais instrutiva e clara para a compreensão das pessoas às quais me dirijo";[19] tinha plena consciência de que os leitores mais instruídos poderiam achá-lo canhestro e repetitivo, mas insistia nessa tautologia "de evidente utilidade pública".[20]

A primeira narrativa famosa de Defoe, *The true relation of the apparition of mrs. Veal* [O verdadeiro relato da aparição de mrs. Veal] (1706) mostra a relação direta entre o início de sua carreira de jornalista e autor de panfletos e a verossimilhança de seus romances. Leslie Stephen utilizou-a para ilustrar os métodos de ficcionista de Defoe;[21] na realidade o autor relata o que ouviu quando foi a Canterbury entrevistar mrs. Bargrave, que vira a aparição em pauta. Não se pode negar, contudo, que o que Stephen diz sobre "a elaboração de provas comprobatórias" e o "desvio do interesse" dos frágeis elos da cadeia do argumento aplica-se perfeitamente aos romances, se não a *Mrs. Veal*; e podemos afirmar que Defoe consegue nos fazer acreditar em suas ficções graças, em parte, a seu treinamento na dura escola do jornalismo.

A experiência jornalística foi-lhe particularmente útil para empreender a carreira de romancista. Durante cerca de nove anos — de 1704 a 1713 — ele escreveu praticamente sozinho *The Review*, seu jornal publicado três vezes por semana, e com isso acabou por transformar-se numa personagem editorial, "mr. Review", dotado de um estilo muito pessoal. Ao assumir o papel de Moll Flanders, não precisou mudar muito sua voz, que era a de um homem do povo tagarela, briguento, simples e às vezes ambíguo.

Ao jornalismo podemos atribuir também boa parte da responsabilidade por aquilo que constitui, talvez, o maior talento de Defoe: um texto fácil, interessante e gostoso de ler. Suas palavras merecem com justiça aquele elogio usual: "Uma vez iniciada a leitura, não é possível largá-la". O próprio Defoe se vangloriava disso, pois assim concluiu seu prefácio de *Memoirs of a cavalier* [Memórias de um cavaleiro], com uma sintaxe mais deselegante que de hábito: "Nada pode atrair mais que a história em si, a qual, quando o leitor nela penetra, acha muito difícil sair até concluí-la".

II

Os romances de Defoe constituem marcos da história da ficção em grande parte porque são as primeiras narrativas consideráveis que incorporam todos os elementos do realismo formal. Entretanto, embora o realismo formal ajude a definir a singularidade do romance, evidentemente não esgota nossas expectativas críticas; não obstante sua técnica de exposição característica, o romance só tem realmente valor quando, como qualquer outra forma literária, possui uma estrutura que se constitua numa expressão coerente de todas as partes. Nossa análise preliminar levantou várias dúvidas sobre a coerência de *Moll Flanders*; e essas, somadas à extensão do desacordo dos críticos quanto à posição de Defoe como romancista, demandam uma análise mais detalhada de sua estrutura total e em especial da relação entre três componentes principais: enredo, personagem e temática moral.

Uma rápida recapitulação do enredo de *Moll Flanders* deixará clara sua natureza episódica. A história divide-se em duas partes: a primeira e mais longa focaliza a carreira da heroína como esposa; a segunda refere-se a suas atividades criminosas e devidas consequências. A primeira parte compõe-se de cinco episódios principais, terminando cada um deles com a morte ou a partida de um marido; e há dois subepisódios importantes: um sobre o caso malogrado com um homem casado, em Bath, e o outro referente aos estratagemas que a viúva Redriff, amiga da protagonista, emprega para arranjar um companheiro.

É verdade que três dos episódios principais não são totalmente independentes. O primeiro casamento, relacionado com os esforços de Moll para melhorar de vida e com sua sedução pelo irmão mais velho, forma um prelúdio satisfatório e na verdade simbólico ao romance como um todo, embora não tenha mais relação com o enredo. O terceiro casamento, com seu meio-irmão, leva Moll Flanders a desvendar o segredo de seu nascimento e, assim, liga-se com o início da vida da protagonista e com as cenas finais na Virgínia, onde ela reencontra o marido e o filho. O quarto casamento, com James ou Jemmy, o irlandês, ou natural de Lancashire, ou salteador de estradas (são típicas da displicência de Defoe essas múltiplas possibilidades de identificação, que até parecem desejáveis), relaciona-se com a parte posterior do livro, desde o julgamento de Moll no tribunal de Old Bailey. Por outro lado, embora alguns elementos do enredo da primeira parte se relacionem entre si, a interligação é rudimentar e durante longos intervalos desaparece nos detalhes de outras atividades de Moll.

A segunda parte — a mais interessante para muitos leitores — enfoca basicamente a carreira de ladra da heroína; a única ligação com o resto da trama é que leva por fim a sua prisão e ao reencontro com James no cárcere, à deportação e ao retorno à Virgínia e à família que lá se encontrava. Assim, as aventuras criminosas de Moll terminam numa renovação de nosso contato com os dois episódios principais da primeira parte do enredo e permitem uma conclusão mais ou menos hábil do romance como um todo.

Esse grau de continuidade, baseado nas relações entre a heroína, a mãe, o meio-irmão, o marido favorito e o filho, confere a *Moll Flanders* um nível de coerência estrutural que o torna único entre os romances de Defoe. O único enredo comparável é o de *Roxana*, onde o mecanismo unificador é semelhante, embora mais simples: uma criança, fruto do passado sórdido, atinge a maturidade e passa a assombrar o presente e as possibilidades de a heroína se aposentar confortavelmente. Em nenhum outro romance, porém, Defoe revela intenção clara de desenvolver sua trama com algum sentido de inteireza ou finalidade. Em *Roxana*, depois de tratar a relação mãe-filha com uma seriedade que parece encaminhar o enredo para um desfecho trágico, termina deixando toda a questão no ar; e *Moll Flanders* encerra-se em certa confusão, com a heroína e depois o marido retornando à Inglaterra. Mesmo quando uma solução pareceria fácil e lógica, Defoe prefere o inconsequente e o incompleto.

Esses finais inconclusivos, típicos do autor de *Moll Flanders*, em certo sentido são inegavelmente eficazes: servem como um lembrete de que o que determina a ordem da narrativa é a sequência verossímil de fatos na vida dos protagonistas. Defoe despreza a ordem da literatura para demonstrar sua total dedicação à desordem da vida.

A fidelidade ao estilo pseudobiográfico explica o tipo de trama utilizado. Não sabemos o quanto *Moll Flanders* deve a algum modelo formal específico nem se o protótipo da heroína já existia. Está bem claro, porém, que as únicas analogias prováveis com a ficção de Defoe constam de algum tipo de literatura biográfica, que todas essas formas consistem de um vago encadear de acontecimentos numa sequência cronológica e que sua eventual unidade se deve ao fato de tais acontecimentos se referirem à mesma pessoa.

Quanto ao tema, a maior analogia está nas biografias de trapaceiros, uma tradição nacional dedicada à documentação social realista de modo muito mais exclusivo que a picaresca. O gênero iniciou-se com meras compilações de fatos, como *Caveat for common cursitors* [Advertência aos blasfemos comuns] (1566), de Thomas Harman, e evoluiu para um gênero parcialmente ficcional influenciado por histórias picarescas e livros de pilhérias. As biografias de trapaceiros são episódicas, mas diferenciam-se de *Moll Flanders* como um todo porque as normas do cotidiano tendem a se perder em meio aos relatos de fraudes que não são exatamente plausíveis. Não obstante encontramos a mesma irrealidade nos episódios de *Moll Flanders* que apresentam maior paralelo com a matéria-prima de tais biografias[22] — episódios como o logro recíproco da heroína e seu marido de Lancashire, a reviravolta de situação na loja de tecidos e o processo de Moll para obter indenização por acusação falsa, ou o namoro com seu meio-irmão,[23] um *tour de force* poético que por certo não se coaduna com a biografia de uma senhora que revela bem pouca familiaridade com as musas.

Entretanto o simples fato de esses poucos incidentes se destacarem do restante da narrativa mostra como é grande a diferença entre a maior parte de *Moll Flanders* e as biografias de trapaceiros. Tais incidentes parecem forçados e quanto a isso se assemelham à concepção tradicional do enredo de ficção: o autor escolhe sua história porque de algum modo é tão simples, tão divertida ou tão chocante que se destaca da experiência comum e pede para ser contada e recontada. Mas o romance usa um enredo de espécie muito diferente, baseado numa ação que se encaixa inteiramente na experiência comum; e é nesse tipo de ação que se baseia a maior parte de *Moll Flanders.*

Assim, o enredo de *Moll Flanders* está mais próximo da biografia autêntica — de criminosos, viajantes ou outras pessoas — do que a semifictícia biografia de trapaceiros. Quanto a isso é interessante notar que, dois anos antes de elaborar *Moll Flanders,* Defoe compilou uma memória mais ou menos autêntica, *Life of mr. Duncan Campbell* [Vida de mr. Duncan Campbell], um conhecido adivinho, e ali afirmou: "De todos os escritos num estilo histórico entregues ao mundo certamente nenhum gozou de maior estima do que aqueles que nos apresentam por inteiro as vidas de homens destacados [...]".[24] A alta consideração de Defoe pela biografia autêntica reflete-se na maneira como seus romances sempre passam por genuínas autobiografias. Só isso implicaria o tipo de estrutura de narração utilizada: bastava-lhe convencer-se de que *Moll Flanders* era a vida de uma pessoa real para elaborar uma sequência de episódios semelhantes aos da vida real. É improvável que Defoe tivesse refletido sobre as outras consequências literárias desse tipo de enredo; se refletiu, deve ter ficado contente por sacrificar quaisquer imperfeições formais à autenticidade absoluta que elas tornavam possível e relativamente fácil.

As imperfeições são evidentes e graves. Aristóteles achava

que o enredo episódico, cuja unidade depende apenas do fato de ser a história de uma personagem, era o pior tipo de enredo, porque "há muitas ações de um homem que não podem formar uma ação; e também porque a história se preocupa com o que realmente aconteceu, em oposição à poesia, que lida com o provável ou necessário".[25] Pode ser que no romance essas objeções não fossem definitivas, mas não há como negar que, ao esforçar-se tanto para elaborar histórias "verídicas" — sem dúvida um passo fundamental na evolução do tipo de enredo adequado ao realismo formal do romance —, Defoe inevitavelmente deixou de lado os outros objetivos da ficção, os objetivos da poesia na concepção de Aristóteles. Inevitavelmente porque as imperfeições inerentes ao enredo episódico não terminam aí, mas negam a Defoe as vantagens de uma estrutura que confere coerência e maiores implicações aos pensamentos e atos das personagens.

Como diz E. M. Forster, *Moll Flanders* certamente é um romance de personagem;[26] o enredo joga toda a carga de interesse na heroína e muitos leitores acham que ela a suporta com louvor. Por outro lado, Leslie Stephen criticou em Defoe a falta de "tudo que passa por análise psicológica na ficção moderna",[27] e não sem razão, pelo menos se nossa ênfase recai na palavra análise. Possivelmente não há um episódio de *Moll Flanders* em que a motivação seja inconvincente, mas as razões são um tanto negativas — poucas situações com as quais a heroína se depara exigem maior discernimento que o do cão de Pavlov: Defoe nos faz admirar a rapidez e a determinação das reações de Moll ante o ganho ou o perigo; e, se não há detalhadas análises psicológicas, é porque seriam completamente supérfluas.

Os romancistas posteriores demonstraram sua acuidade psicológica de duas formas: indiretamente, revelando a personalidade da personagem através de seus atos; e diretamente, analisando os vários estados de espírito da personagem. Evidentemente os dois métodos podem combinar-se, o que ocorre com frequência, e em geral se conjugam ainda com uma estrutura narrativa planejada para demonstrar o desenvolvimento da personagem e apresentá-la diante de escolhas fundamentais que colocam em ação toda a sua personalidade. Não é exatamente o que ocorre em *Moll Flanders*. Mais do que retratar o caráter da heroína, Defoe pressupõe sua realidade em cada ação e arrasta o leitor com ele — se aceitamos a realidade do ato é difícil duvidar da realidade do agente. As dúvidas surgem só quando tentamos reunir todos os atos e vê-los como a expressão de uma personalidade isolada; e tais dúvidas não se desfazem quando constatamos que dispomos de bem poucos dados importantes para formar um perfil de sua personalidade e que alguns desses dados parecem contraditórios.

Tais falhas se evidenciam mais no tratamento que Defoe dispensa às relações pessoais. Por exemplo, ele nos diz muito pouco sobre a natureza dos amores de Moll Flanders e até sobre sua quantidade. Quando ela se repreende por ter se "deitado com treze homens", lamentamos que cerca de seis amantes tenham escapado ao conhecimento não só de seu quinto marido como — o que é ainda mais imperdoável — ao nosso também. E com relação aos amantes que conhecemos não sabemos bem qual deles Moll preferia. Temos a forte impressão de que James é seu favorito e que ela só o deixou pelo quinto — o funcionário do banco — por causa de suas terríveis dificuldades financeiras; entretanto, referindo-se à lua de mel com o último, Moll diz que nunca viveu "quatro dias seguidos mais agradáveis" e acrescenta que se sucederam cinco anos "ininterruptos de tranquilidade e contentamento". Todavia, quando James reaparece, nossa impressão anterior se reforça:

> Ele empalideceu e perdeu a fala, como se tivesse sido atingido por um raio, e, incapaz de dominar a surpresa, disse apenas: "Deixa-me sentar"; e, sentando-se a uma mesa, nela apoiou o cotovelo, firmou a cabeça com a mão e fixou os olhos no chão, como um tolo. Por minha vez, eu chorava com tal veemência que só depois de muito tempo consegui

falar; mas depois de ter dado alguma vazão à emoção repeti as mesmas palavras: "Meu querido, não me reconheces?". A isso ele respondeu "sim" e ficou quieto muito tempo.[28]

O lacônico estilo narrativo de Defoe podia ser muito eficaz quando se referia a relações pessoais, mas isso acontece raramente, talvez porque nem o autor nem a heroína achassem que tais coisas fossem elementos essenciais e constantes da vida humana. Defoe não nos ajuda muito a entender os sentimentos conflitantes de Moll durante seu casamento com o funcionário do banco. Como os dois primeiros maridos, ele só se individualiza na medida em que recebe um número ordinal; e a vida de Moll com ele é tratada como um episódio efêmero e autocontido cuja premissa emocional não precisa se conciliar com outros aspectos de sua vida e de seu caráter. Na verdade Defoe enfatiza a descontinuidade ao nos dizer que nessa época James escreveu três vezes a Moll sugerindo que partissem para a Virgínia conforme ela propusera,[29] porém só muito tempo depois que o quinto marido havia morrido: outro romancista teria usado tais pretextos para esclarecer os sentimentos conflitantes da heroína em relação aos dois homens, mas Defoe se limita a contar os fatos e quando estes já haviam perdido a capacidade de elucidação psicológica.

Se tentarmos tirar alguma conclusão do tratamento reservado a essas relações pessoais específicas certamente será a de que Moll Flanders foi muito feliz com os dois maridos e, embora amasse mais a um, não deixava esse sentimento interferir nos confortos que o outro podia lhe proporcionar. Ela é evidentemente afetuosa mas não sentimental. Entretanto temos uma visão um pouco diferente quando consideramos seu caráter como mãe. Por um lado Moll consegue se conduzir com um abandono sentimental completo, como ao beijar o chão onde Humphry, o filho do qual vivera separada muito tempo, havia estado; por outro lado, embora demonstre afeição por dois ou três de seus rebentos, segundo os padrões normais é um tanto insensível com relação à maioria de sua prole — maioria essa apenas mencionada e esquecida, entregue aos cuidados de parentes ou de mães adotivas e nunca mais reclamada; na verdade Moll nem sequer procura saber como estão os filhos. Quanto a isso concluímos que, apesar das circunstâncias atenuantes, ela é uma mãe indiferente. É difícil conciliar esse fato com sua atitude de beijar o chão que Humphry pisara ou com sua condenação das mães desnaturadas[30] — entre as quais, cabe lembrar, ela não se inclui, nem mesmo em seus momentos de mais profundo remorso.

Essa aparente contradição deve ser explicada em termos não de acuidade psicológica, mas de técnica literária: ao ler Defoe, precisamos aceitar tudo que é dito expressamente e não tirar conclusões das omissões, por mais importantes que pareçam. Se em seu quinto casamento Moll Flanders não lamenta ter perdido James é porque Defoe não concebia as atitudes recíprocas das personagens como realidades duradouras nas quais devesse concentrar o foco de sua técnica narrativa. Se Moll Flanders silencia quanto ao destino dos filhos (exceto o de Humphry) e apenas menciona os quatro que morreram, devemos deduzir não que lhe falta sentimento materno, mas que Defoe não se preocupou com essas figuras depois de tirá-las de cena. Em ambos os casos não devemos permitir que nossa interpretação vá além do que Defoe ou Moll Flanders efetivamente afirmam.

A falta de mais dados sobre os relacionamentos pessoais da heroína — a partir dos quais poderíamos elaborar um perfil de sua personalidade — tem ainda outra explicação: o individualismo criminoso que ela persegue em seus últimos dias tende a minimizar a importância de tais relacionamentos. Como os outros integrantes do mundo do crime, ela tem de assumir nomes falsos e falsas identidades e dedica boa parte de sua vida a manter esses disfarces. Isso permeia praticamente todos os seus contatos pessoais, que nunca podem ser profundos ou irrestritos e devem ser transitórios; portanto, Defoe é realista ao retratar as relações pessoais de Moll Flanders como uma série de encontros casuais, como os dos vagabundos e criminosos da vida real descritos por Mayhew no século seguinte. Eis um desses relatos:

> De manhã fui expulso (de uma reunião) e depois que parti travei conhecimento com uma jovem que dormira na reunião. Eu disse que ia tomar a estrada que passa pelo campo em direção a Birmingham e convidei-a para ir comigo. Eu nunca a tinha visto. Ela concordou e fomos juntos [...] Perdi a jovem quando fui trancafiado na prisão em Manchester. Ela nunca foi me visitar na cadeia. Não se importava comigo. Só queria minha companhia na estrada; e eu não me importava nem um pouco com ela, nem um pouco.[31]

A lacônica autenticidade desse texto assemelha-se muito à de Defoe e exemplifica a natureza aleatória das relações pessoais nos meios de criminosos. Na verdade esse meio afeta as relações pessoais tal qual o individualismo econômico as afeta em *Robinson Crusoé*; o vagabundo de Mayhew, Moll Flanders e a maioria das personagens de Defoe pertencem à ilha de Crusoé; essencialmente solitários, têm uma visão muito pragmática de seus semelhantes.

Assim, nem o foco da narrativa nem a natureza do tema de Defoe permitem definir a personalidade de Moll através de sua participação nas relações pessoais. Nem por isso a psicologia da heroína apresentada por Defoe deixa de ser plausível: algumas das discrepâncias que assinalamos são basicamente negativas — resultado da falta de informação —; não obstante a principal dificuldade poderia ser resolvida assumindo-se que Moll Flanders é sociável por natureza mas as circunstâncias muitas vezes a obrigam a agir sozinha. Contudo a própria instabilidade de suas relações pessoais dificulta uma conclusão quanto a esse ponto. Em geral quando tentamos definir a personalidade global de alguém consideramos todas as opiniões possíveis e as comparamos com as nossas para chegar a uma espécie de visão estereoscópica.

Sobre a heroína de Defoe não dispomos de tais dados. Pela natureza episódica do enredo, embora haja no romance cerca de duzentas personagens, nenhuma delas convive muito tempo com Moll Flanders; além disso, o estilo autobiográfico só nos permite conhecer as atitudes dessas personagens com relação à protagonista se e quando ela resolve nos informar. A unanimidade de opiniões a seu respeito é bastante duvidosa: segundo a própria Moll, todos aqueles que melhor poderiam avaliá-la — James, a protetora, Humphry, por exemplo — sentem por ela a mais irrestrita e desinteressada adoração. Por outro lado, observando que Moll Flanders nunca é totalmente honesta e desinteressada com relação a eles — na verdade com relação a ninguém —, o leitor pode interpretar essa aparente adoração como a prova de uma ilusão paranoica da heroína e não como uma avaliação correta de seu caráter por parte das outras personagens. Parece que todos vivem apenas para ela e ninguém lamenta isso. Poderíamos esperar que a protetora, por exemplo, lamentasse a regeneração de Moll, pois esta a priva de uma boa fonte de mercadorias roubadas; mas ela se torna "uma verdadeira penitente"[32] tão logo a heroína dispensa seus préstimos.

Se no círculo de relações de Moll Flanders ninguém parece conhecer seu verdadeiro caráter e se continuamos a suspeitar que ela seja parcial ao falar de si mesma, então a única visão objetiva de sua personalidade só pode ser fornecida pelo próprio Defoe. Quanto a isso novamente deparamos com dificuldades. Pois a personagem se parece muito com o autor, mesmo em questões onde poderíamos esperar nítidas diferenças. Os fatos mostram que ela é mulher e criminosa, por exemplo; mas essas condições não determinam sua personalidade tal como Defoe a criou.

Naturalmente Moll Flanders tem muitos traços femininos; sabe reconhecer boas roupas e preocupa-se com o bem-estar de seus maridos. As primeiras páginas do livro apresentam claramente uma menina e depois há muitas pinceladas de um humor popular cujo tom é sem dúvida feminino. Mas esses são detalhes menores e até superficiais, e a essência de seu caráter e de seus atos é masculina, pelo menos para o leitor. Essa é uma impressão pessoal, difícil — se não impossível — de demonstrar. Pelo menos é certo que Moll Flanders não aceita as desvantagens de seu sexo, e sentimos que a admiração de Virginia Woolf por ela devia-se, em grande parte, ao fato de a heroína ter concretizado um dos ideais do feminismo: a independência em relação a qualquer compromisso involuntário com o papel feminino.

Moll Flanders também se assemelha a seu autor em outro aspecto: parece imune ao meio criminoso em que vive e tem muitas atitudes de cidadã virtuosa e responsável. Quanto a isso não há nenhuma incoerência gritante, mas um padrão de comportamento a distingue dos outros membros de sua classe: ao relatar a cena no templo ela não se mostra solidária com o ladrão; mais tarde enche-se de virtuosa indignação pelos "canalhas empedernidos" de Newgate, que lhe retribuem com vaias e chacotas; e quando finalmente é deportada, tem a satisfação de observar, bem instalada no alojamento do capitão, que a "velha confraria" viaja no porão.[33] Para Moll Flanders os criminosos se dividem em duas categorias: a maioria são depravados que merecem o próprio destino, mas ela e alguns de seus amigos são pessoas essencialmente virtuosas e dignas que não tiveram sorte — mesmo quando se prostitui Moll continua pura, pois, afirma, assim age por necessidade e não "por amor ao vício".[34] Na verdade, como Defoe, ela é uma boa puritana que, apesar de algumas concessões necessárias e lamentáveis, não se deixou perverter.

Essa liberdade com relação às prováveis consequências psicológicas e sociais de tudo que ela faz constitui a principal implausibilidade de seu caráter. Aplica-se não só a seus crimes, mas a tudo que ela faz. O incesto, por exemplo: após revelar seu terrível segredo, Moll Flanders deixa o irmão arrasado e, bem pouco abalada pela situação, parte da Virgínia. Nem os sentimentos do filho com relação a Moll são afetados pelo fato de ser ele o fruto de uma união incestuosa ou pelo fato de a mãe, depois de se manter afastada durante vinte anos, voltar só porque, tendo sido deportada para perto dele, acha que herdará uma propriedade, que de outro modo pertenceria a Humphry.

Assim, o caráter de Moll Flanders não é afetado nem pela condição feminina, nem pelas atividades criminosas, nem por qualquer fator objetivo que poderiam distanciá-la do autor; por outro lado, ela tem em comum com Defoe e com muitos de seus heróis várias características atribuídas em geral à classe média. Vive obcecada com boas maneiras e aparências; orgulha-se de saber obter bons serviços e acomodações adequadas; e no fundo gostaria de viver de rendas, nada mais teme que ver "suas reservas desaparecerem rapidamente".[35] Mais especificamente, é evidente que, como Robinson Crusoé, ela assimilou, por algum processo de osmose, o vocabulário e as atitudes de um negociante. Na verdade suas qualidades positivas são as mesmas de Crusoé, um individualismo irrequieto, amoral, ardoroso. Sem dúvida tais qualidades podem ser encontradas numa pessoa de seu sexo, condição e vicissitudes pessoais; mas isso não é provável e com certeza é mais razoável atribuir as contradições a um processo que a narrativa na primeira pessoa tende a adotar; a identificação de Defoe com Moll Flanders foi tão completa que, apesar de alguns traços femininos, ele criou uma personalidade que na essência era a sua.

A hipótese da identificação inconsciente entre o autor e sua heroína parece igualmente válida quando analisamos o terceiro aspecto da estrutura total de *Moll Flanders*: seu significado moral mais amplo.

O prefácio afirma que "não há em nenhuma parte (do livro) uma ação perversa que não tenha redundado em infelicidade ou infortúnio". O aspecto moralizante da obra resume-se no ensinamento de uma ética um tanto limitada: é preciso pagar pelo vício e o crime não compensa. Mas a narrativa não confirma isso. Parece que Defoe sucumbiu ao eterno perigo da história de crime: para ser interessante o autor tem de se projetar o máximo possível na mente do criminoso e, uma vez assumindo suas características, joga para ganhar. Defoe não pode suportar a ideia de deixar Moll Flanders cair em desgraça; é verdade que sua situação varia, porém ela nunca chega a um nível tão baixo que se veja obrigada a desmentir sua antiga resolução de nunca "fazer trabalho doméstico",[36] e mantém seu status de classe média até mesmo na prisão. Em geral, como esposa, amante ou ladra, tem extraordinário sucesso e quando sobrevém a queda consegue salvar boa parte de seus ganhos ilícitos (o suficiente para cultivar uma fazenda) e ainda mantém na Inglaterra um saldo considerável.

A prosperidade da penitente fundamenta-se, pois, em sua carreira criminosa e a sinceridade de sua regeneração nunca se vê diante do duro teste de sacrificar o bem material pelo moral. Na verdade o enredo contradiz claramente o objetivo moral anunciado por Defoe.

No entanto alguns outros tipos de significado moral poderiam ter sido incorporados à narrativa, talvez por outros meios que não os das implicações do enredo. Por exemplo, Defoe podia ter usado o comentário editorial direto para obrigar o leitor a ver sua protagonista pelo prisma adequado chamando a atenção para seu egoísmo inveterado e para a superficialidade de seu arrependimento. Mas essa intromissão editorial teria comprometido seu principal objetivo, o de dar a impressão de que *Moll Flanders* é uma autobiografia literal e autêntica; portanto o artifício era inaceitável.

Qualquer significado moral que Defoe quisesse atribuir a sua história tinha, pois, de partir da consciência moral da heroína. Isso significa que ela deveria atuar como personagem e como porta-voz editorial e, assim, teria de recontar a história a partir da perspectiva de seu arrependimento posterior. O que também envolvia algumas dificuldades; em parte porque os amores e os roubos de Moll perderiam muito de seu interesse se as cinzas do arrependimento os recobrissem; e em parte porque tal perspectiva demandaria uma rigorosa separação temporal entre a consciência que realizou as más ações e a consciência regenerada responsável pelo relato dessas ações.

O prefácio do livro mostra que Defoe não percebeu tais problemas, pois evita a questão fundamental da relação do romance com o texto de Moll a partir do qual supostamente foi escrito. A "pena utilizada em concluir sua história" menciona uma "cópia que inicialmente veio ter a nossas mãos" e que demandava muito expurgo para tornar sua "linguagem adequada à leitura"; mas também se infere a existência de documentos posteriores e presumivelmente mais castos que mostram Moll "humilde e arrependida, como ela depois pretende ser". Defoe, contudo, silencia sobre tais textos e, portanto, não podemos dizer quais — se há alguma — reflexões religiosas e morais foram feitas pela heroína nem em que momento de sua vida.

Essa indefinição da escala temporal evidencia-se algumas vezes no teor das reflexões penitentes. Por exemplo, um dos primeiros pecados de Moll é o da bigamia: ela não se divorciou do segundo marido e tampouco menciona sua morte; assim, sua trajetória amorosa consiste de bigamia entremeada de adultério. No entanto o problema só lhe aflora à consciência moral quando seu amante de Bath resolve não continuar com aquela "infeliz ligação". Ela escreve:

> Mas durante todo aquele tempo nunca pensei que eu era uma mulher casada, a esposa de mr. B. — o comerciante de tecidos, que, embora me tivesse deixado por força das circunstâncias, não tinha o poder de me desligar do contrato matrimonial existente entre nós nem de me dar liberdade legal para casar de novo; de modo que durante todo aquele tempo eu não passara de uma meretriz, uma adúltera. Então recriminei-me pelas liberdades que tomara e pela cilada que armara para aquele senhor.[37]

À primeira vista esse trecho parece uma reflexão de uma Moll arrependida relembrando sua imprudência; se assim é, só se pode pôr em dúvida o rigor de seu exame espiritual, pois sobre os outros dois casamentos — igualmente bígamos — não há esse tipo de reflexão. Contudo, se examinarmos novamente o trecho torna-se evidente que não podemos prosseguir nessa linha de raciocínio porque há muita confusão sobre a época em que tal reflexão teria sido feita. "Então recriminei-me", diz Moll; "então" com certeza indica que se recriminou na época em que o fato ocorreu; sendo assim, ela ou o autor esqueceram que o tempo usado no início do parágrafo — "nunca pensei" — sugeria que as reflexões morais foram feitas muito depois, quando o remorso a invadiu.

Defoe, portanto, não conseguiu localizar convincentemente seu comentário didático em nenhum momento particular da evolução moral da heroína; e isso pode constituir um exemplo de seu malogro generalizado na resolução dos problemas formais criados pelo propósito moralizante e pela natureza do relato autobiográfico. E sem dúvida esse malogro se deve, em parte, ao fato de que Defoe não deu a sua arte nem a sua consciência a atenção cuidadosa que seus objetivos morais demandavam; por outro lado, cabe lembrar que na verdade ele se defrontava com um problema novo na época e que desde então tem sido o problema central do romance: como criar uma estrutura moral coerente sem tirar da narrativa seu ar de autenticidade literal.

O realismo formal é apenas um modo de apresentação e eticamente neutro: todos os romances de Defoe são também eticamente neutros porque fazem do realismo formal um fim, não um meio, subordinando qualquer significado ulterior à ilusão de que o texto expressa as lucubrações autênticas de uma pessoa histórica. Mas o caso individual é um estudo árido, a não ser nas mãos de um interrogador habilidoso capaz de extrair as informações que desejamos e que em geral são as mesmas que a pessoa em questão desconhece ou não quer admitir: o problema do romance era descobrir e revelar esses significados mais profundos sem romper com o realismo formal.

Romancistas posteriores perceberiam que, embora o realismo formal impusesse uma precisão mais impessoal e absoluta à maneira pela qual a literatura desempenhava sua antiga função de espelhar a natureza, havia outros modos de transmitir um modelo moral — modos que talvez fossem mais difíceis e indiretos que aqueles utilizados por gêneros literários anteriores. Pois, ao invés do comentário direto, ou da força do tom e das imagens, o modelo tinha de depender da manipulação do espelho em época, lugar, fidelidade, brilho. O "ponto de vista" se tornaria o instrumento básico através do qual o escritor expressaria sua sensibilidade moral, e o modelo seria o resultado da habilidade oculta que faria os ângulos em que se segurava o espelho refletirem a realidade tal qual o romancista a via. Não é o que ocorre com o tratamento de enredo e caracterização em *Moll Flanders*; quanto à consciência moral da heroína, continua a escapar-nos devido à falta de coordenação entre os diferentes aspectos do propósito da narrativa.

III

Aqueles que, como John Peale Bishop, consideram *Moll Flanders* "um dos grandes romances ingleses, talvez o maior",[38] certamente perceberam a falta de coordenação, mas por trás dela viram um firme domínio das realidades do comportamento humano. Quanto ao objetivo moralizante, acham que Defoe não o levou a sério e que a história pertence àquela categoria de romance em que a discrepância entre o aparente teor moral e qualquer apreensão inteligente desse teor por parte do leitor é um artifício literário por meio do qual o autor nos avisa que sua obra deve ser interpretada ironicamente: o método pode ser definido como a ausência notória do endosso do autor à narrativa na primeira pessoa e foi usado com sucesso em obras modernas análogas a *Moll Flanders*, como *Gentlemen prefer blondes* [Os homens preferem as loiras], de Anita Loos, e *Herself surprised* [Ela se surpreendeu], de Joyce Cary.

Ler *Moll Flanders* sob essa luz implicaria admitir que Defoe se distanciara muito de sua criação, que sequer levou a sério as declarações moralizantes do prefácio e que estava encantado com sua pintura do contraponto subversivo e irônico entre as considerações materiais e morais que constitui o traço mais evidente da obra para o leitor moderno. Embora coerente com boa parte da presente análise, essa interpretação é, na essência, diametralmente oposta; sem embargo tem recebido apoio bastante para exigir exame mais aprofundado.

Talvez o maior elogio a Defoe como artista seja o que Coleridge fez numa anotação sobre a passagem de *Robinson Crusoé* em que o herói encontra ouro na cabine do navio naufragado:

> À vista desse dinheiro sorri comigo mesmo. Ninharia, disse em voz alta, para que serves, não tens valor para mim [...], uma dessas facas vale essa pilha inteira, não tenho como gastar-te, portanto fica onde estás e vai para o fundo [do mar] como uma criatura cuja vida não vale a pena salvar. Contudo, pensando melhor, peguei;* o dinheiro e embrulhei tudo num pedaço de pano.

No asterisco Coleridge comentou:

> Digno de Shakespeare — e contudo o simples ponto e vírgula depois, o instante que passa sem a menor pausa para reflexão é mais extraordinário e magistral que o detalhe em si. Um escritor menor, um Marmontel, teria colocado um "!" depois de "peguei" e iniciado um novo parágrafo.[39]

Sorrimos diante do "pensando melhor", com seu casual esvaziamento do paradoxo retórico de Crusoé sobre a inutilidade do ouro e somos tentados a ver um belo decoro literário na omissão, por parte de Defoe, de maiores explicações sobre a compulsiva irracionalidade do homem econômico. No entanto podemos ter certeza de que a ironia não é acidental? Esse monólogo paradoxal realmente se coaduna com o caráter de Crusoé ou com sua situação? Não é mais típico de Defoe, o publicista econômico, sempre atento para reforçar a valiosa verdade de que só os bens constituem a autêntica riqueza? Sendo assim, a aparente ironia não seria apenas o resultado da extrema despreocupação com que Defoe, o publicista, retoma seu papel de romancista e se apressa a nos dizer que sabe o que Crusoé, e qualquer outra personagem, faria em tais circunstâncias?

O elogio de Coleridge merece alguns comentários. Ele usou a edição de 1812, que — como a maioria das edições posteriores — colocou muita ordem na pontuação de Defoe: as edições mais antigas na verdade trazem vírgula depois de "peguei". Ademais, a admiração de Coleridge se deve em grande parte ao fato de Defoe ter reunido os dois componentes da ironia — a inutilidade do dinheiro naquelas circunstâncias e a decisão de levá-lo assim mesmo — numa só unidade lógica e ter recusado ao leitor algum sinal evidente, como um ponto de exclamação. Na verdade, contudo, há vírgula não só aí como ao longo do período, que se estende ainda por umas quinze linhas, durante as quais Crusoé nada para a praia e uma tempestade desaba. Parece que isso atenua muito o efeito e sugere que a verdadeira razão da aparente ironia, nessa passagem como em outras, pode ser a quantidade de assuntos que Defoe reúne numa unidade sintática, além da extrema displicência com que realiza as transições entre os diferentes tópicos.

De qualquer modo o entusiasmo de Coleridge pode nos advertir sobre o perigo a que os intelectuais costumam se expor: o de ver demais. É o que ocorre, parece, nos dois ensaios de Virginia Woolf no *Common reader*. Os textos de *Robinson Crusoé* e *Moll Flanders* não lhe proporcionam a oportunidade de mostrar conhecimento, de ver mais do que na realidade existe? Ela escreve, por exemplo, que "um simples vaso de barro no primeiro plano [...] nos leva a ver ilhas remotas e as solidões da alma humana".[40] Diante do ensaio "On solitude" na última parte de *Robinson Crusoé* com certeza é mais provável que a técnica de Defoe não fosse sutil ou consciente o bastante para evocar o tema da solidão humana e para nos informar sobre rudimentos da cerâmica — tudo ao mesmo tempo e na mesma narrativa.

Assim, quando Virginia Woolf diz que Defoe submete "a seu propósito qualquer outro elemento",[41] continuo cético. Há em *Robinson Crusoé* ou em *Moll Flanders* algum propósito no sentido usual do termo? Tal interpretação não se deverá na verdade a uma espécie de gratidão pela sensação de superioridade que a prosa humilde e espontânea de Defoe nos inspira e que nos permite converter em ironia os casos extremos de sua *gaucherie* narrativa?

Moll Flanders contém alguns poucos exemplos de ironia óbvia e consciente. Primeiro há muita ironia dramática do gênero simples: na Virgínia, por exemplo, quando uma mulher conta a história do casamento incestuoso de Moll sem saber que se dirige à protagonista do fato.[42] Também há exemplos de uma ironia muito mais penetrante, como no trecho em que Moll Flanders, ainda menina, jura que se tornará uma dama como uma de suas vizinhas:

> "Pobre criança", disse minha boa e velha protetora, "bem poderás ser uma dama como essa, pois ela é uma pessoa de má fama e teve dois bastardos."
>
> Eu não entendi nada, mas respondi: "Tenho certeza de que a chamam de madame e que ela não trabalha como criada nem faz serviços de casa"; e assim insisti que ela era uma dama e que eu seria uma dama como ela.[43]

É boa ironia dramática enfatizar esse episódio profético com as palavras "uma dama como ela", onde a ênfase verbal também aponta a diferença entre virtude e classe e os perigos morais de se iludir com a aparência de superioridade social. Podemos ter certeza de que a ironia é consciente, porque seu teor é corroborado por outros escritos de Defoe, que muitas vezes revelam uma atitude um tanto rancorosa com relação aos bem-nascidos que não fornecem modelos de conduta adequados: há uma tendência semelhante, por exemplo, na irônica descrição do irmão mais velho como "um alegre cavalheiro que [...] era leviano o bastante para cometer uma má ação, porém tinha muito discernimento das coisas para pagar um preço elevado demais por seus prazeres". A elegância estilística e a concordância com o próprio ponto de vista de Defoe nos dão a certeza de que a reflexão de Moll Flanders após ter sido lograda por James também é irônica: "Há algum consolo em ser arruinada por um homem honrado e não por um canalha".[44] A hipérbole mostra o contraste entre normas morais declaradas e verdadeiras; "arruinada" constitui um exagero proposital, sendo Moll Flanders o que é; e a ambiguidade de "um homem honrado" parece bem consciente de seu efeito subversivo.

Contudo esses exemplos de ironia consciente não correspondem à ironia estrutural mais ampla que sugeriria que Defoe encarava ironicamente sua personagem central ou seu declarado propósito moral. Por certo nada em *Moll Flanders* indica claramente que Defoe tenha uma visão da história diferente daquela da heroína. É verdade que em alguns casos essa intenção parece possível: mas um exame atento mostra que eles não têm a marca dos exemplos de ironia consciente mencionados; ao contrário, estão bem mais próximos do trecho de *Robinson Crusoé*.

Um estreito paralelo com o anticlímax retórico de Crusoé ocorre depois que Moll Flanders revela ao marido e meio-irmão a terrível verdade sobre seu nascimento:

> Vi-o empalidecer e ficar transtornado; e disse-lhe: "Agora lembra-te de tua promessa e aceita isso com presença de espírito; pois quem te poderia dizer mais para preparar-te para isso do que eu disse?". Contudo chamei uma criada e mandei que lhe trouxesse um copinho de rum (que é a bebida usual do país), pois ele estava desmaiando.[45]

A insistência na credibilidade — levando ao meticuloso parêntese que explica por que Moll pediu rum e não conhaque — cria um violento contraste entre a forte tensão emocional e o alívio prosaico. A vida é assim mesmo, devemos concordar, mas qualquer escritor que quisesse insistir na intensidade da emoção não haveria de sugerir que um copo de rum resolveria o problema. Muito menos um "copinho" — o diminutivo constitui um bom exemplo de como um cuidado "realista" com minúcias um tanto inadequadas pode ajudar a criar ironia.

Formalmente o trecho é semelhante àquele sobre o dinheiro; a transição entre os elementos incongruentes emprega a adversativa "contudo", que insiste na conexão lógica na mente do narrador. Se Defoe tivesse apenas iniciado um novo parágrafo, a ironia teria diminuído muito, pois deriva da aparente insistência em que os dois itens justapostos — em cada caso um extremo emocional ou abstrato seguido de uma consideração mais prática — pertencem na verdade ao mesmo universo do discurso.

A passagem também é típica no conteúdo, pois o que desperta a suspeita da ironia é uma transição do sentimento à ação, muito comum nos romances de Defoe, embora nunca se tenha certeza de que ele pretendesse ser irônico. Há, por exemplo, o trecho em que Moll, num arrebatamento incomum, beija o chão que o filho pisou, mas recua quando lhe dizem que a terra está "úmida e é perigosa".[46] Pode ser que Defoe estivesse rindo da mistura de sentimentalismo e bom-senso de sua heroína, porém o mais provável é que precisava levantar Moll do chão para continuar a história e não pensou muito na forma de fazê-lo.

A junção de atitudes incongruentes parece especialmente irônica se já estamos predispostos a considerar uma delas falsa. Isso acontece com muitas das passagens moralizantes, e com certeza a maneira como Defoe as introduz não contribui em nada para evitar nossa incredulidade. Um caso de improbabilidade gritante ocorre quando Moll, ainda sem se arrepender de seus crimes, conta para a protetora como roubou um bêbado com quem saíra e ao longo de um sermão contra a embriaguez cita Salomão. A protetora, diz Moll, ficou

> tão emocionada que mal pôde conter as lágrimas só de pensar que um cavalheiro diariamente corria o risco de se arruinar toda vez que um copo de vinho lhe subisse à cabeça.
>
> Mas ficou muito contente com o que consegui (roubar) e com a maneira como o despojei inteiramente. "Porém, filha", disse-me ela, "a experiência, pelo que sei, contribui-

rá mais para modificá-lo que todos os sermões que ele ouvir na vida." E se o restante da história é verdadeiro, assim foi.[47]

As duas mulheres resolvem então se antecipar à punição divina e arrancar o dinheiro do pobre homem para pôr em prática sua teoria. O episódio com certeza parodia a piedade e a moralidade, e no entanto é muito improvável que Defoe estivesse sendo irônico; não mais do que quando, por uma hipocrisia muito humana, Moll Flanders se esquiva de confessar seus pecados ao capelão da prisão alegando que ele vivia bêbado.[48] Os dois episódios são psicologicamente bastante plausíveis: os adeptos de um vício muitas vezes são menos caridosos que os virtuosos com relação às pessoas que não lhes agradam. O problema é saber se Defoe passou por cima — e esperou que os leitores fizessem o mesmo — da natureza nociva do contexto em que ocorrem suas homilias contra o álcool. Tudo leva a crer que sim: ele deve ter pretendido uma lição séria, não irônica; quanto ao contexto, já vimos que Defoe só conseguia realmente ser didático fazendo Moll repetir suas próprias convicções; assim, temos boas razões para acreditar que a falta de percepção moral, tão clara para nós, na verdade reflete uma das características psicológicas do puritanismo que o autor partilhava com sua heroína.

Em *Moral indignation and middle class psychology* [Indignação moral e psicologia da classe média] Svend Ranulf mostrou, basicamente a partir de panfletos da Commonwealth, que os puritanos eram muito mais dados a explosões de indignação moral que os monarquistas.[49] Uma das forças do puritanismo, diz ele, reside na tendência a converter sua exigência de retidão numa agressividade um tanto impiedosa contra os pecados dos outros; e isso naturalmente acarretava no indivíduo uma tendência a fechar os olhos aos próprios defeitos. Moll Flanders exemplifica essa tendência muitas vezes. Um exemplo famoso é o trecho em que ela se consola por haver roubado o colar de ouro de uma criança: "Só pensei que havia castigado com justiça a negligência dos pais que deixavam a pobre ovelhinha ir para casa sozinha e isso os ensinaria a tomar mais cuidado da próxima vez".[50] Não há dúvida quanto à veracidade psicológica dessa reflexão: a consciência é uma grande sofista. Há dúvida, porém, quanto à intenção de Defoe: será uma ironia sobre a duplicidade moral de sua heroína, sobre sua tendência a ignorar o argueiro no próprio olho? Ou Defoe se esqueceu de Moll, enfurecendo-se com a ideia da negligência dos pais que merecem o justo castigo?

Se Defoe pretendia que o trecho fosse um retrato irônico da ilusão, é preciso assumir que ele viu sob essa luz todo o caráter de Moll Flanders, pois o incidente é típico de sua cegueira em relação à própria desonestidade. Por exemplo, ela sempre mente sobre sua situação financeira, até mesmo para as pessoas que ama. Assim, quando se revela a dupla fraude com James, ela esconde uma promissória de trinta libras, "o que me tornou mais livre com relação ao resto, considerando-se as circunstâncias, pois eu o lamentava sinceramente". E continua: "Mas, voltando ao assunto, eu lhe disse que nunca pretendi enganá-lo e nunca o enganaria". Mais tarde, depois que ele se vai, Moll confessa:

> Nada que me aconteceu na vida calou tão fundo em meu coração como esse adeus. Reprovei-o mil vezes em meus pensamentos por deixar-me, pois eu teria ido com ele até o fim do mundo, mesmo que tivesse de mendigar meu pão. Procurei no bolso e encontrei dez guinéus, seu relógio de ouro e dois aneizinhos.[51]

Nem em teoria ela consegue atestar a realidade de seu afeto, declarando-se disposta a mendigar o próprio pão, sem imediatamente demonstrar que apenas usara uma hipérbole, pois logo se assegura de que tem no bolso o suficiente para comprar pão pelo resto da vida. Aqui certamente a ironia não é consciente: para Defoe e sua heroína sentimentos generosos são bons e dinheiro escondido também é bom, talvez até melhor; mas não há a sensação de que as duas atitudes estão em conflito ou que uma possa prevalecer sobre a outra.

Defoe acusara os conformistas ocasionais de "brincarem de

esconde-esconde com Deus Todo-Poderoso".[52] O termo descreve admiravelmente os equívocos políticos relativos à honestidade comum e à verdade moral tão habituais em Moll Flanders. Defoe "brinca de esconde-esconde" em vários níveis: da frase e do incidente à estrutura ética fundamental do livro inteiro, sua atitude moral com relação à própria criação é superficial e tortuosa como a de sua heroína quando seu amante casado lhe escreve para terminar o caso e insiste para que ela mude de vida.

> A carta me golpeou com mil feridas; reprovei tanto minha consciência que nem posso dizer, pois eu não estava cega com relação a meu próprio crime, e refleti que com menos ofensa poderia ter continuado com meu irmão, pois nesse aspecto não havia crime em nosso casamento, já que nenhum de nós sabia do fato.[53]

Nenhum escritor que tivesse examinado a consciência de sua heroína ou as verdadeiras implicações morais de sua trajetória com um espírito de ironia poderia ter dito isso a sério. Tampouco teria descrito a regeneração moral de James, fazendo Moll Flanders nos contar que lhe entregou as riquezas cedidas pelo filho, sem esquecer "os cavalos, porcos e vacas e outros suprimentos para nossa fazenda", e concluir: "A partir desse momento creio que ele se tornou um penitente tão sincero e um homem tão inteiramente regenerado como nunca pela bondade de Deus se emendou um devasso, um salteador de estrada, um ladrão".[54] Somos nós, não Defoe, que percebemos com ironia a justaposição dos poderes de Deus e da riqueza; somos nós, não Defoe, que rimos à ideia de regeneração por meio de porcos e vacas.

Sejam quais forem as divergências quanto a exemplos particulares, o certo é que em *Moll Flanders* não existe uma atitude de ironia coerente. A ironia no sentido amplo exprime uma profunda percepção das contradições e incoerências que atormentam o homem neste vale de lágrimas, uma percepção que se manifesta na proposital suscetibilidade do texto a interpretações contraditórias. Tão logo percebemos o objetivo básico do autor, entendemos todas as aparentes contradições como indicações da atitude coerente subjacente à obra inteira. Essa maneira de escrever evidentemente exige muito da atenção do autor e do leitor: o sentido de cada palavra, a justaposição de cada episódio, a relação de cada parte com o todo, tudo deve excluir qualquer interpretação que não seja a planejada. Como vimos, é bastante improvável que Defoe escrevesse dessa maneira ou que tivesse tais leitores; na verdade todas as evidências apontam no sentido oposto.

Pode-se dizer que Defoe escreveu pelo menos uma obra declaradamente irônica, *The shortest way with dissenters* [O caminho mais curto com os dissidentes] (1702). E é verdade que imitou com sucesso o estilo, o tom e a estratégia básica do alto clero anglicano que no reinado de Ana finalmente vislumbrou uma oportunidade de aniquilar os dissidentes. Na verdade, porém, muitos leitores encararam o panfleto como uma autêntica expressão do clero *tory* radical, e o motivo se evidencia num estudo da obra: como em *Moll Flanders*, a identificação vicária de Defoe com o suposto orador era tão completa que ocultou sua intenção original; seu único exercício consciente de ironia era na verdade uma obra-prima, não de ironia, mas de mimese.

Não podemos aqui nos estender sobre isso, porém a receptividade contemporânea com relação a *The shortest way* pelo menos mostra que o panfleto não constitui uma evidência irrefutável de que a ironia era uma arma que Defoe sabia manejar com eficiência. Tampouco pensam assim os que consideram *Moll Flanders* uma obra de ironia. Num comentário bastante convincente, Bonamy Dobrée, por exemplo, acha o romance "cheio de deliciosa ironia, desde que excluamos Moll". No entanto, como Dobrée admite e nós já discutimos, é muito difícil acreditar que Defoe tivesse objetividade suficiente para excluir sua heroína; em vista disso, quando Dobrée diz que *Moll Flanders* é uma "obra-prima surpreendente e incomparável",[55] parece considerar sua ironia involuntária e inconsciente.

Diante disso, como podemos explicar que um romance que não foi concebido para ser irônico acabou sendo visto como tal por muitos leitores modernos? Parece que devemos buscar a resposta não na crítica literária, mas na história social. Não podemos acreditar hoje que um homem inteligente como Defoe encarasse as atitudes econômicas ou as declarações piedosas de sua heroína com alguma outra atitude que não a do escárnio. Entretanto suas outras obras não corroboram essa opinião, e pode ser que o curso da História nos tenha predisposto, muitas vezes até inconscientemente, a ver com ironia certas questões que Defoe e seu tempo encaravam com grande seriedade.

Entre essas predisposições, essas atitudes "ironigênicas", pelo menos duas são suscitadas por *Moll Flanders*: os sentimentos de culpa hoje atribuídos à busca do lucro; e a desconfiança em relação a declarações piedosas, sobretudo quando se associam a grandes cuidados com os próprios interesses econômicos. Entretanto, como vimos, Defoe não tinha nenhuma dessas atitudes. Não se envergonhava de transformar o interesse econômico na premissa básica da vida humana; nem ele nem seu tempo viam conflito nenhum entre essa premissa e os valores sociais ou religiosos. Assim, talvez uma parte das ironias evidentes de *Moll Flanders* possa ser explicada como produto de um conflito inconsciente e não resolvido do próprio Defoe, um conflito característico do puritanismo a partir do momento em que separou as questões econômicas das sanções religiosas e morais.

A maioria das demais ironias pode ser explicada de modo semelhante. Um grupo de ironias evidentes gira em torno do predomínio das considerações práticas sobre as emocionais: aqui o lado cético e racional de Defoe rebela-se inconscientemente contra as cenas e os discursos sentimentais que o gênero e seus leitores exigiam. Outro grupo de possíveis ironias gira em torno das aventuras amorosas da heroína; custa-nos crer que se devem apenas a propósitos de edificação moral. No entanto a ambivalência é típica do puritano secularizado. Por exemplo, John Dunton, um dissidente excêntrico conhecido de Defoe, publicava mensalmente um jornal sobre a prostituição, *The night walker: or, Evening rambles in search after lewd women* [O noctâmbulo ou Perambulações noturnas em busca de mulheres lascivas] (1696-7), cujo propósito virtuoso se expressava de modo tão vigoroso e inconvincente quanto o dos atuais jornalistas sensacionalistas dedicados a provocar a lascívia dos leitores. Pepys fornece uma analogia ainda maior: ele comprou uma obra pornográfica e lia-a em seu gabinete aos domingos, comentando que o livro era "muito lúbrico, mas um homem sóbrio não devia deixar de lê-lo a fim de informar-se sobre as vilezas do mundo".[56]

Outros aspectos do conflito de Defoe explicam duas importantes dificuldades da interpretação crítica de *Moll Flanders*. Uma das razões por que sentimos que Defoe não podia levar a sério a regeneração espiritual de Moll é que seu arrependimento não é corroborado nem pela ação nem por qualquer impressão de mudança psicológica real: como em *Robinson Crusoé*, a dimensão espiritual é apresentada como uma série de inexplicáveis rupturas religiosas no mecanismo psíquico, as quais, no entanto, não comprometem permanentemente sua saudável amoralidade. Mas separar a religião da vida comum era uma consequência natural da secularização, e a mesma característica da época de Defoe também constitui provavelmente a causa da confusão central na consciência moral de Moll Flanders — a tendência a confundir arrependimento dos pecados com tristeza pela punição de seus crimes. A secularização da moralidade individual tendia evidentemente a enfatizar a distinção estabelecida por Hobbes ao escrever que "todo crime é pecado, mas nem todo pecado é crime";[57] como os verdadeiros medos de Moll Flanders só se referem aos prováveis resultados da descoberta de seus crimes, sentimos que em sua consciência moral, como diz Reed Whittemore, "o inferno praticamente se confina aos muros de Newgate".[58]

Muitas das discrepâncias de *Moll Flanders* referem-se a aspectos da individualidade moral sobre os quais os últimos dois séculos nos ensinaram a fazer cautelosas distinções, enquanto o início do século XVIII tendia a ser bem menos exigente. Assim, é natural que vejamos ironia onde há apenas confusão — a qual nosso século tem muito mais condições de discernir do que Defoe ou seu tempo. Quanto a isso talvez seja significativo o fato de os mais ardentes admiradores de Moll Flanders serem a-históricos tanto na posição como nos interesses. Por exemplo, E. M. Forster, em *Aspects of the novel*, exclui de seu estudo as considerações sobre a época; John Peale Bishop, talvez aceitando mas entendendo mal a informação de Defoe — "escrito no ano de 1683" —, data o romance de 1668.[59]

Outra explicação histórica, um tanto diferente, para a tendência moderna de considerar *Moll Flanders* uma obra irônica é o próprio surgimento do romance. Situamos os romances de Defoe num contexto muito diferente do de sua época; hoje em dia levamos o gênero muito mais a sério e avaliamos a obra de Defoe segundo nossos padrões. Essa postura, somada ao próprio estilo do autor, obriga-nos a explicar muita coisa como irônica. Achamos, por exemplo, que uma frase deve ter unidade; se precisamos inventá-la para frases que na verdade não passam de um amontoado de orações disparatadas, só poderemos impor unidade mediante a subordinação irônica de alguns tópicos a outros. E assim é também com as unidades maiores da composição, desde o parágrafo até a estrutura total: se achamos que deve haver um plano coerente, descobrimos um e a partir dele elaboramos um modelo complexo com o que na verdade não passa de incoerências.

A vida em si presta-se bem à contemplação irônica, e nesse sentido a tendência a considerar *Moll Flanders* irônica não deixa de ser um tributo à vitalidade de Defoe enquanto escritor — o que ele cria parece tão real que nos sentimos na obrigação de definir nossa atitude diante de sua criação. No entanto a obra genuinamente irônica exclui, mais que qualquer outra, esse tipo de atitude por parte do leitor; qualquer maneira de encarar os fatos foi prevista: ou está contida na obra ou se tornou impossível. Em *Moll Flanders* não há evidência dessa exclusão, muito menos um controle completo sobre cada aspecto do livro. Se há ironias, são com certeza aquelas da desordem social, moral e literária. Talvez se deva considerá-las não criações de um ironista, mas acidentes resultantes da aplicação fortuita da autenticidade narrativa a conflitos sociais, morais e religiosos do universo de Defoe — acidentes que nos revelam as graves discrepâncias em seu sistema de valores.

O simples fato de essas discrepâncias se revelarem já constitui um tributo ao poder de investigação do realismo formal, que permite e até estimula a apresentação de objetos e atitudes literárias que até então se encontravam separadas em gêneros distintos, como tragédia, comédia, história, picaresca, jornalismo e homilia. Romancistas posteriores, como Jane Austen e Flaubert, incorporaram tais conflitos e incoerências à própria estrutura de suas obras: criaram ironia e sensibilizaram os leitores para seus efeitos. Só podemos abordar os romances de Defoe através das expectativas literárias que outros mestres do gênero, posteriores a ele, tornaram possíveis, e tais expectativas parecem encontrar alguma justificativa como resultado de nossa clara percepção da natureza conflitante das duas forças principais da filosofia de vida de Defoe — o individualismo econômico racional e a preocupação com a redenção espiritual — que o mantinham dividido mas não inquieto. No entanto, se nosso interesse primordial se refere às verdadeiras intenções de Defoe, devemos concluir que, embora revele os sofismas através dos quais essa dualidade se mantém intacta, ele a rigor não a retrata; consequentemente *Moll Flanders* é sem dúvida um objeto irônico, mas não uma obra de ironia.

IV

Com tudo que dissemos até agora pretendemos não negar a importância de Defoe como romancista, mas apenas demonstrar um fato que talvez fosse tido por consumado se muitos críticos recentes não o tivessem questionado: os romances de Defoe não têm a coerência de detalhes apresentada por numerosos escritores menores nem as coerências mais amplas encontradas nas grandes obras literárias. Seu forte era o episódio brilhante. Tendo imaginado uma situação, ele conseguia relatá-la com uma fidelidade muito superior à da ficção anterior e que na verdade nunca foi superada. Tais episódios são irresistíveis; e a importância de *Moll Flanders* deve-se, talvez, não tanto ao fato de ser um grande romance quanto ao de ser a antologia mais rica de Defoe.

Em que medida o talento para o episódio perfeito pode neutralizar as falhas evidentes do autor: construção frágil, negligência com relação ao detalhe, falta de modelo moral ou formal? Esse é um problema crítico muito difícil. O gênio de Defoe tem algo tão seguro e indestrutível quanto a personalidade de sua heroína, algo que nos leva a aceitar a gritante heresia crítica de que o talento bem empregado pode compensar todo o resto.

O talento é a qualidade suprema do romance: Defoe é o mestre ilusionista, e isso quase que o torna o criador da nova forma. Quase: o romance só se consolidou quando a narrativa realista passou a ser organizada num enredo que, embora guardando a verossimilhança de Defoe, também tinha coerência intrínseca; quando o romancista viu as personagens e as relações pessoais como elementos essenciais da estrutura global, e não como meros instrumentos para reforçar a verossimilhança das ações relatadas; e quando tudo isso se subordinava a uma intenção moral. Foi Richardson quem deu esses passos à frente e por isso é tido em geral como o criador do romance inglês.

Defoe inventou seu gênero pessoal, que tem um lugar à parte na história da literatura, um lugar digno do criador de Robinson Crusoé: e essa posição solitária relaciona-se diretamente com o papel do individualismo em suas obras, como se pode perceber ao comparar sua ficção com as peças de um individualista e inovador mais antigo: Christopher Marlowe.

Os dois nasceram em berço humilde, conheceram a pobreza, eram cultos, inquietos, dinâmicos; os dois tiveram dificuldade em encontrar um lugar satisfatório na sociedade de seu tempo; os dois entraram em contato com os mistérios do poder através do lado mais feio do governo: como informantes e agentes secretos. A vida de ambos reflete-se em suas obras. Ambos se expressaram de modo mais pleno através de personagens radicalmente alienadas da sociedade e que parecem constituir projeções autobiográficas inconscientes; apesar das circunstâncias muito diferentes, elas se assemelham como os membros de uma família — Tamburlaine, Barabas e Fausto; Robinson Crusoé, Moll Flanders e o coronel Jacque. Tanto em Marlowe quanto em Defoe a presença dessas personagens centrais está ligada a dificuldades temáticas e estruturais semelhantes. Os enredos tendem a ser episódicos e o conflito básico não se concretiza em termos das relações entre as personagens — tudo tende a resolver-se num *ego contra mundum*. A solução do conflito é igualmente ambígua: as normas morais, sociais e religiosas segundo as quais a arrogância do herói deve ser punida são menos convincentes que as transgressões desse mesmo herói, de modo que seu triunfo parece, quando muito, superficial e nos deixa em dúvida quanto à medida em que o autor o endossava.

O valor mais positivo que emerge das obras de Defoe e Marlowe por certo não é o da ordem moral tradicional; como no caso de Stendhal, a suprema expressão do individualismo na literatura francesa, a visão de mundo apresentada é notável não por sua sabedoria, mas por sua energia. Essa dualidade coloca, talvez, o problema central para a avaliação moral do individualismo em geral e da figura de Moll Flanders. Sua sensatez nada tem de marcante; quando muito é de um tipo atávico, elementar, inteiramente voltada para os problemas da sobrevivência; entretanto nada impressiona mais que sua energia, e esta também tem uma premissa moral, uma espécie de estoicismo inarticulado e sem embargo revigorante. Tudo acontece com Moll Flanders e nada deixa marcas; o próprio tom de suas reminiscências nos garante que nenhuma vicissitude consegue abalar-lhe a vitalidade; nossos piores crimes e nossas mais desprezíveis fraquezas morais nunca nos privarão do amor dos outros ou mesmo do respeito que temos por nós mesmos; na verdade o livro inteiro consiste de uma série de variações sobre o eterno desafio do individualismo à ortodoxia do presente e à sabedoria do passado, uma sequência na qual a heroína, uma descarada Parolles, afirma com arrogância: "Simplesmente a coisa que sou me fará viver".

Essas palavras resumem a reivindicação que a forma e o conteúdo dos romances de Defoe fariam à posteridade; e é muito justo que essa reivindicação seja plenamente atendida só quando, após quase dois séculos que lhe atribuíram apenas uma fama algo subliterária,[60] encontraram uma nova ressonância nas últimas décadas, quando o romance e o estilo de vida a ele associado, o individualismo, completaram seu ciclo.

Numa época em que a técnica do romance chegara a uma complexidade sem precedentes, a espontaneidade formal de Defoe parecia mais saborosa que nunca. Era fácil perceber as dificuldades de Richardson e a artificialidade de Fielding, porque o gênero ultrapassara suas soluções para os problemas formais. Defoe, entretanto, não competia, e era estimulante aplaudir um autor que nos falava de modo tão vívido apesar de aparentemente não ter refletido sobre os problemas técnicos implícitos em seu ofício: e pelo menos no gênero romance a autenticidade espontânea parecia preferível a tudo, exceto à arte maior. Assim, Virginia Woolf e E. M. Forster nos deram um Defoe dos anos 1920, um aliado no ataque à habilidade mecânica de Arnold Bennett e Galsworthy.

Ao mesmo tempo, e nas décadas sucessivas, as bases intelectuais e sociais do individualismo foram desafiadas como nunca, e isso também conferiu à obra a irônica atualidade de um registro antecipado de seus triunfos e degradações. Principalmente a Segunda Guerra Mundial nos aproximou mais da natureza profética do retrato do individualismo feito por Defoe. Camus usou a justificativa alegórica de Defoe para *Robinson Crusoé* como epígrafe de sua própria alegoria, *La peste* (1948): "É tão razoável representar um tipo de aprisionamento por outro como representar qualquer coisa que realmente existe por outra que não existe". Na mesma época André Malraux escreveu que apenas três livros — *Robinson Crusoé, Dom Quixote* e *O idiota* — continuavam verdadeiros para aqueles que haviam conhecido as prisões e os campos de concentração.[61]

A concentração de Defoe em indivíduos isolados parece mais próxima da visão de mundo de muitos escritores atuais que daquela dos autores dos séculos intermediários. É provável que esses escritores tenham lido em Defoe mais do que ele queria e que a alienação moderna seja muito mais complexa e menos voluntária que a de Robinson Crusoé e Moll Flanders. Mas, qualquer que fosse a maneira como Defoe encarava a natureza simbólica de sua ficção, é certo que, ao final da longa tradição do romance europeu e da sociedade cujos individualismo, lazer e segurança sem precedentes lhe permitiam fazer das relações pessoais o tema principal de sua literatura, ele é uma figura bem-vinda e profética. Bem-vinda porque há muito tempo denunciou o grande blefe do romance — insinuar que as relações pessoais são tudo na vida. Profética porque só ele, entre os grandes escritores do passado, apresentou a luta pela sobrevivência nas sombrias perspectivas que a História recente recolocou em posição predominante no palco da vida.

Assim, os acidentes da História foram benévolos para com Defoe, embora ele os tivesse cortejado como nenhum outro escritor, e seu prêmio é merecido. Eles o levaram a dar um passo decisivo na história do romance. A concentração obcecada e quase inútil nos atos das personagens e a confusão inconsciente entre seus próprios pensamentos e os de suas criaturas sobre o mundo inglório em que todos eles existem tornaram possível a expressão de muitos motivos e temas que sem Defoe talvez não tivessem entrado para a tradição do romance: motivos como egoísmo econômico e alienação social; e temas como os conflitos entre as velhas e as novas escalas de valores manifestados na vida de todo dia. Poucos escritores criaram um assunto novo e uma nova forma literária para apresentá-lo. Defoe criou. Em sua concentração um tanto monocular no esforço de fazer seu assunto parecer absolutamente convincente havia muita coisa que ele não viu. Mas o que ficou de fora provavelmente foi o preço do que ele expressou de modo tão memorável e original.

5. O AMOR E O ROMANCE: *PAMELA*

A IMPORTÂNCIA DE RICHARDSON na tradição do romance deve-se em grande parte a seu sucesso em lidar com vários problemas formais que Defoe não havia resolvido. O mais importante talvez seja o do enredo, e a solução de Richardson prima pela simplicidade: ele evitou o enredo episódico baseando seus romances numa única ação, num namoro. Sem dúvida é estranho que uma revolução literária tão decisiva tenha se desencadeado com uma arma literária tão antiga, mas que — é esse o tema do presente capítulo — nas mãos de Richardson revelou novos poderes.

I

Madame de Staël associou a ausência do romance entre os antigos ao fato de que o mundo clássico, em grande parte por causa da posição social inferior das mulheres, deu relativamente pouca importância às relações emocionais entre homens e mulheres.[1] Certamente é verdade que a Antiguidade greco-romana tinha pouca experiência do amor romântico tal como o concebemos e a vida erótica em geral não possuía a importância e a aprovação que recebeu na vida e na literatura modernas. Até Eurípides considera a paixão sexual uma violação da norma humana, não exatamente um vício, mas tampouco uma virtude; e, sobretudo para o homem, reservar-lhe muito espaço indicava fraqueza. Quanto à literatura latina, sua atitude é igualmente depreciativa, como sugere um trecho do comentário de Servius sobre a *Eneida*: o amor de Dido não constituía um assunto sério o bastante para a dignidade da epopeia, mas Virgílio se redimiu abordando-o num estilo quase cômico — *paene comicus stilus est: nec mirum, ubi de amore tractatur.*[2]

É do consenso geral que a ideia do amor entre os sexos como o supremo valor da vida terrena surgiu com o *amour courtois* na Provença do século XI. O processo foi, em essência, o seguinte: a atitude de adoração religiosa transferiu-se de um objeto divino para um objeto secular — da Virgem Maria para a dama venerada pelo trovador —, e dessa transferência resultou o amor cortês. Portanto, tal como o individualismo moderno, o amor romântico tem raízes profundas na tradição cristã, o que o torna a base adequada dos padrões ideais de comportamento sexual em nossa sociedade. A religião mais universal do Ocidente, segundo Vilfredo Pareto,[3] pelo menos, é a religião do sexo; o romance fornece-lhe sua doutrina e seus rituais, tal qual as narrativas medievais com relação ao amor cortês.

Entretanto o amor cortês não poderia fornecer o tema conectivo ou estrutural que o romance exigia. Tratava-se basicamente de uma fantasia criada para gratificar a dama da nobreza cujo futuro social e econômico já fora decidido por seu casamento com um senhor feudal; pertencia a um mundo amoral, a um vácuo social onde só existia o indivíduo e onde se esquecia completamente o mundo exterior, com suas drásticas sanções legais e religiosas contra o adultério.[4] Por conseguinte as formas da literatura medieval voltadas para a vida cotidiana não deram atenção ao amor cortês e apresentavam a mulher como um ser caracterizado por uma insaciável avidez carnal; por outro lado, as narrativas em verso ou prosa que abordavam o amor cortês apresentavam suas heroínas como seres angelicais, e essa idealização em geral se estendia à psicologia, ao cenário e à linguagem. Não só: do ponto de vista do enredo, a castidade heroica é sujeita às mesmas falhas literárias da promiscuidade inveterada; ambas são limitadas em termos de desenvolvimento e surpresa. Portanto, nessas narrativas, o amor cortês fornece o início e o fim convencionais, porém o interesse central reside nas aventuras que o cavaleiro empreende por sua dama, e não no desenvolvimento da relação amorosa em si.

Gradativamente, porém, o código do amor romântico começou a adaptar-se à realidade religiosa, social e psicológica, em especial ao casamento e à família. Parece que esse processo ocorreu bem cedo na Inglaterra, e a nova ideologia que ali surgiu contribuiu em muito para explicar não só o surgimento do romance como a diferença entre as tradições da ficção inglesa e francesa. Em seu estudo sobre a evolução do amor romântico Denis de Rogemont diz que, a julgar pelo romance francês, "o adultério parece uma das ocupações mais características do homem ocidental".[5] Não foi assim na Inglaterra, onde a ruptura com o caráter originalmente adúltero do amor cortês foi tão completa que quase se deu razão a George Moore quando ele se declarou o inventor do adultério, "o qual não existia no romance inglês até que comecei a escrever".[6]

Já *Franklin's tale* [Conto de Franklin], de Chaucer, apresenta indícios da reconciliação entre o amor cortês e a instituição do casamento, evidente em *Faerie queene*, de Spenser. Depois o puritanismo, já bastante forte em Spenser, encontra sua expressão suprema no *Paraíso perdido*, que, entre outras coisas, é a maior — na verdade a única — epopeia da vida conjugal. Nos dois séculos seguintes a concepção puritana do casamento e das relações sexuais impôs-se na sociedade anglo-saxã como em nenhuma outra parte; nas palavras de Frieda Lawrence, que devia ter considerável conhecimento do assunto, "só os ingleses têm esse tipo especial de casamento [...] a unidade conjugal concedida por Deus [...] que faz parte do puritanismo".[7]

Richardson desempenhou um papel importante na instituição desse novo código. Ele escreveu numa época em que várias mudanças econômicas e sociais — algumas temporárias e locais, porém a maioria característica da moderna civilização inglesa e americana — se conjugavam para tornar o casamento muito mais importante e também mais difícil para as mulheres. Tais mudanças permitiram-lhe espelhar a vida real de seu tempo e ainda conferir a uma trama única as proporções de um romance muito maior que qualquer narrativa de Defoe. Em *Pamela* o amor romântico domina o relacionamento dos amantes, e, contudo, consegue incluir com realismo muitos problemas básicos da vida cotidiana — conflitos entre classes sociais e suas diferentes opiniões, por exemplo, e conflitos entre o instinto sexual e o código moral. O relacionamento entre Pamela e mr. B. suporta todo o peso da estrutura literária de um modo que era impossível nas narrativas de ficção anteriores.

II

Os valores do amor cortês e os do casamento só poderiam se unir depois que o casamento se tornasse o resultado da livre escolha dos indivíduos envolvidos. Na história da sociedade humana até recentemente essa liberdade de escolha constituía exceção, e não regra, sobretudo com relação às mulheres. Assim, parece que o surgimento do romance tem alguma ligação com uma liberdade feminina muito maior na sociedade moderna e que, em especial no tocante a casamento, foi conquistada mais cedo e de maneira mais completa na Inglaterra.

Na França do século XVIII, por exemplo, os pais em geral afastavam as filhas dos rapazes até arrumarem casamento para elas. Comparada com isso, a liberdade das inglesas era enorme, conforme assinalaram Montesquieu[8] e outros contemporâneos. Na Alemanha a situação das mulheres era ainda mais desfavorável,[9] e lady Mary Wortley Montagu criticou *Sir Charles Grandison* afirmando que Richardson devia conhecer bastante as restrições aos direitos femininos na Itália para perceber que o herói jamais poderia ter iniciado seu caso de amor com Clementina na casa do pai da jovem.[10]

A liberdade relativamente grande das inglesas remontava pelo menos à época elisabetana, mas reforçou-se no século XVIII graças a alguns aspectos do surgimento do individualismo. Como vimos, o individualismo econômico tendia a afrouxar os laços entre pais e filhos: e sua extensão relacionava-se com um novo tipo de sistema familiar que se tornaria padrão na maioria das sociedades modernas.

Pode-se definir tal sistema como a família "elementar", para usar o termo de A. R. Radcliffe-Brown,[11] ou como a família "conjugal", na expressão de Émile Durkheim.[12] Em praticamente todos os países a unidade familiar inclui não só o grupo "elementar" ou "conjugal", formado por marido, mulher e filhos, mas também todo um complexo de outros parentes menos íntimos: assim, o uso dos termos no presente contexto tem uma carga de definição muito grande, pois indica que o grupo elementar ou conjugal sozinho constitui a família em nossa sociedade; trata-se de uma entidade formada pela união voluntária de dois indivíduos.

Esse tipo de família — para o qual usaremos o termo "conjugal", de Durkheim, por ser um tanto mais descritivo e talvez menos depreciativo que o "elementar" de Radcliffe-Brown — difere daqueles de outras sociedades e outras épocas sob muitos aspectos, entre os quais podemos mencionar os seguintes: através do casamento constitui-se de imediato uma nova família, com o casal separado dos pais ou até bem longe deles; não há prioridade estabelecida entre as linhas de descendência masculina e feminina no tocante a propriedade ou autoridade, pois ambas as linhagens têm relativamente pouca importância; os laços de parentesco com avós, tios, primos etc., não são muito fortes; e, uma vez instituída, a família conjugal torna-se uma unidade autônoma do ponto de vista econômico e social.

Esses arranjos nos parecem óbvios, mas na verdade são historicamente novos e todos reforçam a importância da escolha matrimonial. Tal escolha é particularmente decisiva para a mulher, pois, em função da dominação masculina no setor econômico e da mobilidade social, residencial e ocupacional provocada pelo capitalismo, determina não só a relação pessoal mais importante da mulher como também seu futuro social, econômico e até geográfico. Assim, é natural que os sociólogos modernos vejam o amor romântico como uma decorrência necessária do sistema familiar conjugal;[13] o fortalecimento dos laços intrínsecos entre marido e mulher é essencial para substituir a maior segurança e a continuidade da condição da mulher garantidas por sistemas familiares mais coesos e extensos e para fornecer à unidade conjugal isolada, em especial à mulher, uma forte ideologia de apoio.

É difícil avaliar a extensão do sistema da família conjugal na Inglaterra de inícios do século XVIII, pois não se tem fácil acesso a informações sistematizadas sobre o assunto. Parece que no século XVII o tipo de família tradicional e patriarcal era, de longe, o mais comum. Em Gregory King como em Shakespeare, o termo família abrange todas as pessoas que moram na mesma casa, inclusive criados, outros empregados, avós, primos e até parentes mais distantes. Nesse sentido mais amplo a família era a unidade básica legal, religiosa e econômica, governada pelo *paterfamilias*. Grande parte dos alimentos e das roupas era produzida em casa e até os artigos destinados ao mercado saíam de uma indústria doméstica; assim, o que contava era a renda do grupo familiar como um todo, e não os ganhos pessoais de cada um.

Economicamente, portanto, a família patriarcal constituía um empecilho para o individualismo, e talvez tenha sido por essa razão que o sistema da família conjugal se impôs mais nas sociedades individualistas e protestantes, sendo, na essência, urbano e típico da classe média.

Um dos primeiros sinais da transição a partir da família patriarcal e da indústria doméstica é o clamor dos jacobitas contra a decadência dos "cuidados com o lar",[14] que os contemporâneos atribuíam à ascensão, em poder e em número, das classes mercantis. Esse setor da comunidade mostrou sua força pela primeira vez na Guerra Civil, e, assim, é significativo que sir Robert Filmer, o principal teórico da facção monarquista, mostrasse em seu *Patriarcha*, publicado postumamente em 1680, que pelo menos para ele o novo movimento político e social ameaçava nada menos que a venerável base da sociedade e da religião, a autoridade do pai sobre a família, símbolo de todo tipo de autoridade e ordem.[15] É igualmente significativo que Locke, o filósofo do individualismo *whig*, se opusesse a todas as formas de paternalismo, inclusive a alguns aspectos da família patriarcal. Sua teoria política e econômica levou-o a ver a família basicamente como uma instituição secular e contratual que só existia para cumprir a função racional de cuidar dos filhos até que eles tivessem condições de cuidar de si mesmos. Nesse momento, acreditava, "os grilhões se rompiam e o homem ficava livre".[16] Assim, sob um aspecto importante, Locke é um teórico da família conjugal.

No conjunto, porém, a situação da família no início do século XVIII ainda é a de uma lenta e confusa transição. É o que sugerem as obras de Defoe e Richardson, que, como londrinos da classe média, pertenciam a um meio social no qual a transição deveria ser mais rápida. Eles próprios adotam uma posição tradicional com relação à autoridade do pai e à importância vital do grupo familiar como entidade moral e religiosa; por outro lado, parece que seus romances tendem a afirmar a liberdade do indivíduo no tocante aos laços de família.

Tal afirmação, entretanto, era muito difícil para as heroínas de Defoe e Richardson, por uma série de razões.

Primeiro, a posição legal das mulheres no século XVIII era regida pelos conceitos patriarcais do direito romano. A única pessoa da casa que era *sui juris*, entidade legal, era o chefe, em geral o pai. Qualquer bem que a mulher tivesse, por exemplo, tornava-se propriedade do marido, embora fosse costume este fazer-lhe uma doação da qual, porém, ela só usufruiria na viuvez; os filhos eram, por lei, do marido; só ele podia pedir divórcio e tinha o direito de punir a esposa, batendo-lhe ou aprisionando-a.

É verdade que na época não se achava que essa posição legal refletisse a realidade da situação. A edição de 1729 do *Magnae Britanniae notitia* afirmava que as mulheres casadas "com todos os seus bens móveis [...] estão inteiramente *in potestate viri*" e prosseguia: "Não obstante, sua condição é *de facto* a melhor do mundo".[17] Contudo sua posição perante a lei certamente enfatizava a necessidade de as mulheres fazerem um bom casamento e, assim, garantirem que "sua condição *de facto*" não fosse a mera expressão de seu aviltante status legal.

A oposição entre as atitudes patriarcais e individualistas evidencia-se no fato de que a situação legal patriarcal das mulheres casadas as impedia de concretizar os objetivos do individualismo econômico. Defoe viu claramente esse lado da questão e dramatizou a gravidade do problema no expediente desesperado que Roxana é obrigada a adotar para superar as desvantagens legais da mulher. Na condição de comerciante ela percebe que ganhar dinheiro é incompatível com o casamento, pois "a própria natureza do contrato matrimonial implicava [...] nada menos que abrir mão de liberdade, propriedade, autoridade e tudo o mais em benefício do homem, e a mulher continuava sendo apenas uma mulher, quer dizer, uma escrava". Assim, ela se recusa a casar, mesmo com um nobre, porque "vivia muito bem sem os títulos enquanto tinha a propriedade e enquanto tinha 2 mil libras por ano era mais feliz do que se fosse prisioneira de Estado de um fidalgo, pois julgava que as senhoras dessa posição não eram muito mais que isso".[18] Com seu entusiasmo econômico Defoe quase chega a demonstrar que um certo conhecimento do sistema bancário e de investimentos poderia fazer a escandalosa especialidade de Roxana transformar-se na carreira mais lucrativa que uma mulher poderia seguir.

Entretanto, para aquelas que não reuniam as aptidões de Roxana, tornava-se cada vez mais difícil no século XVIII conquistar a independência econômica fora do casamento. A decadência da indústria doméstica prejudicou em muito as mulheres. Havia no mercado de trabalho um grande excedente de mão de obra feminina e, por conseguinte, o salário médio das mulheres caiu para cerca de dois *shillings* e seis *pence* por semana, cerca de um quarto do que os homens ganhavam em média.[19]

Paralelamente era muito difícil arranjar marido sem dispor de dote. Há muitos indícios de que no século XVIII o casamento se tornou uma questão bem mais comercial do que antes. Os jornais publicavam anúncios de casamento, com oferta ou exigência de determinado dote ou doação; e as moças se uniam a parceiros totalmente inadequados só por causa das vantagens econômicas: mrs. Delany, por exemplo, casou-se aos dezessete anos com um homem de quase sessenta, e Eliza, a amada de Sterne, esposou um senhor de meia-idade quando ela mesma tinha catorze anos. Segundo sir William Temple, que escreveu no final do século XVII, o costume de encarar o casamento "como um negócio qualquer, considerando apenas interesses ou ganhos, sem amor nem estima", não era "de longa data".[20] Evidentemente os fatores econômicos sempre foram importantes nos arranjos matrimoniais; porém é provável que o tradicional poder do *paterfamilias* se exercesse dando maior importância ao aspecto material à medida que o velho sistema familiar se tornava sujeito às pressões do individualismo econômico.

Em níveis sociais mais baixos também há ampla evidência de que Moll Flanders tinha razão ao dizer que o mercado matrimonial se tornara "desfavorável a nosso sexo".[21] As dificuldades das mulheres mais pobres encontram sua expressão mais contundente na venda de esposas a preços que variavam de seis *pence* a três guinéus e meio.[22] Indica-as também o aumento das relações ilícitas, com maior número de homens adotando a filosofia de mr. Badman, de Bunyan: "Quem manteria uma vaca se pode comprar um litro de leite por um *penny*?".[23] Demonstra esse aumento o número de filhos ilegítimos cuja manutenção se tornou um dos principais problemas das pessoas preocupadas com assistência social.[24] As mulheres também se viram prejudicadas pela crescente tendência dos homens a casarem-se tarde em função de fatores econômicos. Em seu *Complete English tradesman* (1726), Defoe aconselhava: "Não te cases antes de prosperares";[25] e os efeitos consideráveis dessa atitude se evidenciam no fato de a *Society for the propagation of christian knowledge* [Sociedade pela propagação do conhecimento cristão] ter combatido tal tendência porque estimulava a imoralidade sexual.[26]

Para as criadas as perspectivas eram particularmente sombrias. Havia alguns bons partidos, mas nenhum como o que se apresentou a Pamela. O destino das empregadas domésticas em geral era bem menos afortunado; deviam permanecer com os patrões até completar 21 anos ou até casar; muitos patrões as proibiam de casar em quaisquer circunstâncias;[27] de fato, consta que em 1760 havia em Londres 10 mil domésticas solteiras num total de 25 mil.[28] Nesse quadro, Pamela só podia escapar da servidão até a maioridade casando-se com seu patrão — um casamento que constituiu um ato supremo de escolha individual, que desprezava as tradições da família e da classe social do noivo.

III

Evidentemente é impossível calcular a parcela da população afetada pela crise do casamento. Para nossos propósitos, porém, talvez seja suficiente saber que o assunto provocou grande interesse por parte do público; confirmem ou não as estatísticas, muita gente considerava a situação grave e exigia medidas drásticas.

O fato que revela com maior clareza a extensão em que a crise afetava as atitudes públicas é a mudança no status da mulher solteira. Parece que a visão da "solteirona" como um tipo ridículo ou até detestável surgiu no final do século XVII. Em 1673 Richard Allestree afirmou em *The ladies' calling* [A vocação das mulheres]: "Considera-se agora uma solteirona como uma maldição que nenhuma fúria poética consegue superar [...] [e como] a mais calamitosa criatura da natureza".[29] Defoe estendeu-se sobre "essas criaturas desprezíveis, chamadas solteironas",[30] e a literatura do século XVIII inclui numerosas caricaturas do tipo, de mistress Tipkins em *The tender husband* [O marido carinhoso] (1705), de Steele, a Bridget Allworthy em *Tom Jones*, de Fielding, e Tabitha Bramble em *Humphrey Clinker*, de Smollett. Aliás, *tabby* foi uma designação depreciativa de solteirona, antes de significar um simples gato rajado.[31]

A palavra *spinster* sugere a causa principal da decadência do status da mulher solteira. Segundo o *Oxford English dictionary*, o termo foi usado pela primeira vez no sentido de "mulher solteira que já passou da idade habitual para se casar" em 1719, na edição inaugural de um jornal chamado exatamente *The Spinster*. Sob o pseudônimo de Rachel Woolpack, Steele lembra nesse número que a palavra não era depreciativa em sua origem, mas referia-se à louvável "atividade das mulheres obreiras". No século XVIII, porém, as mulheres solteiras perderam sua importância econômica no âmbito doméstico porque havia menos necessidade de sua presença em tarefas como fiar e tecer; assim, muitas delas se viram obrigadas a escolher entre trabalhar fora mediante salários ínfimos ou tornar-se inúteis dependentes de alguém.

A segunda alternativa era a única possível para as aristocratas, pois, como escreveu Jane Collier, dependente de Fielding e amiga de Richardson: "Os jovens podem valer-se de muitos métodos para obter uma subsistência confortável, mas as moças, não conheço outro modo de se manterem a não ser pela estima do mundo, colocando-se abaixo do nível de dama".[32] Algumas mulheres solteiras, como mistress Elizabeth Carter, à qual William Hayley dedicou seu *Philosophical, historical and moral essay on old maids* [Ensaio filosófico, histórico e moral sobre solteironas] (1785), ou Jane Austen, uma geração depois, conseguiram sucesso na carreira literária; e muitas outras seguiram-lhes o rastro com menos destaque, escrevendo romances para as bibliotecas circulantes. Contudo não há registro no século de uma mulher que tenha vivido exclusivamente da pena, e de qualquer modo a carreira de escritor estava ao alcance de uma restrita minoria.

Era necessário encontrar um substituto para os conventos, que, até serem fechados pela Reforma, forneciam às aristocratas um refúgio e uma forma de realizar sua vocação e ainda cumpriam esse papel nos países católicos. Em *A serious proposal for the ladies* [Uma séria proposta para as senhoras] (1694) Mary Astell reclamava a instituição de "um mosteiro ou retiro religioso"; Defoe apresentou uma ideia semelhante em seu *Essay upon projects* [Ensaio sobre projetos] (1697); e em 1739 o *Gentleman's Magazine* foi muito explícito ao propor um "novo método para tornar as mulheres tão úteis e capazes de se manter quanto os homens e consequentemente evitar que fiquem solteironas ou enveredem por maus caminhos".[33] Richardson defendia essa ideia; Clarissa lamenta não poder se refugiar num convento,[34] e sir Charles Grandison advoga a criação de "conventos protestantes", onde "numerosas jovens, somando suas pequenas fortunas, poderiam [...] manter-se condignamente com suas próprias rendas, enquanto cada uma delas, sozinha no mundo, viveria na pobreza".[35] Sua proposta, aliás, foi a única parte do livro que lady Mary Wortley Montagu achou digna de elogio.[36]

Nenhum desses planos se concretizou, e a trágica dependência das mulheres solteiras continuou. Muitas personalidades literárias da época viviam cercadas de solteironas — Swift, Pope, Richardson, Fielding, Jonson, Horace Walpole, por exemplo. E muitas dessas solteironas eram dependentes total ou parcialmente; não, como poderiam ter sido antes, membros economicamente úteis de uma vasta família, mas beneficiárias da voluntária caridade individual.

Os homens celibatários não despertavam tanta comiseração quanto as solteironas, mas considerava-se seu número crescente socialmente deplorável e moralmente perigoso. No final do século XVII economistas políticos como Petty, Davenant e Grew propuseram que os solteiros pagassem mais impostos que os casados; Petty, por exemplo, afirmou que quem se recusasse a procriar devia "reparar a perda de mais um par de braços para o Estado".[37] Havia também fortes objeções morais ao celibato masculino, sobretudo entre os puritanos; na Nova Inglaterra os solteiros não tinham o direito de morar sozinhos.[38] Richardson manifesta em seus romances a mesma desconfiança, embora sua preocupação não fosse tanto com os princípios morais dos celibatários quanto com os interesses de suas esposas em potencial, conforme indica o lamento de Harriet Byron: "hoje em dia há na Inglaterra mais solteiros, milhares, do que alguns anos atrás; e provavelmente o número deles (e, é claro, das mulheres solteiras) aumentará a cada ano".[39]

Provavelmente a preocupação de miss Byron era bem fundamentada. A proporção dos celibatários entre os literatos da época é com certeza bastante elevada: Pope, Swift, Isaac Watts, James Thompson, Horace Walpole, Shenstone, Hume, Gray e Cowper, por exemplo, nunca se casaram; e parece que nada era tão verdadeiro para a época como um poema burlesco intitulado *The bachelor's soliloquy* [O solilóquio do solteirão] (1744), que se iniciava com o seguinte verso: "Casar ou não casar, eis a questão".

A solução de Richardson era a mesma de Grandison: "Quero fazer todo mundo se casar".[40] Na verdade, mesmo que todos os homens concordassem, o problema do casamento continuaria sério para as mulheres, muito mais numerosas, sobretudo em Londres, conforme revela o censo de 1801,[41] e que provavelmente superaram a população masculina ao longo de todo o século XIX; com certeza era essa a convicção geral.[42] Assim, a única solução seria a poliginia, ou poligamia, como se dizia na época; e o grande interesse pelo assunto indica que a crise do casamento era grave e generalizada.

Não nos interessam aqui os detalhes da controvérsia sobre a poligamia, pois não podemos dizer que a pluralidade de esposas fosse comum no romance inglês,[43] exceto a decorosa variação praticada por Thomas Amory em *John Buncle* (1756), onde o amor antigo é rapidamente despachado para a cova antes que o novo ocupe seu lugar. Em suma, a poligamia, cuja legitimidade fora sustentada por alguns protestantes radicais e bibliólatras no século XVII, atraía tanto os deístas,[44] que podiam atacar a rígida visão cristã do casamento alegando que a lei de Moisés aprova a poligamia, quanto os economistas políticos, de Isaac Vossius a David Hume,[45] que viam na poligamia uma possível solução para o problema do decrescimento demográfico, o qual, achavam (erroneamente), ameaçava a sociedade em consequência do crescente celibato.[46]

Os cristãos e moralistas radicais naturalmente atacaram com ardor os defensores da poligamia. O dr. Patrick Delany, amigo de Richardson, escreveu um tratado, *Reflections upon polygamy* [Reflexões sobre a poligamia], cujo tom algo histérico indica receios profundos. "A poligamia foi abolida", diz ele, "mas até quando se manterá assim não é fácil prever, com toda essa infidelidade e essa licenciosidade."[47] Seu livro, que Richardson publicou em 1737, provavelmente forneceu o material para a discussão da poligamia na segunda parte de *Pamela*, onde mr. B. usa os argumentos dos deístas licenciosos, enquanto sua noiva insiste para que deixe de lado "esse tolo assunto".[48] Lovelace prossegue na mesma senda de mr. B., mas propõe uma variante engenhosa e característica: um ato do parlamento para casamentos anuais; com isso, argumenta, deixar-se-ia de "almejar" a poligamia, terminaria o predomínio do "tédio ou da melancolia" e não haveria mais uma única "solteirona na Grã-Bretanha e em todos os seus territórios".[49]

Há, pois, consideráveis indícios de que a transição para uma ordem socioeconômica individualista acarretou uma crise do casamento que afetou particularmente a parcela feminina da população. Mais que nunca o futuro das mulheres dependia de sua capacidade de arranjar marido e do tipo de casamento que faziam, e ao mesmo tempo elas encontravam dificuldades cada vez maiores em conquistar um pretendente.

A gravidade do problema explica o enorme sucesso que *Pamela* obteve na época. As criadas, como vimos, constituíam uma parte importante do público leitor e achavam muito difícil se casar: não admira, portanto, que lady Mary Wortley Montagu achasse que o triunfo de Pamela a transformara na "alegria das criadas de todas as nações".[50] Em termos mais gerais é provável que a heroína de Richardson simbolizasse as aspirações de todas as mulheres leitoras sujeitas às mesmas dificuldades. Não só isso. Dificuldades um pouco semelhantes tornaram-se comuns na sociedade moderna em consequência do individualismo econômico e da família conjugal; e isso explicaria por que a grande maioria dos romances escritos depois de *Pamela* seguiu seu modelo básico e concentrou o interesse num namoro que conduzia ao casamento.

Pamela, é bem verdade, afasta-se do padrão usual num aspecto importante: mesmo desconsiderando a continuação (uma ideia infeliz de Richardson), a narrativa não termina com o casamento, mas prossegue por cerca de duzentas páginas, cada detalhe da cerimônia nupcial e do padrão conjugal resultante sendo elaborado segundo as especificações típicas de Richardson. A ênfase nos parece estranha e sugere falta de proporção formal no romance. Na verdade talvez indique as verdadeiras intenções do autor: em 1740 a classe média ainda não tinha um conceito de casamento completamente estabelecido, e Richardson deve ter percebido que elaborar um novo modelo de conduta para as relações entre homem e mulher envolvia considerar muitas questões que para nós são irrefutáveis, mas sobre as quais não havia concordância geral naquela época.

A redefinição do casamento feita por Richardson encontra um paralelo histórico no âmbito da legislação. Em 1753 Hardwick, presidente da Câmara dos Pares, apresentou um projeto que estabelecia a base legal da prática moderna e, nas palavras de um historiador vitoriano, contribuiu em muito para aprimorar "as relações conjugais do povo da Inglaterra"[51] em todas as camadas sociais. O principal objetivo era pôr fim à confusão sobre o casamento legal, e para tanto esclarecia, em termos inequívocos, que um casamento válido, exceto nas circunstâncias especificadas e muito excepcionais, só podia ser realizado na paróquia local por um ministro da Igreja da Inglaterra, após a publicação dos proclamas em três domingos consecutivos e com licença oficial.[52]

Tal prática já era comum; porém, de acordo com a lei, os casamentos realizados por mútuo consentimento oral também eram válidos e, o mais importante, igualmente o eram as uniões secretas realizadas por um sacerdote ordenado. Isso levara a muitos casamentos clandestinos, especialmente aqueles realizados na Fleet Prison por clérigos devassos, e a outros abusos, como as falsas cerimônias nupciais muitas vezes retratadas nas comédias da Restauração e que reaparecem nos esforços de mr. B. para enganar Pamela com um casamento de mentira.[53]

O projeto provocou a firme oposição dos *tories*; estes alegavam que a autoridade civil não tinha competência no assunto e que, fazendo o clero atuar como mero agente do Estado, os *whigs* subvertiam a concepção do matrimônio como sacramento.[54] Na verdade, embora não fizesse parte importante da intenção do projeto, que constituía um meio-termo entre as necessidades legais e a prática religiosa comum, a medida contribuiu para modificar a atitude religiosa e tradicional de Filmer em relação à família: pois incorporava a característica essencial da concepção lockiana da família transformando o casamento num contrato civil entre indivíduos — concepção, aliás, que Locke partilhava com os puritanos,[55] cujos sucessores no século XVIII, os dissidentes, apoiaram o projeto, mesmo sabendo que teriam de casar nas igrejas anglicanas.[56]

Na época criticou-se muito a pompa e a publicidade que passaram a cercar as cerimônias nupciais. Tal era a opinião de Goldsmith,[57] por exemplo, e de Shebbeare em seu romance *The marriage act* [A lei matrimonial] (1754), certamente a primeira obra de ficção suscitada por uma medida da legislatura; e Horace Walpole queixou-se de que "cada Strephon e cada Chloe [...] se depararia com tantos empecilhos e formalidades quanto os de um tratado de paz".[58]

Segundo sir Thomas Robinson, amigo de Richardson, a lei era essencialmente o que "todo homem de bem há muito desejava".[59] Expressava em termos jurídicos o ar de protocolo contratual que Richardson já havia atribuído ao casamento em *Pamela*, cuja heroína insiste na cerimônia pública.[60] *Sir Charles Grandison* surgiu no mesmo ano em que o projeto de Hardwick acabou se transformando em lei; seu protagonista defende a opinião de que os casamentos perante o juiz não são "decentes" nem "religiosos" e afirma que se sentiria honrado em receber a mão de sua esposa "diante de dez mil testemunhas",[61] — de fato se casa na igreja, porém na presença de um grupo bem menor. Na verdade Richardson em seus romances insiste tanto numa atitude cerimonial adequada em relação ao casamento que lady Mary Wortley Montagu ironicamente insinuou que ele devia ser "algum cura paroquial cujo principal provento advém de matrimônios e batismos".[62]

IV

O sucesso de *Pamela* deveu-se em grande parte ao fato de corresponder aos interesses das leitoras. Antes de prosseguir nesse estudo, talvez caiba examinar rapidamente as razões que levam a crer que não só as mulheres constituíam uma parcela bastante grande do público de romances como o próprio Richardson se encontrava em posição de poder expressar os interesses literários de suas leitoras.

Já vimos que muitas mulheres, sobretudo da classe média urbana, tinham maior tempo ocioso que antes e dedicavam-no, em grande parte, a atividades literárias e culturais. Isso se refletia na crescente tendência de livreiros e escritores a dirigirem-se especialmente ao público feminino. John Dunton fundou em 1693 o primeiro periódico declaradamente destinado às mulheres, o *Ladies' Mercury*; e houve muitos outros esforços semelhantes, como *The Female Tatler*, em 1709, e *Female Spectator*, de Eliza Haywood, em 1744. Addison também resolvera agradar as mulheres e em 1714 Steele havia compilado *The Ladies' Library* para oferecer às senhoras algo mais edificante que a frívola leitura à qual se limitavam com frequência.

Tem-se afirmado que a maioria das mulheres lia apenas ficção, mas parece que a realidade era diferente. Muitas leitoras dedicavam-se a textos de conteúdo religioso. No tocante à literatura laica, o baixo nível de instrução impedia que a maioria das mulheres tivesse acesso às obras clássicas e eruditas; assim, a tendência era a de passar o tempo com textos mais leves. Com Biddy Tipkins, em *The tender husband* (1705), de Steele, a jovem leitora de romances tornou-se um tipo cômico consagrado,[63] sugerindo que a ficção constituía a principal leitura feminina; mais provável, porém, é que Biddy fosse um caso extremo e que as mulheres em geral lessem tanto ficção quanto textos mais sérios. Num nível social essa mistura de gostos revela-se na biblioteca de Shamela, que incluía obras religiosas, como *The whole duty of man* [O dever total do homem], e romances escabrosos, como *Venus in the cloister*; *or the nun in her smock*

[Vênus no claustro ou a freira de avental].[64] Num nível social mais elevado temos os tipos femininos de Matilda e Flavia em *A serious call to a devout and holy life* [Um sério chamado à vida devota e santa] (1729), de William Law, cujas estantes se acham repletas de obras religiosas e eruditas; e muitas mulheres do círculo de Richardson conjugavam todos esses gostos. Assim, é muito provável que uma das razões do sucesso de *Pamela* fosse a maneira como conseguiu proporcionar às leitoras o prazer da ficção e o atrativo da literatura devocional.

É difícil dizer se Richardson tinha a intenção consciente de satisfazer a esses dois elementos do gosto literário feminino. Sua correspondência sobre as próprias obras revela uma preocupação quase obsessiva com a reação do público e sua resposta à objeção de Cheyne quanto aos "mimos e à galanteria" de *Pamela* parece explicar a questão: "Se eu fosse muito etéreo, receio que só agradaria às avós, pois as netas colocariam minha jovem em melhor companhia, como a dos escritores mais solenes, e ali a deixariam".[65] Por outro lado não há por que ver no profundo interesse pelos problemas das mulheres, manifestado nos romances de Richardson, uma tentativa de agradar ao gosto feminino, pois tudo que sabemos sobre sua personalidade e seu estilo de vida mostra que ele partilhava esses gostos em grau considerável.

Richardson apreciava muito a companhia feminina, convencido de que, como confidenciou a miss Highmore, após três tediosos encontros com seu amigo, "O bom dr. Heberden", "não há nada proveitoso ou agradável fora da companhia de mulheres inteligentes".[66] Orgulhava-se da "tendência" de suas obras a "exaltarem o sexo frágil" e das homenagens que isso lhe rendia; "nenhum homem foi tão enaltecido pelas mulheres refinadas quanto eu".[67] Em suas cartas há muitos indícios de uma profunda identificação com o sexo oposto, que ia muito além da preferência social ou da relação cultural. É o que revela, por exemplo, seu medo de ratos — pelo menos ele confessou à futura mrs. Chapone que sempre teve "uma espécie de aversão natural a esse tipo de bicho".[68]

Sua identificação com as mulheres revela-se também nas muitas e minuciosas descrições do ambiente doméstico contidas em *Pamela*. Muitos contemporâneos reclamaram do "amontoado de circunstâncias triviais" presentes no romance; um leitor comentou com ironia que se "admirava que o autor não tivesse nos informado o número exato de alfinetes que Pamela levou consigo ao partir para Lincolnshire e quantas fileiras desses alfinetes ela comprou por um *penny*";[69] e Fielding parodiou sua preocupação com detalhes do vestuário fazendo Shamela colocar na bagagem "um tamanco e quase mais um" ao deixar Booby.[70] Mas, se os homens caçoavam, as mulheres gostavam desses detalhes; madame du Deffand, por exemplo, elogiou "*tous les détails domestiques*" [todos os detalhes domésticos][71] e preferia os romances de Richardson à ficção francesa.

O gosto pelo detalhe doméstico provavelmente contribuiu em muito para dar à narrativa uma aparência de realidade cotidiana; as heroínas de ficção viajavam muito, porém antes de Pamela nenhuma viagem parecia tão real, com todas as complicações para reunir um guarda-roupa adequado. Sob outro aspecto, contudo, a identificação de Richardson com a posição feminina levou-o a afastar-se do curso normal da vida. O casamento de Pamela com um homem muito superior a ela na escala econômica e social constitui uma vitória inédita para as mulheres, e, embora mr. B. aceite de bom grado seu destino, o resultado não lhe proporciona grande satisfação; na verdade o enredo gratifica a imaginação dos leitores de um sexo e penaliza a do outro.

Quanto a isso também *Pamela* introduziu uma característica mais ou menos constante na tradição do romance. O casamento dos protagonistas geralmente resulta na ascensão socioeconômica da noiva, não do noivo. Embora não seja uma convenção da sociedade moderna, a hipergamia* é uma conven-

* Hipergamia: prática das mulheres hindus de casarem-se com homens de uma casta no mínimo tão elevada quanto a delas. (N. T.)

ção mais ou menos constante do romance; e a causa disso está certamente na preponderância das mulheres entre o público leitor de romances — preponderância que esse detalhe essencial de sua mística matrimonial reflete diretamente.

V

Assim, *Pamela* tinha um interesse especial para a parcela feminina do público de Richardson; e agora podemos voltar a nosso tema principal e examinar como os problemas das mulheres com relação ao casamento proporcionavam tão ricos recursos literários. Já vimos que numerosas forças na história social da época tendiam a intensificar o interesse pelos esforços de Pamela para conseguir um companheiro: tais forças estavam intimamente relacionadas com mudanças bastante significativas que ocorreram na atitude geral diante dos papéis moral e psicológico dos sexos e que fornecem a base da apresentação do caráter e da conduta da heroína de Richardson. É por causa dessas mudanças que o galanteio — se o termo não é um eufemismo ridículo demais para as táticas de mr. B. — envolve uma luta, não apenas entre dois indivíduos, mas entre duas concepções opostas que duas classes sociais diferentes têm do sexo e do casamento e entre duas concepções dos papéis masculino e feminino que tornam sua interação na fase de namoro ainda mais complexa e problemática que antes.

Não é fácil definir com exatidão tais concepções. Uma das dificuldades de aplicar a história social à interpretação da literatura consiste em que, por incerto que seja nosso conhecimento de qualquer mudança social específica, ainda mais incerto e hipotético é nosso conhecimento de seus aspectos subjetivos, da maneira como influenciou as ideias e os sentimentos dos indivíduos envolvidos. Entretanto não podemos nos esquivar ao problema; por mais importantes que fossem, os fatos exteriores relativos às complexidades da situação social das mulheres apresentaram-se a Richardson sob a forma de pressuposições inconscientes das pessoas a sua volta; e provavelmente foram essas orientações sociais e psicológicas que determinaram a maneira como seus leitores compreenderam as ideias e as ações das personagens de *Pamela*. Assim, devemos tentar identificar as ponderações predominantes que levaram às atitudes retratadas no livro com relação a sexo e casamento.

Uma dessas atitudes já assinalamos: o enorme fascínio da heroína pelo casamento, com todos os seus detalhes. Complementa-a o horror igualmente enorme a qualquer investida ou referência a sexo antes de se atar o laço matrimonial. Ambas as tendências são típicas do puritanismo.

Como dissemos, a assimilação dos valores do amor romântico ao casamento ocorreu bem cedo na Inglaterra e estava diretamente ligada ao movimento puritano. Não que o puritanismo aprovasse o amor romântico, mas sua concepção individualista e antieclesiástica da religião levou-o a atribuir extrema importância espiritual à relação de marido e mulher, conforme indica o título *Religious courtship: being historical discourses on the necessity of marrying religious husbands and wives only* [Namoro religioso: discursos históricos sobre a necessidade de casarem-se apenas homens e mulheres religiosos] (1722), de Defoe. Essa ênfase na necessidade da harmonia espiritual entre os cônjuges muitas vezes se transferia para as qualidades intrínsecas do próprio relacionamento: os Haller mostram como Milton, por exemplo, enalteceu "a importância religiosa do casamento" para engrandecer "os aspectos emocionais, românticos e idealistas da relação conjugal".[72]

Evidentemente as duas atitudes podem conjugar-se; e deve-se acrescentar que — conjugadas ou não — elas não são exclusivas do puritanismo, encontrando-se entre muitas outras seitas protestantes. Contudo a idealização do casamento é marcadamente protestante, pois no catolicismo romano os valores religiosos mais elevados relacionam-se com o celibato; e, dado o vigor com que o puritanismo aplicou sua teoria a cada detalhe da organização social e da psicologia individual, é provável que tenha sido o fator isolado mais forte na evolução da nova ênfase nos valores espirituais do relacionamento conjugal, ênfase que se pode considerar a contrapartida moderna da base religiosa do amor cortês.

O puritanismo foi particularmente vigoroso em reforçar a atitude complementar — a natureza pecaminosa de todas as atividades sexuais fora do casamento. Em todo lugar onde tinha força política — em Genebra, na Escócia, na Nova Inglaterra, na Inglaterra durante o período da Commonwealth — investigou rigorosamente a conduta sexual dos indivíduos, processou os faltosos, obrigou-os a confessar seus pecados em público e puniu-os com severidade. Esse movimento atingiu o auge provavelmente na lei inglesa de 1650 que transformava o adultério em crime passível da pena de morte.[73]

Nesse como em muitos outros aspectos o puritanismo apenas enfatizou ideias que não lhe eram peculiares, mas remontavam a elementos paulinos e agostinianos da tradição cristã. A natureza física do homem e seus desejos eram tidos como radicalmente maus, a *damnosa hereditas* da queda: por conseguinte a virtude tendia a resumir-se numa questão de suprimir os instintos naturais. A princípio tanto são Paulo como o puritanismo viam nisso um passo negativo: vencer a carne devia proporcionar à lei do espírito uma oportunidade melhor para entrar em ação. Mais tarde, porém, à medida que a secularização aumentava, difundiu-se a tendência de exercer o rigorismo ético por si mesmo — tendência que é puritana apenas no sentido em que a moralidade vitoriana também o era: resistir aos desejos do corpo tornou-se o objetivo principal da moralidade laica; e a castidade deixou de ser uma virtude entre outras para tornar-se a virtude suprema de homens e mulheres.

É interessante notar que essa particular tendência ética se adequava muito bem a uma sociedade individualista. A ética de Aristóteles é amplamente social; a superioridade moral varia segundo a capacidade do indivíduo de aprimorar suas qualidades de cidadão. Um código desse tipo, entretanto, não se coaduna com uma civilização voltada para as realizações individuais nas esferas econômica, social e religiosa, e muito menos com o sexo feminino, que na Inglaterra do século XVIII tinha um pouco mais de possibilidade de concretizar as virtudes do cidadão, do guerreiro ou do filósofo que na Atenas do século IV. Por outro lado, as chamadas virtudes puritanas, com sua ênfase na continência sexual, adequavam-se bem a uma ordem social individualista e proporcionavam amplas oportunidades de realização tanto às mulheres como aos homens.

De qualquer modo está muito claro que o século XVIII testemunhou um enorme estreitamento da escala ética, uma redefinição da virtude em termos basicamente sexuais. O dr. Johnson, por exemplo, achava que "o mérito principal do homem consistia em resistir aos impulsos da natureza";[74] e esses impulsos cada vez mais se identificavam com "a paixão do amor".[75] Certamente era essa a posição de Richardson. O dr. Bartlett, mentor de sir Charles Grandison, "disse que a vida de um homem de bem era uma guerra constante contra as paixões",[76] e os romances de Richardson indicam que tais paixões eram sobretudo sexuais. A mesma tendência está presente no vocabulário ético: palavras como virtude, decoro, decência, recato, sensibilidade, pureza passaram a ter a conotação quase exclusivamente sexual que mantiveram a partir dessa época.

Um aspecto dessa transformação moral particularmente importante para *Pamela* é o ataque aos códigos distintos aplicados aos homens e às mulheres. Muitas escritoras protestaram contra a injustiça de tal diferenciação, como fez mrs. Manley, por exemplo, em *The new Atalantis* [A nova Atalanta] (1709);[77] e em 1748 outra senhora transviada, Laetitia Pilkington, perguntou: "Não é monstruoso que nossos sedutores nos acusem?".[78] A maioria dos reformadores masculinos da época combatia a ideia de que a pureza sexual era menos importante para os homens que para as mulheres. Em 1713 o *Guardian* ousou "recomendar a seus leitores a castidade como a mais elevada virtude do homem";[79] e em meados do século Richardson provocou a gargalhada incrédula de Colly Cibber e a indignação de algumas senhoras ao afirmar, explicitando o princípio, que sir Charles Grandison, seu ideal masculino, permaneceu virgem até o casamento.[80]

Com relação aos códigos distintos para homens e mulheres, como no tocante a muitos outros aspectos da preocupação do século XVIII com a reforma da moralidade sexual, havia marcadas diferenças de atitude entre as classes e foi naturalmente a classe média que demonstrou maior ardor.

Por várias razões. Na história da humanidade a severidade no tocante às relações sexuais tende a coincidir com a crescente importância da propriedade privada — a mulher deve ser casta para que o marido tenha certeza de que seu herdeiro será mesmo seu filho. Tal consideração devia ter especial importância para aqueles cujos valores eram basicamente os dos negócios; e reforçavam seu efeito pelo menos duas outras características da vida da classe média. Primeiro, a oposição entre objetivos econômicos e sexuais, muito bem explicada por William Law ao comentar sobre Negotius, seu comerciante típico: "Se me perguntares o que poupou Negotius de todos os vícios escandalosos, é a mesma coisa que o preservou de todo o rigor da devoção, seus grandes negócios".[81] Segundo, o comerciante tende a desaprovar os homens que não vivem em função de objetivos econômicos e que portanto dispõem de tempo para cortejar esposas e filhas alheias, como os galãs da corte e das áreas elegantes da cidade.

Por essas e muitas outras razões — que certamente devem incluir uma longa história de conflito político e religioso —, a classe média tendia a associar façanhas e licenciosidade sexuais com a aristocracia. Defoe, por exemplo, responsabilizou as classes superiores pela imoralidade da época: "Foram os reis e os nobres os primeiros que [...] se afastaram da estrita observância das virtudes morais e, assim, levaram o vício ao grau em que agora se encontra [...] Nós, os pobres plebeus [...] na verdade nos pervertemos com seus exemplos".[82]

A citação é de *The poor man's plea* [O apelo do homem pobre] (1698), uma das principais contribuições de Defoe às várias cruzadas morais iniciadas no reinado de Guilherme e Maria pelas novas *Societies for the reformation of manners* [Sociedades pela reforma dos costumes]. O aspecto literário mais importante da atuação dessas sociedades encontra sua expressão mais notável em *Short view of the profaneness and immorality of the English stage* [Breve exame do caráter profano e imoral do teatro inglês], de Jeremy Collier, também publicado em 1698.[83] Era natural que a aversão à licenciosidade das classes superiores se estendesse à literatura que a expressava, e um resultado dessa atitude teve particular importância para a evolução do código sexual da classe média. Muitos escritores achavam que deviam alertar o público não só para a flagrante imoralidade denunciada por Collier, mas também para os igualmente perigosos conceitos românticos nos quais se baseava o teatro da Restauração em geral e que eram usados com sofisticada duplicidade pelos inimigos palacianos da virtude feminina. Steele, por exemplo, disse que as "noções de galanteria" haviam se confundido totalmente e que "a cavalaria andante desta época desregrada está destruindo tantas mulheres quanto possível",[84] e em seu *Critical essay concerning marriage* [Ensaio crítico referente ao matrimônio] (1724) Thomas Salmon enfatizou os perigos das ambiguidades no uso comum de palavras como "honra e galanteria".[85] Defoe continuamente nos apresenta as realidades da intriga sexual, despidas de seus adornos verbais convencionais, e zomba de toda declaração romântica de amor. Richardson seguiu nessa senda: em *Familiar letters on important occasions* [Cartas informais sobre ocasiões importantes] incluiu algumas cartas "ridicularizando uma rapsódia romântica no namoro",[86] e em *Pamela* advertiu que "amor platônico é absurdo platônico".[87]

Se as moças virtuosas eram forçadas a ver os sórdidos objetivos ocultos atrás do que o vereador Saving de Eliza Haywood chamou "as ociosas noções românticas do outro lado da cidade",[88] até a palavra "amor" era perigosa e seu significado tinha de ser esclarecido. Quanto a isso Richardson deu uma contribuição característica no posfácio de *Clarissa*: "O que genericamente demais é chamado *amor* devia (talvez com a mesma generalidade) ser chamado por outro termo" e sugeriu "*cupidez* ou *estímulo erótico* [...] por mais que choque os ouvidos delicados".

A necessidade de condenar o "estímulo erótico" envolvia

uma redefinição das relações entre homem e mulher que excluía a paixão sexual e apresentava como objetivo a opção sensata por um casamento à base de amizade racional. Na *Letter to a very young lady on her marriage* [Carta a uma jovem por ocasião de seu casamento] (1727) Swift prevenia contra a expectativa de "qualquer mistura daquela paixão ridícula que só existe nos livros" e aconselhava uma união feita "de prudência e gostos comuns".[89] O círculo de Richardson era da mesma opinião. O dr. Delany, por exemplo, escreveu em 1743 para sua futura esposa dizendo que "só no casamento se pode encontrar a amizade perfeita",[90] e o próprio Richardson, convencido de que "a amizade [...] é a perfeição do amor",[91] definiu o casamento como "o mais elevado estágio da amizade que os mortais podem conhecer". Essa tendência encontrou o auge na cena de *Sir Charles Grandison* em que Richardson celebra o triunfo dos laços espirituais sobre os carnais, e até mesmo sobre os do casamento, fazendo sir Charles e as duas rivais que disputam seu afeto jurarem lealdade a um triângulo de amizade eterna e solenemente dedicarem um templo a tal pacto.[92]

Infelizmente sir Charles constituía uma exceção entre os homens, e, por conseguinte, a campanha contra a sexualidade se viu obrigada a encontrar um singular meio-termo. Tratando-se de mr. B. e seus pares, o máximo que se poderia esperar era uma punição social do Adão incorrigível que existia neles transformando o casamento na única forma permitida de expressão sexual; Pamela e suas semelhantes, contudo, excetuando-se algumas poucas mulheres inteiramente perdidas, destinavam-se a coisas mais elevadas; a nova ideologia conferia-lhes imunidade total contra os anseios sexuais, e se elas se casavam era não porque tivessem necessidade de *medicina libidinis*, mas porque o caráter sagrado do casamento e da família só estaria a salvo em suas mãos.

Essa discriminação biológica tem certa originalidade histórica. Por exemplo, está em total contradição com a visão patriarcal e com a tradição clássica do amor na literatura inglesa, desde *Troilus and Criseyde*, de Chaucer, até *Romeu e Julieta*, de Shakespeare. Mais surpreendente ainda, opõe-se frontalmente a atitudes iniciais do próprio puritanismo, quando figuras como Calvino, John Knox e Milton enfatizavam mais a concupiscência das mulheres que a dos homens.

Mas uma opinião diferente já se firmara no começo do século XVIII. Os romances de Defoe, por exemplo, tendem a sustentar o ponto de vista exposto em *The Review* (1706) de que "em nossa busca de sexo o diabo geralmente tenta o homem, não a mulher".[93] Não está claro por que se deveria esquecer a odiosa relação da serpente com Eva; só se pode supor que, por um tortuoso processo que o psicólogo não desconhece, as próprias dificuldades da situação das mulheres na época levaram a uma nova concepção do papel feminino que, mais completamente que antes, mascarava a importância fundamental da atração sexual exercida sobre o homem e transformava a aceitação de um pretendente numa questão não de satisfação pessoal, mas de *noblesse oblige*.

Evidentemente as origens dessa nova ideologia sexual constituem uma questão muito problemática, mas há bem pouca dúvida de que *Pamela* assinala um momento notável na história da cultura britânica: o surgimento de um estereótipo do papel feminino inteiramente novo e imensamente influente. A natureza e a força desse ideal de mulher constitui o tema de um estudo excelente, *Pamela's daughters* [As filhas de Pamela] (1937), de R. P. Utter e G. B. Needham. Eles mostram, em resumo, que a heroína exemplar deve ser muito jovem, muito inexperiente e de constituição física e mental tão delicada que desmaia diante de qualquer investida sexual; essencialmente passiva, antes do casamento não sente nada por seu admirador — assim é Pamela, assim é a maioria das heroínas de ficção até o final da era vitoriana.

Aliás, a natureza desse novo estereótipo reflete muitas das tendências sociais e econômicas de que já falamos. Podemos considerar, por exemplo, que a tendência de Pamela a desmaiar expressa a alteração na base econômica do casamento; pois cada vez mais as mulheres da classe média eram vistas como bibelôs cuja única tarefa econômica consistia em supervisionar os serviços domésticos, e uma compleição frágil atestava um passado delicadamente protegido e apontava para um futuro similar. É verdade que no caso de Pamela o nascimento humilde não lhe confere essa característica, mas ela a possui, pois assimilou de tal modo as ideias das classes superiores que até seu corpo apresenta uma forma não rara do que só se pode chamar de esnobismo sociossomático — para usar um neologismo infelizmente necessário.

A concepção do papel feminino apresentada em *Pamela* constitui uma característica essencial de nossa civilização nos últimos duzentos anos. Em *Sex and temperament* [Sexo e temperamento] Margaret Mead diz que "para a criação de valores ricos e contrastantes [essa civilização] lançou mão de muitas distinções artificiais, sendo o sexo a mais notória".[94] Não pretendo sugerir que essa distinção específica tivesse passado desapercebida até então nem que seja totalmente artificial; mas com certeza a concepção de sexo encontrada em Richardson implica uma separação mais ampla e completa entre os papéis masculinos e femininos do que já existira.

Quase todos os aspectos da linguagem e das maneiras enfatizam a diferença entre esses papéis. O dr. Johnson era de "opinião que a delicadeza das mulheres deveria sempre ser inviolavelmente preservada, no comer, no exercitar-se, no vestir, em tudo";[95] e quanto a isso o próprio Richardson — que em *Pamela* usou pela primeira vez o termo "indelicadeza"[96] — era um reformador confesso. "De bom grado eu reduziria a delicadeza a um padrão", escreveu a miss Highmore, mas logo se corrigiu: "Reduzir, disse eu? *Exaltar* não seria a palavra?".[97] Sua atitude está presente em *Pamela* quando mr. B. dá à heroína algumas roupas da falecida patroa da jovem e, vendo-a profundamente embaraçada, diz: "Não cores, Pamela, não penses que não sei que as moças bonitas devem usar sapatos e meias". "Tais palavras me perturbaram tanto", conta a heroína, "que uma pluma poderia derrubar-me." Mais tarde, quando seus pais tomam conhecimento das "atrevidas expressões" de mr. B. referentes às meias, imediatamente temem pelo pior.[98]

Parece que essa sensibilidade linguística constitui um fenômeno novo. Em certa medida sem dúvida a linguagem das mulheres tendia a ser um pouco diferente da dos homens, porém tais diferenças nunca haviam sido tão óbvias. No final do século XVII, entretanto, Jeremy Collier deu muita importância ao fato de que "os poetas fazem as *mulheres* falarem obscenamente",[99] e George Granville em *The She-Gallants* [As galantes] (1695) aludiu com ironia a um movimento para reformar essa indecência verbal: falou de "um dicionário que se prepara [...] para adequar nossa linguagem ao sexo frágil e para castrar as sílabas imodestas de palavras que começam e terminam obscenamente".[100]

Uma geração depois parece que o tabu das referências biológicas já estava plenamente instituído: Mandeville observou que "entre as pessoas bem-educadas considera-se um crime falar claro sobre qualquer coisa referente a esse mistério da sucessão";[101] e um dos atributos chocantes que Edward Young conferiu à nada feminina Thalestris na sátira *On women* [Sobre mulheres] (1728) era a convicção de que "o que a natureza ousa *dar* também ousa *nomear*".[102] O movimento ganhou força e no final do século até o *Tatler* e o *Spectator* eram considerados impróprios para mulheres; Coleridge, pelo menos, achava que continham palavras "que, hoje em dia, poderiam ferir a delicadeza dos ouvidos femininos e chocar a suscetibilidade feminina",[103] e Jane Austen em *Northanger abbey* [A abadia de Northanger] partilhava da mesma opinião.[104]

Richardson desempenhou um papel importante na adequação da linguagem ao novo código feminino. Sua reelaboração da versão de Esopo por L'Estrange revela-o como um dos primeiros censores ingleses,[105] e seus romances mostram uma grande preocupação com as convenções do código linguístico feminino. Por exemplo, quando engravida Pamela fica chocada ao descobrir que lady Davers, "em seu estilo superior",[106] comenta o fato em público: mas trata-se naturalmente de uma daquelas "mentes venenosas, hermafroditas", atacadas na introdução à segunda edição;[107] e ela também é um símbolo da notória impureza "da classe superior".

O que se pode chamar de "descarnalização" do papel público da mulher fornece mais uma explicação para o fato de, em *Pamela* como na maioria dos romances, o namoro levar à ascensão social da heroína. Provavelmente os homens gostariam de ver o herói conquistar a mão de alguma dama da nobreza, mas uma rápida reflexão mostra que tal prêmio forçaria a heroína a atentar contra o decoro feminino.

A questão é levantada numa discussão entre lady Davers e mr. B. Este argumenta que sua *mésalliance* seria chocante se os papéis se invertessem, pois "uma mulher, por nobre que sejam suas origens, avilta-se ao casar-se com um homem inferior".[108] Essa era a opinião vigente; um homem tão benevolente quanto o dr. Johnson considerava "perversão" o casamento de uma mulher com um homem de posição inferior.[109] O motivo é claro. Mr. B. pode realizar o capricho de uma *mésalliance* porque é um fato inegável e irremediável que os homens são sujeitos à paixão sexual; mas uma mulher que fizesse a mesma coisa teria de admitir que perdera sua imunidade aos anseios sexuais — imunidade que é uma constante nas heroínas de ficção inglesas desde *Pamela* até recentemente e cujo repentino colapso constituiu um aspecto tão alarmante do romance do século XX.

VI

Na época de Richardson já se processavam, pois, muitas mudanças importantes e complexas na forma como ambos os sexos se orientavam para seus respectivos papéis. Tais mudanças possuem considerável interesse intrínseco, pois anunciam a instituição do que vem a ser substancialmente o conceito de namoro e casamento e do papel feminino que tem preponderado nos últimos dois séculos. Nosso interesse por elas, no entanto, deve-se a uma razão mais ligada à literatura: essas mudanças sociais e psicológicas explicam duas das principais qualidades de *Pamela* — a unidade formal e a singular conjugação de pureza e impureza moral.

O dr. Johnson, tendo em mente a *novella*, definiu *novel* como "uma história curta, em geral de amor". Quando *Pamela* surgiu, chamou-a de "novela ampliada",[110] porque o assunto era essencialmente o episódio amoroso único sobre o qual versavam as novelas em geral, mas o tratamento aproximava-se muito mais daquele dispensado pelas extensas narrativas de ficção anteriores.

A relação direta entre essa mudança de escala e a enorme importância que Richardson atribui à moralidade sexual esclarece-se graças ao contraste com Defoe. Os encontros sexuais, conjugais ou não, são tratados por Defoe como episódios menores dentro do contexto mais amplo da busca da segurança econômica. Moll Flanders se vê "enganada uma vez por esse embusteiro chamado amor",[111] mas é um começo, não um fim; e o coronel Jacque comenta que "o deslize" de sua fiel esposa Moggy na juventude "teve pequena consequência para mim, de um modo ou de outro".[112]

Tais atitudes são inconcebíveis no mundo de *Pamela*, pois, como disse Henry Brooke;

> *The woman no redemption knows*
> *The wounds of honour never close.*[113]*

Mr. B. acha que Pamela aceita essa opinião porque tem a "cabeça virada pelas novelas de amor e outras baboseiras do gênero", mas está errado. A castidade ideal das antigas heroínas das novelas havia se incorporado às concepções morais vigentes; foi em fontes literárias muito mais enfadonhas que Pamela "leu que muitos homens se envergonharam de suas torpes tentativas ao ver-se repelidos" e, "uma ou duas noites antes", deparou com o lema que anuncia nas circunstâncias

* A mulher não conhece redenção/ As feridas da honra nunca se fecham.

adequadas: “Que eu não sobreviva um só momento àquele instante fatal em que perder a inocência!”. E provavelmente em algum manual de conduta aprendeu que “milhões em ouro não comprariam um feliz momento de reflexão sobre uma vida desperdiçada”.[114]

Naturalmente as heroínas de Defoe não pensariam duas vezes nem com relação a recompensas muito menos polpudas que os quinhentos guinéus de mr. B.: o romance surgiu porque Pamela resiste heroicamente a um “destino pior que a morte” — essa hipérbole eufêmica que tanto comparece na história da ficção posterior.

Não há, evidentemente, novidade nenhuma em fazer uma heroína de ficção considerar a castidade um valor supremo; novidade era atribuir tais ideias a uma criada; pois enquanto as novelas antigas geralmente exaltavam a castidade feminina, as outras formas de ficção que lidavam com personagens de origens sociais mais humildes tendiam a adotar uma visão oposta da psicologia feminina. É essa perspectiva histórica e literária que esclarece a importância de *Pamela*: o romance de Richardson representa a primeira confluência completa de duas tradições que antes se opunham na ficção; conjuga objetivos “elevados” e “vulgares” e, ainda mais importante, mostra o conflito entre ambos.

Richardson, portanto, deu início à radical ruptura do romance com a *Stiltrennung* no aspecto fundamental das relações entre os sexos. E não só isso; também acabou com a separação entre vida “elevada” e “vulgar” — o viés classista da *Stiltrennung*, e pela mesma razão. Vimos que o movimento pela reforma moral tendia a ser apoiado principalmente pela classe média, que se fortalecia como grupo assumindo que seus superiores na escala social eram seus inferiores na escala moral. É essa a situação de *Pamela* — o fidalgo versus a criada humilde porém virtuosa — que empresta à trama um significado muito mais amplo que as questões puramente individuais entre os protagonistas.

Esse uso do conflito entre classes sociais é típico do romance em geral; seu estilo literário é radicalmente particular, mas conquista uma universalidade de significado fazendo ações e personagens individuais representarem questões sociais mais amplas. Os enredos de Defoe não permitem que as relações entre as personagens desenvolvam esse tipo de significado, enquanto a simplicidade muito maior da ação de *Pamela* faz com que as lutas da heroína e de mr. B. reflitam conflitos contemporâneos mais extensos entre duas classes e seus estilos de vida.

O triunfo do código de ética social da classe média acarreta não só o pedido de casamento por parte de mr. B., como também sua completa reeducação nas atitudes adequadas em relação a sexo e casamento. Trata-se evidentemente de uma questão de valores pessoais subjetivos e sua adequação envolve uma revelação progressiva, no decorrer do romance, da vida interior dos protagonistas que continua até a conversão do herói completar-se de tal modo que ele se torna um "puritano", na opinião de lady Davers.[115]

Assim, a relação entre Pamela e mr. B. permite desenvolver um conteúdo moral e psicológico muito mais rico do que os relacionamentos dos amantes tradicionais da ficção anterior. As barreiras existentes entre eles e que devem ser rompidas não são externas e inventadas, mas internas e reais; por isso, e também porque tais barreiras se baseiam nas diferenças de visão de suas respectivas posições sociais, o diálogo entre os enamorados constitui não um exercício de retórica convencional, como nas novelas antigas, mas uma sondagem das forças que fizeram deles o que são.

Há ainda uma importante contribuição à estrutura de *Pamela* que se refere tanto ao código sexual puritano da classe média quanto à principal diferença entre esse código e a tradição do amor cortês.

O amor cortês separava os papéis sexuais de modo semelhante — o homem carnal adorava a pureza divina da mulher, e a contradição entre os dois papéis era absoluta. Pelo menos em teoria; pois se a dama atendia aos apelos de seu enamorado a convenção caía por terra. Atribuindo ao casamento um amplo sentido espiritual e social, o puritanismo oferecia uma ponte entre o espírito e a carne, entre a convenção e a realidade social. Não era uma ponte fácil, pois, como Richardson explicara em sua contribuição popular para o *Rambler*, em 1751, o papel feminino no namoro tornava imoral e imprudente o amor que a jovem pudesse sentir por seu pretendente antes que ele a pedisse em casamento.[116] A própria dificuldade, com a súbita mudança da atitude da dama, forneceu a Richardson um enredo vital, pois lhe permitiu esconder os verdadeiros sentimentos de Pamela com relação a mr. B. até a crise na ação.

Quando a heroína o deixa e volta para a casa dos pais, parece que entre eles tudo acabou; na verdade inicia-se de imediato um contramovimento. Por um lado, ela se surpreende ao descobrir "algo tão estranho [...] tão *inesperado*" em seus sentimentos que a obriga a se perguntar se na realidade não lamenta partir;[117] por outro lado, os sentimentos mais profundos de mr. B., revelados em sua carta de despedida, mostram que ele não é um mero estereótipo do aristocrata libertino, mas um homem cujas intenções podem se tornar honestas e que pode muito bem vir a ser um bom companheiro para Pamela. Assim, essas repentinas revelações da disparidade entre as atitudes convencionais e reais dos apaixonados permitiram que Richardson desenvolvesse seu relacionamento num enredo do tipo que Aristóteles considerava o melhor, uma ação complexa em que a peripécia e o reconhecimento coincidem. Na realidade, o que possibilitou a dramática resolução do enredo de *Pamela* foram as verdadeiras atitudes morais e sociais da época, que acarretaram uma disparidade inédita entre os papéis convencionais dos sexos e o efetivo teor dos oráculos do coração.

Esse conflito entre atitudes públicas e privadas tem despertado o interesse do romance em geral e realmente se presta bem à apresentação. Não se sabe, porém, até que ponto Richardson estava consciente das duplicidades envolvidas no papel feminino, nem como o leitor deveria interpretar a narrativa que as transmite.

Pamela sempre suscitou interpretações muito contraditórias. Pouco depois de seu lançamento um panfletista anônimo disse que "sobretudo entre as mulheres [havia] duas facções distintas, *pamelistas* e *antipamelistas*", que discordavam quanto "a jovem virgem ser um exemplo para as damas [...] ou [...] uma hipócrita cheia de astúcia [...] que conhece a arte de seduzir um homem".[118] Nessa controvérsia a obra mais famosa é *Shamela*, na qual, como o título sugere, Fielding interpretou a heroína de Richardson como uma hipócrita cujo domínio perfeito dos recursos femininos lhe permitiu fisgar um paspalho, embora sua pureza não ultrapasse os limites do decoro convencional, que, nas palavras de mrs. Lucretia Jarvis, consiste em evitar "o que nós, mulheres, consideramos grosseiro quando feito na presença dos outros".[119]

O panfleto de Fielding certamente chama a atenção para uma importante ambiguidade de *Pamela*, porém, ao afirmar que devemos escolher entre a interpretação de Fielding e a de Richardson, os críticos posteriores com certeza subestimam a possibilidade de a ambiguidade não resultar da dissimulação consciente de Pamela, pois está implícita no código feminino que rege sua conduta. Parece evidente, por exemplo, que a ênfase do código na diferenciação entre comportamento e vestuário masculino e feminino está aberta a uma crítica muito semelhante à que Fielding fez sobre *Pamela*. "A decência", disse Bernard Shaw, "é a conspiração do silêncio da indecência", e a preocupação dos moralistas do século XVIII com a pureza feminina apenas sugere fantasias capazes de atribuir a tudo impuras implicações sexuais.

Em *Ophelia* (1760) Sarah Fielding diz que, segundo mrs. Darkins, "uma moça não deveria sequer olhar para um bebê que não fosse do sexo feminino";[120] as conotações pervertidas dessa atitude se esclarecem quando lembramos que a libidinosa lady Wishfort, em *Way of the world* [Caminho do mundo], de Congreve, orgulhava-se de não deixar a filha brincar com meninos.[121]

Da mesma forma podemos interpretar a campanha contra o busto nu, empreendida no *Guardian* por Addison,[122] lembrando que Tartufo revela sua lascívia atirando um lenço sobre os seios de Dorine,[123] e que Bridget Allworthy demonstra sua luxúria ao protestar, escandalizada, contra a indiscreta indumentária domingueira das filhas dos sitiantes.[124] Richardson também vivia obcecado com sexo, como podemos ver em algumas declarações suas sobre o recato sexual. Nas *Familiar letters*, por exemplo, escrevendo no papel de um tio, ele critica o "aspecto viril" da sobrinha nos seguintes termos: "Fiquei particularmente chocado [...] com tua *nova roupa de montaria*; é tão extravagante que torna difícil distinguir o sexo a que pertences. Pois vestida nela não pareces nem uma *moça recatada*, nem um *rapaz agradável*".[125]

As implicações ambivalentes de uma preocupação notória com o recato feminino estão presentes com a mesma força no caso da heroína de Richardson. É tentador explicar sua constante preocupação com a decência no trajar, por exemplo, através da referência às posições do dr. Gregory, influente defensor do novo código feminino: em *Father's legacy to his daughters* [Legado de um pai a suas filhas] (1774), depois de um sermão contra o "desnudamento", ele conclui com um parêntese maquiavélico: "O mais belo busto real não é tão belo quanto aquele criado pela imaginação".[126] Seja como for, não há dúvida de que mr. B. acha a virtuosa resistência de Pamela infinitamente mais provocante que qualquer concessão e assim presta um involuntário tributo à eficácia do novo papel feminino em atingir seu principal objetivo.

Nem por isso podemos dizer, como sugere a interpretação de Fielding, que Pamela só é recatada porque deseja fisgar mr. B. Mais acertado é considerá-la uma pessoa real, cujos atos resultam das complexidades de sua situação e dos efeitos, conscientes e inconscientes, do código feminino. Steele afirmou que a pudica e a coquete se parecem num aspecto: ambas têm presente "em todos os seus pensamentos, palavras e atos a distinção do sexo":[127] o código adotado por Pamela e seu autor está aberto a interpretações. Ao consentir no casamento, Pamela de certa forma demonstra que as investidas anteriores de mr. B.

parecem-lhe menos odiosas do que teria admitido publicamente naquela época; tal incoerência deve-se mais à hipocrisia do código vigente que ao caráter da heroína. Se condenamos suas artimanhas na fase de namoro, não podemos esquecer que a mesma acusação poderia ser feita a outras mulheres em idênticas circunstâncias, tanto naquela época quanto hoje.

A atitude de Richardson é difícil de determinar. Como sua heroína, ele está dividido entre o fascínio e a repulsa ante o assédio de mr. B., e seus protestos morais não são inteiramente convincentes. Parece que Richardson estava mais consciente das duas posições com relação à ética sexual de Pamela do que em geral se considera, embora desaprove implicitamente o ponto de vista oposto fazendo da odiosa mrs. Jewkes seu porta-voz mais representativo. Quando Pamela comenta que "despojar uma pessoa de sua virtude é pior que cortar-lhe o pescoço", mrs. Jewkes retruca com uma incompreensão que, apesar de lamentável, não deixa de ter precedentes ilustres:

> Ora essa, que jeito mais estranho de falar! Os dois sexos não foram feitos um para o outro? Não é natural que um cavalheiro ame uma mulher bonita? E suponhamos que ele realize seus desejos; seria tão ruim quanto lhe cortar o pescoço?

O comentário não seria inadequado em *Shamela*, como não o seria a resposta desdenhosa de mrs. Jewkes quando Pamela lhe pede que não deixe o patrão entrar, pois ela estará arruinada: "Grande coisa, arruinada!".[128]

Como romancista Richardson é, portanto, capaz de considerável objetividade; mas é claro que como moralista consciente está inteiramente do lado de Pamela, o que suscita as mais sérias objeções ao livro. O subtítulo, "A virtude recompensada", chama a atenção para a irremediável vulgaridade da textura moral da obra; evidentemente Pamela é casta apenas num sentido muito específico e bem pouco interessante do ponto de vista moral e Fielding aponta a maior falha moral da história ao fazer

Shamela comentar: "Antes eu pensava em ganhar uma pequena fortuna com minha pessoa. Agora pretendo ganhar uma grande fortuna com minha virtude".[129] Quanto à decantada regeneração de mr. B., não passa de uma promessa de, como diz Mandeville, "nunca mais roubar caça alheia, desde que tenha sua cota garantida".[130]

Naturalmente Mandeville era o *agent provocateur* do inconsciente burguês, decidido a chamar a atenção para todas as complexidades da moralidade pública que Addison e Richardson resolveram ignorar; e sua cínica analogia nos mostra como os problemas levantados pela abordagem que Richardson faz do casamento são característicos da moderna cultura ocidental como um todo. Comparando *Pamela* com *Troilus and Criseyde*, de Chaucer, ou *Romeu e Julieta*, de Shakespeare, vemos que, embora Richardson seja mais direto na linguagem e nas atitudes, sua obra se concentra muito mais exclusivamente no relacionamento sexual em si. Essa fórmula foi muito usada na ficção e até no cinema. Nos filmes de Hollywood, como no tipo de ficção popular inaugurado por Richardson, uma severa e minuciosa censura puritana conjuga-se com uma forma de arte que é historicamente única no empenho com que procura suscitar interesses sexuais: o casamento figura como o *deus ex machina* moral que, conforme disse James Fordyce referindo-se ao casamento na comédia, "converteu-se numa esponja para limpar, num único movimento, a mancha da culpa".[131]

Na época de Richardson como na nossa, essa dualidade talvez se deva ao fato de que o objeto proibido sempre indica o mais profundo interesse da sociedade que proíbe. Todas as forças que se conjugaram para intensificar as proibições relativas à atividade sexual fora do casamento tendiam, na prática, a aumentar a importância do sexo no quadro geral da vida humana. É o que mostra um crítico contemporâneo de Richardson, o anônimo "Amante da Virtude", autor de *Critical remarks on sir Charles Grandison, Clarissa and Pamela* [Observações críticas sobre sir Charles Grandison, Clarissa e Pamela] (1754). Ele relacionou o fato de o "amor, eterno amor, ser o assunto, o peso de todas as nossas obras" com a ênfase exagerada de Richardson no que chama de "castidade política" — sobre a qual "vós heroínas fazeis tanto barulho" —, castidade que, a seu ver, perdia na comparação com a das gregas antigas. Mesmo assim, custava-lhe entender por que tantos escritores achavam necessário empregar "toda a sua arte e eloquência para constantemente lembrar às pessoas que elas pertencem a sexos diferentes", quando a "natureza previdente" pode, sozinha, "evitar que o mundo termine".[132] A explicação, naturalmente, era que a repressão dos instintos da "natureza previdente" e o fato de nossa cultura esconder sempre mais o que denomina de "os fatos da vida" produziam no público necessidades que precisavam ser saciadas. Pode-se dizer que uma das principais funções do romance, desde Richardson, tem sido fornecer um rito de iniciação ficcional ao mistério mais fundamental da sociedade.

Só essa hipótese pode explicar a evolução do romance ou o notável paradoxo de que Richardson, um líder da cruzada pela reforma sexual e inimigo declarado do amor nos aspectos tanto românticos como carnais, assinalou sua entrada na história da literatura com uma obra que aborda uma simples intriga amorosa com muito mais detalhes que qualquer narrativa anterior a ele. Parece que os contrários em Richardson — puritanismo e luxúria — resultam das mesmas forças, e isso sem dúvida explicaria por que seus efeitos estão tão intimamente relacionados. As complexidades das forças justapostas são amplamente responsáveis pelas singulares qualidades literárias que *Pamela* trouxe para a ficção: possibilitaram uma apresentação detalhada de um relacionamento pessoal enriquecida por uma série de contrastes entre o ideal e o real, o aparente e o verdadeiro, o espiritual e o físico, o consciente e o inconsciente. Mas, se as ambiguidades latentes do código sexual ajudaram Richardson a elaborar seu primeiro romance genuíno, ao mesmo tempo conspiraram para criar algo novo e profético em outro sentido muito diverso: uma obra que podia ser elogiada no púlpito e atacada como pornografia, uma obra que gratificava o público leitor reunindo os atrativos de um sermão e de um *striptease*.

6. A EXPERIÊNCIA PRIVADA E O ROMANCE

Aaron Hill era talvez o membro mais entusiástico da ruidosa claque de Richardson, porém, quando anunciou que surgira "uma força capaz de partir o coração e amenizar o horror de nossa noite literária",[1] exagerou apenas um pouco o entusiasmo com que a maioria dos contemporâneos, na Inglaterra como em outros países, recebera *Pamela* e *Clarissa*.[2] Já vimos que boa parte desse entusiasmo provinha do público feminino, encantado com os temas que Richardson abordava; mas parece que os homens também se empolgaram, e para isso devemos procurar uma explicação.

Tem-se dito comumente que os romances de Richardson correspondiam às tendências sentimentais da época. No século XVIII "sentimentalismo" designava a crença na bondade inata do homem — um credo cujo corolário na literatura era a convicção de que mostrar essa bondade empenhada em atos filantrópicos ou envolvida com lágrimas generosas constituía um propósito louvável. Sem dúvida há na obra de Richardson características "sentimentais", nesse sentido e na acepção usual, mas o termo não se aplica bem a sua posição pessoal nem à qualidade literária típica de seus romances. Pois, conforme vimos, a teoria moral de Richardson opunha-se ao culto do amor e às explosões emocionais, enquanto na prática, como romancista, ele apresentou uma gama de sentimentos muito mais extensa que a dos sentimentalistas. O que caracteriza seus romances não é o tipo ou a quantidade de emoção, e sim a autenticidade da apresentação: muitos escritores da época falaram de "lágrimas compassivas"; Richardson foi além e falou de "límpidas fugitivas",[3] mas as fez jorrarem como nunca se havia feito.

Na *Edinburgh Review* (1804) Francis Jeffrey explica como

ele as fez jorrarem, como levou os leitores a se envolverem tão profundamente com os sentimentos das personagens:

> Outros escritores evitam todos os detalhes que não sejam necessários ou marcantes. [...] A consequência é que só conhecemos suas personagens em traje de gala e, como as vemos apenas naquelas circunstâncias críticas, naqueles momentos de intensa emoção que raramente ocorrem na vida real, nunca acreditamos em sua realidade e contemplamos o conjunto como uma exagerada e ofuscante ilusão. Com tais autores fazemos uma visita formal, com hora marcada, e vemos e ou vimos apenas o que, como sabemos, foi preparado para nossa recepção. Com Richardson, nós nos esgueiramos, invisíveis, na privacidade doméstica de suas personagens e ouvimos e vemos tudo que dizem e fazem, seja interessante ou não, satisfaça ou desaponte nossa curiosidade. Assim, nutrimos pelas primeiras a mesma simpatia que dispensamos aos monarcas e estadistas da História, sobre cuja condição de indivíduos temos uma noção imperfeita. Das outras nos condoemos, como de nossos amigos e conhecidos íntimos, cuja situação global nos é familiar. [...] Nessa arte Richardson é sem dúvida inigualável e, se excetuarmos Defoe, não tem rival, acreditamos, em toda a História da literatura.[4]

No primeiro capítulo falamos de um dos componentes do método narrativo exposto por Jeffrey: a escala temporal mais minuciosa e a atitude muito menos seletiva com relação às informações que devem ser dadas ao leitor, características do realismo formal de Richardson. Mas só essa amplitude de apresentações sem seletividade não basta para explicar como Richardson nos permite "esgueirar-nos na privacidade doméstica das personagens": precisamos considerar a direção e a escala de sua narrativa. Essa direção naturalmente é no sentido de delinear a vida doméstica e a experiência privada das personagens que a ela pertencem — penetramos em sua mente assim como em sua casa.

Basicamente é essa reorientação da perspectiva da narrativa que confere a Richardson seu lugar na tradição do romance. É o que o distingue de Defoe, por exemplo; ambos elaboraram descrições "acuradas, minuciosas e circunstanciais", como escreveu mrs. Barbauld, porém, "a exatidão de Defoe referia-se mais a coisas, e a de Richardson às pessoas e aos sentimentos".[5] Essa reorientação e a riqueza da apresentação também o distinguem dos escritores franceses que reclamam para si a paternidade do romance moderno. George Saintsbury, por exemplo, conclui que *Pamela* é na verdade o primeiro romance porque a única resposta que pode dar à pergunta: "Antes [dele], onde encontramos um ser humano provável, desenvolvido no mesmo grau?" é: "Em lugar nenhum".[6] Antes de Pamela houve muitas personagens literárias igualmente prováveis e talvez até mais interessantes, porém nenhuma cujos pensamentos e sentimentos cotidianos conhecemos com tamanha intimidade.

Que fatores permitiram a Richardson imprimir à ficção essa direção subjetiva e interior? Um deles consiste na base formal da narrativa: a carta. Mais que o diálogo a carta informal permite que o autor expresse seus sentimentos com maior sinceridade, e o culto desse tipo de correspondência se difundiu amplamente na época de Richardson, que também o adotou. A carta informal envolvia uma importante ruptura com a perspectiva literária clássica; como escreveu madame de Staël, "os antigos nunca teriam pensado em dar essa forma a sua ficção" porque o método epistolar "sempre pressupõe mais sentimento que ação".[7] Assim, pode-se considerar o estilo narrativo de Richardson um reflexo de uma mudança bem maior: a transição da orientação objetiva, social e pública do mundo clássico para a orientação subjetiva, individualista e privada da vida e da literatura dos últimos duzentos anos.

O contraste é bem conhecido. Está implícito na comparação de Hegel entre tragédia antiga e moderna ou no fervor com que Goethe e Matthew Arnold perseguiam a impessoalidade e a objetividade da arte greco-romana em oposição à subjetividade de sua própria literatura romântica; e em *Marius the epicurean*

[Marius, o epicurista] Walter Pater expressou o que, a nosso ver, constitui o aspecto mais importante desse contraste ao comentar que a maioria dos antigos não nos permitiu "vislumbrar aquele eu interior que, em muitos casos, teria redobrado o interesse de suas informações objetivas".[8]

Já mencionamos algumas das causas mais importantes do enfoque moderno, que é muito diferente. O cristianismo, por exemplo, é essencialmente uma religião interiorizada, individualista, e influenciou em especial o puritanismo, com sua ênfase na luz interior; e madame de Staël chamou a atenção para a influência que a nova posição filosófica do século XVII exerceu sobre a abordagem subjetiva e analítica da personagem encontrada no romance: "*ce n'est même que depuis deux siècles que la philosophie s'est assez introduite en nous-mêmes pour que l'analyse de ce qu'on éprouve tienne une si grande place dans les livres*"[9] [há apenas dois séculos que a filosofia nos penetrou o suficiente para que a análise do que experimentamos ganhasse lugar tão grande nos livros]. A secularização do pensamento que acompanhava a nova filosofia tendia a seguir na mesma direção: produziu um mundo centrado basicamente no homem e no qual o indivíduo era responsável por sua própria escala de valores morais e sociais.

Por fim, o surgimento do individualismo tem grande importância. Ao enfraquecer as relações comunais e tradicionais, provocou não só o tipo de vida mental privada e egocêntrica que encontramos nos heróis de Defoe, como ainda a ênfase na importância das relações pessoais tão característica da sociedade moderna e do romance — tais relações forneciam ao indivíduo um modelo mais consciente e seletivo de vida social para substituir as coesões sociais mais difusas e de certo modo involuntárias que o individualismo havia minado. O individualismo também contribuiu em pelo menos dois aspectos para a ênfase de Richardson na experiência privada: criou um público suficientemente interessado em todos os processos da consciência individual para achar *Pamela* absorvente; e seu desenvolvimento socioeconômico levou ao desenvolvimento do estilo de vida urbano, uma influência fundamental na formação da sociedade moderna que parece relacionar-se de muitas maneiras com a tendência privada e subjetiva de Richardson em particular e do gênero romance em geral.

I

No século XVIII Londres tinha uma importância na vida nacional que não encontra paralelo em parte alguma. Era dez vezes maior que qualquer outra cidade da Inglaterra,[10] e, talvez o mais importante, foi em Londres que as mudanças sociais como o advento do individualismo econômico, o aumento da divisão do trabalho e a evolução da família conjugal foram mais pronunciadas; além disso, como vimos, ali vivia uma grande parte do público leitor — de 1700 a 1760 mais da metade dos livreiros ingleses estava estabelecida na capital.[11]

Muitos observadores registraram o contínuo crescimento de Londres. Surpreendia-os especialmente o grande número de edifícios construídos além dos limites das cidades gêmeas de Londres e Westminster — número que se evidenciou após o Grande Incêndio de 1666.[12] Os elegantes mudaram-se para as zonas oeste e norte, enquanto os trabalhadores pobres viviam na parte leste. Vários escritores comentaram essa crescente segregação de classes. As observações de Addison no *Spectator* são particularmente significativas:

> Quando considero esta grande cidade, com seus diversos bairros e setores, vejo-a como um aglomerado de várias nações, que se diferenciam pelos respectivos costumes, modos e interesses. [...] Em suma, os habitantes de St. James, apesar de viverem sob a mesma lei e falarem a mesma língua, são diferentes daqueles de Cheapside, que por sua vez se distinguem daqueles do Temple por um lado e dos de Smithfield por outro.[13]

Tem-se considerado esse processo — o crescimento de Londres e a concomitante diferenciação social e ocupacional — "talvez o aspecto isolado mais importante da História social do último período Stuart".[14] Pelo menos é o indício mais importante, entre muitos outros, de que algo parecido com o moderno modelo urbano gradativamente se impunha à comunidade mais coesa que Shakespeare conheceu: assim, podemos dizer que algumas características psicológicas da urbanização moderna começaram a manifestar-se na mesma época.[15]

Nas últimas décadas do século XVII a população londrina passou de cerca de 450 mil em 1660 para 675 mil em 1700;[16] esse crescimento, conjugado com a crescente segregação residencial dos habitantes e a extensão da área metropolitana, foi certamente bastante grande para tornar mais profundo e completo o contraste existente entre os estilos de vida rural e urbano. O homem do campo vivia numa paisagem imutável, regida pela alternância das estações, e numa hierarquia bem definida da ordem social e moral simbolizada pelo solar senhorial, pela igreja paroquial e pelo prado da aldeia; já o cidadão londrino do século XVIII tinha um horizonte que sob muitos aspectos se assemelhava ao do moderno homem urbano. As ruas e praças dos vários bairros da cidade apresentavam uma infinita variedade de modos de vida que qualquer um podia ver e que no entanto eram na maioria estranhos à experiência pessoal de cada indivíduo.

Essa conjugação de proximidade física e enorme distância social constitui uma característica da urbanização e uma de suas consequências é enfatizar os valores materiais da atitude do citadino com relação à vida: os valores mais notórios — visíveis a todos — são econômicos; na Londres setecentista, por exemplo, eram as carruagens, os casarões, as roupas caras que se impunham à contemplação de Moll Flanders. Na cidade não havia equivalente à expressão dos valores da comunidade representados pela igreja paroquial no campo. Em muitos dos novos centros populacionais nem mesmo havia igreja e, consequentemente, de acordo com Swift "cinco entre seis londrinos não tinham acesso aos serviços religiosos";[17] e de qualquer modo a atmosfera do que rapidamente se transformava num "mercado de infidelidade"[18] tendia a desestimular a frequência à igreja — o bispo Secker disse que "os elegantes" costumam participar "do culto divino no campo [...] a fim de evitar escândalo", mas na cidade iam à igreja "raramente ou nunca".[19] Esse declínio dos valores religiosos na cidade deixou lugar para a supremacia dos valores materiais, simbolizada na forma como Londres foi reconstruída após o Grande Incêndio: de acordo com o novo plano foi a Bolsa Real, não a catedral de St. Paul, que se tornou o foco arquitetônico da cidade.[20]

Um lugar tão grande e variado que um indivíduo só podia conhecê-lo numa pequenina parte e um sistema de valores basicamente econômico conjugaram-se para fornecer ao romance em geral dois de seus temas mais característicos: o indivíduo que procura fazer fortuna na cidade grande e muitas vezes só consegue um trágico fracasso, descrito com tanta frequência pelos realistas franceses e americanos; e, em geral relacionados com o primeiro, os estudos do meio realizados por escritores como Balzac, Zola e Dreiser, que nos levam aos bastidores e nos mostram o que de fato acontece nos lugares que conhecemos apenas passando pela rua ou lendo o jornal. Os dois temas também estão presentes, e com destaque, na literatura do século XVIII, quando o romance completou o trabalho de jornalistas e panfletistas[21] e revelou todos os segredos da cidade: Defoe e Richardson respondem a esse interesse, ainda mais marcado em obras como *Amelia*, de Fielding, e *Humphrey Clinker*, de Smollett. Ao mesmo tempo, em várias peças e narrativas de ficção da época Londres simbolizava riqueza, luxo, agitação — e talvez um marido rico: para Biddy Tipkins, a personagem de Steele que vivia lendo romances, e para Betsy Thoughtless, de Eliza Haywood, a capital é o lugar onde tudo acontece, onde de fato se vive: o triunfo na cidade grande tornara-se o Santo Graal da peregrinação secular do indivíduo.

Poucos participaram das glórias e misérias da vida londrina mais intensamente que Defoe. Nascido e criado em Londres, conheceu as agruras da prisão, mas, como o comerciante completo que queria ser e em certo sentido era, acabou a vida com carruagem e casa de campo. Todos os problemas de Londres lhe interessavam, conforme evidenciam estudos como *Augusta Triumphans* (1728), um precioso ensaio sobre reforma urbana, e muitas outras obras; e ele pretendia lucrar com o crescimento da cidade através de sua malograda olaria em Tilbury.

Os romances de Defoe incorporam muitos aspectos positivos da urbanização. Procurando fazer fortuna, seus heróis e heroínas abrem caminho através da competitiva e imoral selva metropolitana, e ao acompanhá-los nessa trajetória somos contemplados com um quadro completo de muitos lugares londrinos, da Alfândega à prisão de Newgate, dos cortiços de Ratcliff aos parques e casas elegantes do West End. Apesar de seus aspectos egoístas e sórdidos, o quadro possui uma diferença muito importante em relação àquele apresentado pela cidade moderna. A Londres de Defoe ainda é uma comunidade, composta de uma variedade quase infinita de partes, que pelo menos ainda reconhecem suas semelhanças; é grande, mas de algum modo continua sendo local, e Defoe e suas personagens fazem parte dela, compreendem e são compreendidos.

Provavelmente Defoe tinha muitas razões para se mostrar alegre e seguro. Ele se lembrava da época anterior ao Grande Incêndio, e a Londres na qual crescera ainda era uma entidade, em grande parte delimitada por seus muros. Mas a principal razão é que, embora tivesse presenciado enormes mudanças, Defoe participara delas ativamente e com entusiasmo; vivia no meio da confusão onde se firmavam as bases do novo estilo de vida: e concordava com isso.

O quadro de Londres que Richardson nos apresenta é totalmente diverso. Suas obras expressam não a vida da comunidade inteira, mas uma profunda desconfiança e até medo do ambiente urbano. Sobretudo em *Clarissa*: como Pamela, a heroína não é uma dessas "mulheres da cidade" cuja aparência tão "presunçosa" Richardson detestava, mas uma autêntica provinciana; e sua queda, como diz mais tarde a Belford, deve-se ao fato de que "nada sabia da cidade e de seus costumes". Isso a impede de perceber que mrs. Sinclair é uma "vil criatura"; e, embora sinta "um gosto estranho" no chá utilizado para drogá-la, Clarissa aceita a explicação de que contém "leite de Londres". Quando tenta escapar dos inimigos, ela também se encontra em desvantagem, nunca sabe que duplicidade encerra o comportamento das pessoas que conhece, nem que horrores se perpetram atrás das paredes das casas. Precisa morrer, pois o coração puro não pode sobreviver à imoral brutalidade da "grande cidade perversa";[22] antes, porém, deve arrastar-se por todas as estações de sua via-sacra, de St. Albans ao bordel afastado da elegante Dover Street, dos suspeitos divertimentos de Hampstead à casa de banhos em High Holborn; e só encontra a paz quando retorna ao campo onde nascera para ali ser enterrada.

É interessante notar que pelo menos um contemporâneo de Richardson, o autor anônimo de *Critical remarks on sir Charles Grandison, Clarissa and Pamela*, de 1754, viu os agentes da queda de Clarissa como produtos típicos da urbanização. "Personagens como Lovelace e seus comparsas, ou mãe Sinclair e suas ninfas", escreveu, só podiam subsistir "numa cidade como Londres, a imensa metrópole de um poderoso império e de um vasto comércio." E acrescentou: "Todas essas corrupções são a consequência necessária e inevitável de tal estado de coisas".[23]

Algumas das diferenças entre a atitude de Defoe e a de Richardson com relação à vida urbana devem-se às consideráveis mudanças que ocorreram em meados do século: inovações como a substituição de sinais por números nas casas, a demolição dos muros da cidade, a criação de autoridades centrais para pavimentar e iluminar as ruas e fornecer água e esgotos, a reforma do sistema policial empreendida por Fielding. Em si mesmas tais inovações não têm grande importância, porém mostram que as condições exigiam métodos muito diferentes dos que antes bastavam:[24] mudanças de escala atingiram um ponto que tornava imperiosas as mudanças na organização social. Não obstante o grande contraste entre Defoe e Richardson como londrinos não pode ser explicado apenas e nem mesmo principalmente como o resultado dos efeitos da urbanização crescente: afinal, entre eles havia apenas o espaço de uma geração — Defoe nasceu em 1660 e Richardson em 1689. Sem dúvida sua visão tão diferente da vida urbana devia-se ao fato de serem eles polos opostos no tocante à constituição física e psicológica.

Mesmo sob esse aspecto, no entanto, suas diferenças têm uma certa natureza característica. Defoe possuía todo o vigor dos negociantes de tecidos retratados por Deloney mais de um século antes; como eles, era, em parte, um homem do campo, conhecedor de colheitas e gado, tão à vontade cavalgando pelos prados quanto em sua loja ou em seu escritório; mesmo em Londres a Bolsa, o café e as ruas oferecem-lhe o equivalente da saga do campo: e ele se sente bem em toda parte. Mas, se Defoe retorna ao tempo da heroica independência dos cidadãos, Richardson nos permite vislumbrar o comerciante da classe média que está por vir, limitado pelos horizontes da profissão na cidade e pelo requinte da casa suburbana.

Londres não lhe oferece um modo de vida adequado. Por um lado, ele percebe muito bem as diferenças sociais existentes entre os comerciantes da City e as pessoas de alta condição que habitam Westminster, e essa percepção não se atenua, como no caso de Defoe, com a arrogante preferência pela própria classe. Em 1753, escrevendo a mrs. Delany sobre um conhecido comum, declarou: "Há uma barreira entre nós: Temple-Bar. As senhoras que moram perto de Hill Street e Berkeley e Grosvenor Squares não gostam de ultrapassar essa barreira. Falam nela como se estivesse a um dia de viagem". Por outro lado Richardson participava muito pouco da vida em seu próprio ambiente. Não suportava multidões e por isso deixou de ir à igreja; em sua tipografia preferia supervisionar os operários olhando-os através de um "postigo".[25] Quanto aos prazeres da cidade, eram o caminho da perdição para mulheres abandonadas como Sally Martin em *Clarissa* e faziam-no suspirar de saudade "dos velhos tempos, quando não havia Vauxhalls, Ranelaghs, Marybones e outros locais de diversão".[26] Mesmo a vida das ruas rapidamente se tornava algo que só os pobres podiam partilhar. Não Richardson, a julgar pela descrição de um de seus passeios que fez a lady Bradshaig:

> Uma das mãos geralmente no peito, a outra (segurando) uma bengala, quase sempre sob a aba do casaco, que imperceptivelmente lhe serve de apoio, quando lhe sobrevêm os repentinos tremores e vertigens que o acometem com demasiada frequência. [...] Olhando para a frente, como os transeuntes imaginam, mas observando tudo [...] sem mexer o pescoço curto; quase nunca se volta [...] um passo uniforme, regular, que mais parece roçar o chão do que pisá-lo.[27]

No passo e na postura de Richardson há alguma coisa tipicamente urbana; até seus achaques têm essa característica, pois, como lhe explicou seu amigo, o dr. George Cheyne, são típicos dos que se veem "obrigados a uma ocupação sedentária". Já que os nervos não lhe permitiam cavalgar, Richardson pelo menos devia, segundo o dr. Cheyne, arranjar um cavalo mecânico, um "aparelho vibratório", como o descreveu B. W. Downs,[28] muito usado na época. Mas o exercício não conseguia acalmar-lhe os nervos, e Cheyne diagnosticou o mal como "doença inglesa" ou "hipocondria nervosa", que, confessou, não passava de "uma expressão sucinta para qualquer tipo de distúrbio nervoso",[29] e podia ser considerada como a versão setecentista da neurose da ansiedade, problema típico da psique urbana.

Richardson, portanto, é um exemplo dos muitos efeitos menos saudáveis da urbanização, e quanto a isso contrasta com seu grande contemporâneo Fielding tanto quanto com Defoe. Desse contraste resultaram pronunciadas consequências literárias, conforme apontou mrs. Donnellan, conhecida de Richardson, que, procurando consolá-lo, atribuiu sua má saúde à sensibilidade característica do escritor:

> [...] o azar é que aqueles que nasceram para escrever delicadamente precisam pensar do mesmo modo; aqueles que podem criar uma aflição devem ser capazes de senti-la; e sendo a mente e o corpo tão unidos que um influencia o outro, a delicadeza se comunica e com demasiada frequência encontramos fragilidade e brandura de espírito num corpo igualmente notável por essas qualidades. Tom Jones podia embriagar-se e fazer todo tipo de má ação no auge da alegria pelo restabelecimento do tio. Atrevo-me a dizer que Fielding é um homem robusto, forte.[30]

Fielding tinha de fato muito da robustez do homem do campo, e a disparidade entre os dois romancistas e suas obras pode constituir um exemplo significativo de uma bifurcação fundamental na história da civilização inglesa — sendo o urbano Richardson quem reflete o caminho que leva ao triunfo. D. H. Lawrence percebeu os efeitos morais e literários dessa revolução e recapitulou muitos deles em *Apropos of lady Chatterley's lover* [A propósito do amante de lady Chatterley], sua defesa de um romance cuja abordagem do sexo, podemos dizer, culmina a tendência iniciada por *Pamela*. Em resumo declara que as mudanças econômicas e o protestantismo se reuniram para destruir o senso de harmonia do homem com a vida natural e com seus semelhantes e assim criaram "o sentimento de individualismo e personalidade, que é a existência no isolamento". Essa harmonia existiu "na velha Inglaterra" até meados do século XVIII: "nós a sentimos em Defoe ou Fielding. E depois, na medíocre Jane Austen, desapareceu. Já essa solteirona representa 'personalidade' ao invés de caráter, um profundo conhecer na solidão".[31]

Lawrence era um refugiado da "personalidade" e dos relacionamentos pessoais, de um mundo onde houvesse "apenas gente".[32] E talvez fosse também um refugiado do romance. Pois o mundo do romance é essencialmente o mundo da cidade moderna; ambos apresentam uma visão da vida em que o indivíduo se volta para as relações privadas e pessoais porque já não pode ter uma comunhão maior com a natureza ou a sociedade; e é Richardson, não Jane Austen, o primeiro romancista em que se evidenciam todas as tendências que levam a um profundo conhecer na solidão.

A ligação entre a urbanização e a concentração do romance nas relações pessoais está presente em *Howard's end*, de E. M. Forster. A heroína, Margaret Schlegel, percebe que "Londres era apenas uma amostra dessa civilização nômade que está alterando tão profundamente a natureza humana e que coloca nas relações pessoais um peso maior do que elas jamais carregaram".[33] Parece que a ligação se deve a um dos traços mais universais e característicos da experiência do citadino: ele pertence a muitos grupos sociais — de trabalho, religião, família, lazer —, mas nenhuma pessoa isolada o conhece em todos os seus papéis e vice-versa. A rotina cotidiana não propicia uma rede permanente e confiável de laços sociais, e, como não existe um forte sentido de comunidade ou de padrões comuns, surge a necessidade de uma espécie de segurança emocional e compreensão que só se pode encontrar na intimidade dos relacionamentos pessoais.

Em Defoe há uma ligeira alusão a essa necessidade; os contatos pessoais de Moll Flanders são fugazes e superficiais, mas parece que ela gosta da multiplicidade de seus papéis e o único tipo de segurança que procura é a econômica. Em meados do século, contudo, há indícios de que uma nova atitude estava para surgir. Por exemplo, conforme anuncia o subtítulo do romance *David Simple* (1744), "Através de Londres e Westminster em busca de um amigo de verdade", o herói de Sarah Fielding percorre triste, sozinho e anônimo um ambiente anárquico onde os contatos pessoais são mercenários, fugidios e traiçoeiros.

Com relação a esse ambiente Richardson mantinha uma postura bem semelhante. Mas felizmente havia uma saída: a urbanização oferecia seu próprio antídoto, o subúrbio, que proporcionava um escape das ruas apinhadas e cujo estilo de vida, muito diverso, simbolizava a diferença entre as numerosas relações casuais retratadas nos romances de Defoe e aquelas, mais raras, intensas e introvertidas, apresentadas por Richardson.

Defoe viveu seus últimos anos em Stoke Newington, porém o padrão de vida nos subúrbios ainda era relativamente novo, conforme assinala a introdução à edição de 1839 do *Complete English tradesman*, que comenta com desdém o fato de Defoe "insistir tanto para que as mulheres dos negociantes conheçam a ocupação dos maridos e suas raras alusões às casas de comerciantes de outras cidades [...] mostram que existia em Londres uma simplicidade que hoje só se encontra, talvez, nas cidades de quarta categoria".[34] Logo, porém, o deslocamento dos ricos para o subúrbio tornou-se bem acentuado e na verdade provocou um declínio da população nos limites da cidade.[35] Essa foi uma tendência urbana que Richardson podia seguir sem reservas; nos fins de semana e feriados ele ficava feliz por deixar seu local de trabalho em Salisbury Court, perto do Strand, para usufruir a paz de seus caros refúgios, primeiro no "agradável North End suburbano" e depois de 1754 em Parson's Green. Ambos ficavam em Fulham, que, segundo Kalm, era em 1748 uma "linda cidade", com todas as casas de tijolo, em meio a uma paisagem que "em toda parte é um deleite".[36] Ali Richardson estabeleceu sua pequena propriedade, onde, segundo miss Talbot, "até as aves eram felizes graças a uma série de pequenos artifícios".[37]

O subúrbio é talvez o aspecto mais significativo da segregação de classes no novo padrão urbano. Excluídos os muito ricos e os muito pobres, o padrão da classe média pode se impor sem restrições, longe da gritante imoralidade dos elegantes e da afrontosa miséria dos pobres — a palavra *mob* (populacho) é uma criação do final do século XVII que reflete a crescente aversão e por vezes até o medo que as massas urbanas inspiravam.

Talvez as diferentes implicações das palavras "urbano" e "suburbano" indiquem melhor o contraste entre o velho estilo de vida urbano e o novo padrão social que o substituiu: uma é ideia do Renascimento, a outra é tipicamente vitoriana. "Urbanidade" denota a polidez e a compreensão resultantes da experiência social mais ampla proporcionada pela vida citadina;

abrange o espírito de comédia que, no teatro italiano, francês ou inglês dos séculos XVI e XVII, centraliza-se na vida alegre das ruas e praças, onde as paredes das casas garantem uma privacidade meramente nominal. Por outro lado "suburbano" indica a complacência protegida e o provincianismo do protegido lar da classe média: como disse Mumford, o subúrbio consiste numa "tentativa coletiva de viver uma vida privada";[38] reúne o conforto da sociedade e a segurança da privacidade pessoal; permite a realização de um ideal essencialmente feminino de tranquila domesticidade e seletivas relações pessoais que só o romance podia retratar e que encontra sua primeira expressão literária plena nas obras de Richardson.

A privacidade do subúrbio é essencialmente feminina porque reflete a tendência crescente de considerar o recato da mulher algo muito vulnerável e que, portanto, exige isolamento e proteção; e o isolamento do subúrbio cresceu graças a dois outros fatores: a maior privacidade das casas georgianas e o novo modelo de relações pessoais, possibilitado pela correspondência informal, que envolve um relacionamento mais privado e pessoal, podendo este realizar-se sem que se tenha de deixar a segurança do lar.

Na Idade Média quase toda a vida da família transcorria num aposento comum. Depois se tornaram usuais o dormitório privado e os refeitórios separados para patrões e criados; no século XVIII a privacidade doméstica recebeu os retoques finais. Havia maior tendência a reservar um quarto para cada membro da família e até para os criados; a colocar em cada aposento principal uma lareira a fim de que todos pudessem se isolar quando bem quisessem (um dos detalhes que a dona de casa atualizada notou com aprovação); e as trancas nas portas — ainda uma grande raridade no século XVI — constituíam uma modernização que as pessoas distintas exigiam, como Pamela ao arrumar com mr. B. uma casa para seus pais.[39] Na verdade Pamela tem um bom motivo para prestar atenção nesse detalhe: durante seu calvário o fato de poder trancar a porta dos vários locais onde dormira era uma questão de vida ou de algo pior que a morte.

Outra característica da casa georgiana era o pequeno apartamento privado geralmente contíguo ao dormitório. Continha livros, uma escrivaninha e um armário para tinteiros, penas e outros materiais de escrita; era uma versão antiga do "espaço todo seu" que Virginia Woolf considerava um requisito básico da emancipação feminina; e era o local da liberdade da mulher muito mais que seu equivalente francês, o *boudoir*, pois servia não para esconder amantes, e sim para mantê-los do lado de fora, enquanto Pamela escrevia seu diário e Clarissa contava as novidades a Anna Howe.

Richardson foi um propagandista dessa nova estufa da sensibilidade feminina; numa carta a miss Westcomb, por exemplo, opõe a "tagarelice oca" da conversação social às delícias do relacionamento epistolar para a mulher que faz "de sua saleta íntima seu paraíso".[40] Suas heroínas não participam nem podem participar da vida das ruas e dos lugares públicos com a Moll Flanders de Defoe ou mesmo com a miss Western de Fielding — que Richardson, horrorizado, definiu como uma "Sophia frequentadora de tabernas";[41] moram em casas sólidas, tranquilas e isoladas, que não obstante abrigam em cada aposento uma vida interior fervilhante e complexa. Seu drama se desenrola numa torrente de cartas de uma saleta solitária para outra, cartas escritas por alguém que só para a fim de ouvir com desconfiança passos em outro canto da casa e que comunica uma tensão insuportável quando uma porta se abre e ameaça violar sua preciosa privacidade.

O culto das heroínas de Richardson à correspondência informal constitui um dos traços mais característicos da história literária do século XVIII. A base desse culto residia na grande ampliação do tempo ocioso e na instrução das mulheres da classe média; do ponto de vista material, contava ainda com notável melhoria no sistema postal. Em 1680 qualquer habitante de Londres podia enviar uma carta por um *penny*, e nos anos 20 do século XVIII o serviço de correio era tão barato, rápido e eficiente que, segundo Defoe, não tinha rival em toda a Europa; nas décadas seguintes o sistema postal conheceu grande melhoria no restante do país.[42]

À medida que essa correspondência aumentava, sua natureza se modificava. No século XVI e mesmo antes a maioria das cartas tinha um teor público, referindo-se a questões comerciais, políticas ou diplomáticas. Naturalmente também se escrevia sobre outros assuntos — literatura, problemas familiares e até amor —, mas parece que essas cartas eram um tanto raras e limitadas a um círculo social mais ou menos restrito. Há poucos indícios daquelas "garatujas", como dizia lady Mary Wortley Montagu,[43] tão comuns no século XVIII — a correspondência através da qual pessoas de variadas classes sociais trocavam informações e ideias a respeito de sua vida cotidiana. O telefone oferece um paralelo mais ou menos recente do tipo de mudança que parece ter ocorrido: durante muito tempo reservado para transações importantes, em geral de negócios, à medida que as instalações aumentavam e se barateavam seu uso estendeu-se pouco a pouco, talvez sob influência das mulheres, abrangendo hoje conversas puramente sociais ou até mesmo íntimas.

De qualquer modo não parece inteiramente impossível que, por volta de 1740, uma criada como Pamela mantivesse contato frequente com os pais; e por certo foi a ampla difusão do hábito de escrever cartas que forneceu a Richardson o impulso inicial para elaborar as aventuras de sua heroína, pois dois livreiros sugeriram-lhe que preparasse um volume de *Cartas informais* "num estilo comum, sobre assuntos que possam ser úteis àqueles leitores provincianos que não sabem redigi-las".[44]

A habilidade epistolar de Pamela indica, contudo, uma posição social um pouco mais elevada que a sua — ela definitivamente não precisa que ninguém a ajude a redigir! Na verdade Pamela foi criada segundo o modelo daquelas inúmeras senhoras do século XVIII que seguiam o conselho de Richardson relativo ao emprego do tempo ocioso: "Nos dedos de uma mulher a pena é um instrumento quase tão belo quanto a agulha".[45]

Agora podemos ver mais claramente os principais elos entre a urbanização e a ênfase de Richardson na experiência privada. As mesmas causas que o levaram a rejeitar a vida da cidade e preferir o subúrbio fizeram-no encontrar sua satisfação suprema na correspondência informal, a forma de comunicação pessoal mais adequada ao estilo de vida que o subúrbio representa. Só nesse tipo de relacionamento Richardson conseguia vencer as profundas inibições que o faziam ficar calado e pouco à vontade na presença de outras pessoas e o levaram a preferir comunicar-se com seus empregados na tipografia e até com a própria família através de "pequenos bilhetes".[46] Todas essas inibições eram esquecidas quando ele se dedicava a elaborar correspondências reais ou fictícias; tinha tanta necessidade disso que seus amigos diziam: "Sempre que mr. Richardson se julga doente é porque não tem uma pena na mão".[47]

Só a pena lhe proporcionava a oportunidade de satisfazer duas de suas necessidades psicológicas mais profundas e que de outra forma se excluíam mutuamente: o afastamento da vida social e a expressão emocional. "A pena não gosta de companhia", escreveu. "Ela espera, como posso dizer, apoderar-se de todo o ser do escritor; todos permitem que o escritor se isole." Ao mesmo tempo a pena permitia-lhe fugir da solidão e dedicar-se a um tipo ideal de relacionamento pessoal. Como escreveu a miss Westcomb:

> Na verdade a correspondência é o cimento da amizade; é a declaração de amizade assinada e selada: compromisso de amizade, como posso dizer. Mais pura e contudo mais ardente e menos entrecortada que a conversação pessoal entre os mais puros, por causa da ponderação que permite desde a preparação até o ato de escrever.[48]

A convicção de que a conversação epistolar lhe proporcionava a satisfação emocional que a vida lhe negava era tão grande que Richardson resolveu justificá-la com uma explicação etimológica reveladora, embora errônea: "escrever cartas informais era escrever com o coração [...], como indicava a própria palavra *cor-respondência*", diz Lovelace, e acrescenta: "Não só com o coração; a *alma* também estava ali".[49]

II

Tem-se discutido muito sobre as vantagens e desvantagens literárias da forma epistolar na ficção.[50] As desvantagens são óbvias — a implausibilidade do incessante recurso da pena, a repetição e a prolixidade que o método impõe muitas vezes nos fazem aprovar a imprecação de Lovelace: "Que apodreçam o ganso e a pena do ganso!".[51] A principal vantagem consiste no fato de as cartas serem a prova material mais direta da vida interior de seus autores. Ainda mais que as memórias são, para repetir a frase de Flaubert, "*le réel écrit*", e sua realidade é do tipo que revela as tendências subjetivas e privadas do autor com relação ao destinatário e às pessoas mencionadas, bem como seu próprio íntimo. Conforme o dr. Johnson escreveu a mrs. Thrale: "As cartas de um homem [...] são apenas o espelho de seu peito, tudo que se passa dentro dele revela-se indisfarçado em seu processo natural. Nada é invertido, nada é distorcido, vemos sistemas em seus elementos, descobrimos ações em seus motivos".[52]

O principal problema ao retratar-se a vida interior é a escala temporal. A experiência cotidiana do indivíduo compõe-se de um fluxo incessante de pensamentos, sentimentos e sensações; contudo a maioria das formas literárias — por exemplo, a biografia e até a autobiografia — tendem a ser uma malha temporal muito aberta para conseguir reter sua atualidade; e assim também a memória em geral. No entanto é esse conteúdo de consciência minuto a minuto que constitui a verdadeira personalidade do indivíduo e determina seu relacionamento com os outros: só através do contato com essa consciência o leitor pode participar inteiramente da vida de uma personagem de ficção.

O registro mais próximo dessa consciência na vida comum é a carta particular, e Richardson conhecia bem as vantagens que podia tirar de sua técnica de "escrever para o momento", como dizia. No prefácio de *Clarissa* ele foi mais explícito sobre essa vantagem: "Todas as cartas são escritas quando o coração dos autores está inteiramente envolvido nos assuntos tratados

[...] de modo que contêm uma abundância não só de situações críticas como ainda do que podemos chamar descrições e reflexões *instantâneas*". Esse registro da ação no presente também lhe proporcionava uma grande vantagem sobre a memória autobiográfica que Defoe e Marivaux utilizaram como a base de sua técnica narrativa. Pois, como um crítico da época assinalou numa carta que Richardson reproduziu num posfácio de *Clarissa*, "as minúcias dos fatos, sentimentos e conversações das partes (eram) apresentadas com todo o ardor [...] que deveria predominar no momento mesmo em que ocorreram"; por outro lado, a "ficção anterior em geral, inclusive a de Marivaux, é inteiramente improvável, porque supõe que a história foi escrita depois que a catástrofe encerrou a série de acontecimentos; tal circunstância implica uma capacidade de memória que ultrapassa todo exemplo e toda probabilidade".[53]

O argumento da improbabilidade não convence muito; o método epistolar não é imune a ela e devemos aceitar ambos os métodos pelo que são: convenções literárias. Mas é verdade que o método epistolar leva o escritor a produzir algo aceitável como a transcrição espontânea das reações subjetivas dos protagonistas aos fatos na medida em que estes ocorrem e, assim, romper com a tendência clássica da seletividade e da concisão ainda mais completamente que Defoe. Pois, se os fatos são lembrados muito depois que ocorreram, a memória desempenha uma função mais ou menos semelhante, retendo apenas o que levou a uma ação importante e esquecendo o que foi transitório e malogrado.

A tentativa de transmitir "uma expressão imediata de cada circunstância", como disse o editor em seu prefácio de *Pamela*, evidentemente levou Richardson a muito detalhe superficial e até ridículo. Shenstone parodiou esse aspecto de sua narrativa: "Então eu me sentei e escrevi até que a pena se pôs a arranhar, a arranhar... Homessa, e agora?, digo, o que é que há com essa pena? Então achei que devia pôr um fim na carta, porque a pena seguia arranhando, arranhando".[54] As repetições de Pamela e seu hábito de falar sozinha a respeito de trivialidades realmente suscitam críticas e zombarias; mas até na paródia de Shenstone, sobretudo se lida na íntegra, torna-se evidente que essa mesma tagarelice nos aproxima mais da consciência íntima de Pamela; a sequência de ideias muitas vezes deve ser efêmera e transparente para que possamos ter a certeza de que nada nos foi omitido. Na verdade a própria falta de seletividade nos leva a um envolvimento maior com os fatos e sentimentos descritos: temos de colher aspectos importantes do caráter e do comportamento dentre uma multiplicidade de detalhes, assim como na vida real procuramos encontrar sentido numa série casual de circunstâncias. Esse é o tipo de participação que o romance suscita: dá-nos a sensação de que estamos em contato não com a literatura, mas com a própria vida momentaneamente refletida na mente dos protagonistas.

As tradições epistolares mais antigas não teriam estimulado a narrativa. *Euphues* (1579), de John Lyly, por exemplo, também é uma história exemplar contada por meio de cartas; entretanto, seguindo as tradições literária e epistolar da época, Lyly se empenhou em criar novos modelos de eloquência; as personagens e suas ações têm importância secundária. Na época de *Pamela*, contudo, a maioria das pessoas instruídas pouco se importava com as tradições da retórica elegante e servia-se das cartas apenas para partilhar com um amigo seus pensamentos e atos cotidianos; na verdade o culto da correspondência informal forneceu a Richardson um microfone sintonizado com a experiência privada.

Richardson utilizou uma tradição epistolar essencialmente feminina e até amadora, se considerada do ponto de vista literário; isso também o ajudou a romper com os decoros tradicionais da prosa e a empregar um estilo muito adequado ao tipo de processo mental que interessava a sua narrativa. Nesse como em muitos outros aspectos ele tratou seus propósitos literários com uma consciência e até uma sofisticação bem maiores do que às vezes demonstra; há pelo menos uma forte indicação em *Clarissa* de que ele considerava o próprio estilo literário infinitamente superior aos dos eruditos para seus fins específicos:

Anna Howe nos diz que os "*meros* eruditos" com demasiada frequência "adornam seus trabalhos com *metáforas*; estrondam no *bombástico*; o *sublime* reside nas palavras, não nos sentimentos"; enquanto outros, "mergulhando nos poços *clássicos*, vasculham e bisbilhotam e nunca procuram mostrar o próprio gênio".[55]

Por outro lado as cartas informais de Richardson e suas correspondentes menos cultas eram mais simples e menos conscientes: tudo se subordinava ao objetivo de expressar as ideias que ocorriam no momento em que se escrevia. Isso se evidencia nas cartas reais e nas fictícias, como, por exemplo, no trecho seguinte, endereçado a lady Bradshaigh:

> Outra havia a quem sua alma amava; mas com uma reverência... Cala-te! Pena, aquieta-te!
>
> Uma parada oportuna; onde mais eu podia ter terminado? Essa senhora... como é difícil não mencionar o tema emocionante! Mas hei de evitá-lo. Esse homem não supunha... De novo! Nem mais uma palavra por esta noite.[56]

Aqui há uma ruptura total com o estilo da prosa augustana — condição do sucesso de Richardson em transcrever o drama interior de impulso e inibição.

Nos romances Richardson procura elaborar o que as personagens poderiam escrever em determinadas circunstâncias e para isso utiliza palavras e frases populares. Em *Pamela*, por exemplo, encontramos coloquialismos — *fat-face* [paspalho], *no better than he should be* [ele não vale nada], *you might have beat me down with a feather* [uma pluma poderia derrubar-me][57] — nem elegantes nem mordazes o suficiente para serem usados numa comédia ou numa sátira, e que todavia mostram o ambiente moral e social do livro. Entretanto a inovação linguística mais característica de Richardson estava no vocabulário, e aqui também seu objetivo era criar um veículo literário para a transcrição mais exata dos processos psicológicos. Um panfletista anônimo, por exemplo, disse que Richardson "cunhou muitas palavras e frases novas, o *meditatingly* [meditantemente] de Grandison, os *scrupulosities* [escrupulismos] de tio Selby, e uma grande variedade de outras", que, temia ele, "graças ao laborioso esforço de algum compilador futuro", podiam ser "transferidas para um dicionário".[58] Na verdade essas palavras já haviam sido usadas, embora Richardson pudesse tê-las criado independentemente. De qualquer modo indicam sua característica direção literária: "meditantemente" mostra a necessidade da transcrição precisa das nuanças dos sentimentos das personagens; "escrupulismos" mostra as restrições, grandes e pequenas, que dominam o mundo interior de suas personagens.

Lord Chesterfield percebeu a ligação entre a ruptura com o decoro linguístico e o novo objeto literário. Relacionou a "conversinha banal" de Richardson com seu "grande conhecimento e habilidade de mostrar e tocar o coração" e admitiu que ele "até criou algumas expressões para aqueles pequenos movimentos secretos que são admiráveis".[59] Infelizmente não especificou as palavras que tinha em mente, mas podemos citar três criações de Richardson que corroboram sua opinião: "O parto *matronises* [matroniza] os espíritos mais frívolos"[60] mostra a necessidade de concentrar numa só palavra todo um complexo processo psicológico; em *Clarissa* o termo *personalities* [personalidades] é usado pela primeira vez no sentido de "características individuais" muito antes de se generalizar o uso moderno, no singular; em *Grandison* encontramos *femalities* [mulherices], que na verdade é "uma palavra curiosa mas expressiva de mr. Selby".[61]

A carta, portanto, proporcionou a Richardson um atalho para o coração e estimulou-o a expressar com a maior precisão possível o que ali encontrou, ainda que chocasse os tradicionalistas. Com isso os leitores encontravam em seus romances o registro completo dos próprios sentimentos e o mesmo mergulho num mundo imaginário vibrante de relacionamentos pessoais mais satisfatórios que os da vida real; na verdade autor e leitores continuavam as tendências e os interesses que conduziram à evolução da base formal da técnica narrativa de *Pamela* — a evolução do culto da correspondência informal.

III

No palco ou na narrativa oral a força da carta se perderia: a palavra impressa é o único veículo para esse tipo de efeito literário. É também a única forma possível de comunicação na moderna cultura urbana. Aristóteles achava que o tamanho adequado da cidade devia ser limitado pela necessidade dos cidadãos de conduzirem seus negócios num local público;[62] além desse tamanho a cultura deixa de ser oral e a escrita se torna o principal meio de intercomunicação; e com a invenção da imprensa surge aquela característica da urbanização moderna que Lewis Mumford chamou de "pseudoambiente de papel" no qual só é "visível e real [...] o que foi transferido para o papel".[63]

É difícil analisar a importância literária do novo veículo. Pelo menos é claro que na origem todas as principais formas literárias eram orais, e isso continuou afetando seus objetivos e convenções ainda muito depois da criação da imprensa. Na era elisabetana, por exemplo, não só a poesia, mas também a prosa eram elaboradas tendo-se em vista a declamação. Imprimir não importava tanto quanto agradar mecenas cujo gosto se formara nos velhos modelos orais. Só com o advento do jornalismo surgiu uma nova maneira de escrever que dependia inteiramente da imprensa, e o romance talvez seja o único gênero literário relacionado essencialmente com a palavra impressa: assim, é bastante compreensível que o primeiro romancista inglês fosse um impressor.

A profissão permitiu-lhe criar alguns de seus efeitos literários característicos, como observou F. H. Wilcox: "a forma tipográfica dos escritos de Richardson testemunham sua paixão pela fidelidade ao fato real. Nenhum escritor inglês compreendeu tão bem as possibilidades literárias da pontuação [...] para marcar inflexões e ritmos da conversação real".[64] A liberdade de

Richardson com grifos, tipos grandes e reticências para indicar uma frase incompleta por certo ajudam a transmitir a impressão de uma transcrição literal da realidade, embora muitos de seus contemporâneos os vissem como o resultado de um domínio imperfeito dos recursos normais do estilo literário. Sua opinião talvez encontre alguma justificativa em dois inoportunos artifícios tipográficos de *Clarissa*: as explosões desconexas da heroína são expressas numa barafunda de fragmentos poéticos dispostos em vários ângulos da página, como suas garatujas alucinadas do "Papel X"; e o grito final de Lovelace — "EIS A EXPIAÇÃO" — é registrado em maiúsculas.[65]

Richardson, no entanto, explorou os recursos de seu meio de outras maneiras muito mais importantes. A palavra impressa na comunicação literária tem duas características que derivam de sua total impessoalidade: podemos chamá-las a autoridade e a ilusão, que proporcionam ao romancista uma abordagem narrativa extremamente flexível, pois lhe permitem passar, sem esforço, da voz pública para a voz privada, das realidades da Bolsa de Valores para as realidades do devaneio.

A autoridade da palavra impressa — a convicção de que tudo que está impresso é necessariamente verdadeiro — firmou-se em pouco tempo. Se as baladas de Autólico estavam impressas, Mopsa tinha "certeza de que eram verdadeiras".[66] O estalajadeiro em *Dom Quixote* tem a mesma convicção com relação às novelas de cavalaria.[67] Para o leitor a palavra impressa não é um espécime falível da humanidade — um ator, bardo ou orador que precisa demonstrar-se digno de crédito —, mas uma realidade material que o mundo inteiro pode ver e que sobreviverá a qualquer criatura. O que está impresso não contém a individualidade, a margem de erro, a afirmação de idiossincrasias pessoais presentes até no melhor dos manuscritos; é mais como um decreto impessoal que — em parte porque o Estado e a Igreja imprimem suas mensagens e assim sacramentam o veículo — recebeu o selo da aprovação social universal. Pelo menos instintivamente e até que a experiência nos ensine, não questionamos o que está impresso.

Defoe naturalmente fez grande uso dessa autoridade da palavra impressa: seus relatos tendem para a narração de fatos impessoal e histórica que constitui o método do jornalismo e da reportagem. O jornal que se pretende impessoal deve impedir que o leitor pergunte: "Quem criou isso?".

Complementa a autoridade impessoal da palavra impressa sua capacidade de penetrar completamente na vida subjetiva do leitor. As letras produzidas mecanicamente e portanto idênticas, colocadas na página com absoluta uniformidade, são muito mais impessoais que qualquer manuscrito, porém ao mesmo tempo podem ser lidas de modo muito mais automático: quando esquecemos que temos diante dos olhos uma página impressa, entregamo-nos por inteiro ao mundo de ilusão descrito pelo romance. Reforça esse efeito o fato de em geral lermos sozinhos e de, com o passar do tempo, o livro se tornar uma espécie de extensão de nossa vida pessoal — uma propriedade privada que guardamos no bolso ou embaixo do travesseiro e que nos fala de um mundo íntimo sobre o qual ninguém fala na vida comum, um mundo que antes só encontrava expressão no diário, na confissão ou na carta informal dirigidos a apenas uma pessoa: o próprio autor, o padre ou o amigo íntimo.

A natureza privada da leitura do romance constituía uma necessidade tanto para o autor como para o leitor de *Pamela* ou *Clarissa*. É provável que, por motivos psicológicos, Richardson só se tivesse tornado escritor porque, como ele mesmo disse, tinha "a sombra da personagem do editor para me esconder por trás dela";[68] quanto ao leitor, a observação comum revela que as reações de um grupo tendem a ser muito diferentes das reações que os mesmos indivíduos teriam separadamente. Richardson estava bem consciente disso. Quando o reverendo dr. Lewen insiste com Clarissa para que leve Lovelace ao tribunal por causa do estupro, ela responde com bastante realismo: "Há pouca vantagem *num tribunal* [...] se alguns daqueles apelos em meu favor fossem feitos *fora do tribunal* e para um público *restrito* e *sério*, então pesariam muito contra ele". Um rápido resumo dos fatos indica que Clarissa provocou o próprio destino; somente conhecendo bem seus sentimentos e aspirações e sabendo que Lovelace os compreendeu o bastante para perceber a enormidade de seu ato podemos entender a verdadeira natureza da história. Isso se exemplifica na magistral cena do baile oferecido pelo coronel Ambrose, quando Lovelace conquista a aprovação de um grupo ao qual pertencem muitos amigos de Clarissa sabedores do comportamento do sedutor com relação a ela: até mesmo Anna Howe é incapaz de pronunciar em público o protesto que os sentimentos lhe exigem.[69]

Contudo a principal razão pela qual Richardson confia tanto no tipo de leitura específico do romance é naturalmente sua preocupação com o aspecto mais privado da experiência, a vida sexual. O teatro, pelo menos na Europa ocidental, nunca conseguiu ir muito longe na descrição do comportamento sexual, enquanto no romance Richardson conseguiu apresentar muita coisa que de outro modo seria inaceitável para uma plateia cujo comportamento público, pelo menos, era regido pelos tabus da moralidade puritana.

Clarissa constitui um exemplo extremo do que acabamos de dizer. O papel impessoal e anônimo de Richardson permitiu-lhe projetar suas próprias fantasias secretas num misterioso quarto ao lado: e a privacidade e a anonimidade da palavra impressa colocavam o leitor atrás de um buraco de fechadura através do qual também ele podia espionar sem ser visto e testemunhar um estupro em todas as suas fases, desde os preparativos até a consumação. Nem o leitor nem o autor estavam violando o decoro: encontravam-se na mesma situação da virtuosa jovem de Mandeville que exemplificou a curiosa dualidade das atitudes pública e privada com relação a sexo. Em público seu recato se chocava facilmente, mas "se eles falarem todas as obscenidades que quiserem no quarto vizinho ao da mesma jovem virtuosa, onde ela tem certeza de não ser vista, a dama ouvirá, se não com atenção, pelo menos sem corar".[70] Ironicamente, o próprio Richardson parece que usou um argumento semelhante para se defender daqueles que o censuravam pelas cenas "ardentes" de *Clarissa* que excediam "os limites da decência". Ele escreveu ou fez mr. Urban escrever no *Gentleman's Magazine*: "Uma mulher decente não pode [...] tolerar em ação, e no palco, na presença de mil testemunhas, aquelas cenas que poderiam não lhe suscitar objeções em sua saleta íntima".[71]

Portanto a imprensa proporcionou um veículo literário muito menos sensível à censura de atitudes públicas que o palco e mais adequado à comunicação de sentimentos e fantasias privados. Um resultado disso evidenciou-se particularmente na evolução do romance. Depois de Richardson muitos autores, editores e administradores de bibliotecas circulantes passaram a dedicar-se à produção maciça de ficção que oferecia apenas oportunidades de devaneio. Pelo menos era essa a opinião de Coleridge, numa passagem memorável de *Biographia literaria*:

> Quanto aos aficionados das bibliotecas circulantes, não ouso enaltecer seu *passatempo*, ou melhor, *matatempo*, dando-lhe o nome de leitura. Melhor chamá-lo de uma espécie de devaneio abjeto, durante o qual a mente do sonhador se enche de preguiça e de uma sensibilidade um tanto repulsiva. Enquanto todo o *material* e as imagens da dose são fornecidos *ab extra* por uma espécie de *camera obscura* fabricada na tipografia, que *pro tempore* fixa, reflete e transmite os fantasmas moventes do delírio de um homem para povoar a aridez de uma centena de outros cérebros atormentados pelo mesmo transe ou suspensão de todo bom-senso e de todo propósito definido.[72]

No entanto seria injusto dizer que a principal vantagem do circuito fechado entre Richardson e os leitores, proporcionado pela palavra impressa, era apresentar-lhes o conteúdo de seus próprios devaneios, muito menos possibilitar a descrição de fatos que a censura não permitia apresentar publicamente. Pois a tão comentada "visão da vida pelo buraco da fechadura", que

Richardson sem dúvida usou às vezes com objetivos negativos, é também a base de sua notável investigação do novo campo da experiência privada na literatura. Afinal, devemos lembrar que a expressão não passa de uma forma pejorativa da metáfora através da qual outro grande e dedicado estudioso da vida interior, Henry James, expressou sua convicção de que o autor precisava ser objetivo e imparcial: para ele o papel do romancista na casa da ficção é, se não o de espiar pelo buraco das fechaduras, pelo menos o de "olhar pela janela".[73]

IV

Portanto muitas mudanças técnicas e sociais se conjugaram para que Richardson pudesse apresentar a vida interior das personagens e as complexidades de suas relações pessoais de modo mais completo e convincente do que a literatura fizera até então. Isso acarretou uma identificação mais profunda e intensa entre o leitor e as personagens. Os motivos são óbvios: identificamo-nos não com atos e situações, mas com os próprios agentes, e nunca houve tantas oportunidades de participar sem restrições da vida interior das personagens de ficção como as que Richardson proporcionou ao apresentar o fluxo de consciência de Pamela e Clarissa em suas cartas.

A receptividade dos contemporâneos a seus romances mostra isso claramente. Numa carta que Richardson reproduziu no prefácio de *Pamela* Aaron Hill conta que se transformou em todas as personagens à medida que lia: "De quando em quando sou *Colbrand*, o suíço; entretanto, *por mais* que eu *penetre* nessa personagem, nunca posso escapar de *mrs. Jewkes*, que muitas vezes me mantém acordado à noite".[74] E Edward Young declarou que *Clarissa* era "seu último caso de amor".[75] O testemunho de Diderot mostra que também na França as personagens de Richardson eram vistas como pessoas reais. Em seu *Éloge de Richardson* [Elogio de Richardson] (1761), ele conta como, ao ler *Clarissa*, dizia sem querer à heroína: "Não acredites nele! Ele está te enganando! Se fores, estarás perdida!". À medida que a leitura se aproximava do fim, "experimentava as mesmas sensações de quando se está prestes a separar-se de amigos íntimos com quem se viveu durante muitos anos" e ao terminar o livro "sentiu de repente que havia ficado sozinho". A experiência foi tão desgastante que quando os amigos o viram pensaram que tivesse estado doente e perguntaram-lhe se havia perdido um amigo ou um parente.[76]

Em certa medida a identificação é uma necessidade de toda a literatura, como da vida. O homem é um animal que assume vários papéis; torna-se um ser humano e desenvolve sua personalidade em função de inumeráveis incursões nos pensamentos e sentimentos dos outros;[77] e toda a literatura evidentemente se deve a essa capacidade humana de projetar-se em outras pessoas e em suas situações. Em sua teoria da catarse, por exemplo, Aristóteles supõe que o público se identifica em certa medida com o herói trágico: como podemos nos purgar se não tomando a mesma dose de sais?

Entretanto, como os outros gêneros literários anteriores ao romance, a tragédia grega continha muitos elementos que limitavam a extensão dessa identificação. As circunstâncias da representação teatral, a nobreza do herói e o horror ante seu destino, tudo lembrava à plateia que estava vendo não a vida, mas a arte, e uma arte que mostrava pessoas e situações muito diferentes daquelas do dia a dia.

Por outro lado o romance não continha os elementos que restringiam a identificação, e esse poder mais absoluto sobre a consciência do leitor tem muita relação com os triunfos e as degradações do gênero. Por um lado o romance é capaz de uma sutileza incomparável ao explorar a personalidade e as relações pessoais, como vemos na obra dos maiores autores; D. H. Lawrence achava que "a vasta importância do romance [é sua capacidade] de informar e conduzir a novos lugares o fluxo de nossa consciência compassiva [...] levar nossa compaixão a recuar diante de coisas mortas [...] revelar os lugares mais secretos da vida".[78] Por outro lado esse mesmo poder sobre a consciência, longe de ampliar a percepção psicológica e moral, permite que o romance proporcione uma experiência sexual vicária e uma satisfação dos desejos dos adolescentes.

Richardson tem um lugar único na tradição do romance por haver inaugurado ambas as tendências. Cada descoberta é rica de ironia por ser suscetível desses vários usos, mas há uma ironia particularmente completa nos usos divergentes que Richardson fez de sua descoberta literária em seu primeiro livro: pois *Pamela* constitui um notável estudo psicológico e também uma sondagem, conforme Cheyne escreveu ao autor, daquilo que são Paulo, "como homem educado e fervoroso cristão", proibira ao dizer: "É uma vergonha falares daquelas coisas que fazes em segredo".[79]

Cheyne aludia à pesada acusação de Fielding em *Shamela*: a popularidade de *Pamela* devia-se ao fato de proporcionar estímulo sexual vicário. É interessante notar que a acusação consta de uma carta introdutória de Thomas Tickletext que parodia o elogio de Aaron Hill à capacidade de Richardson de criar uma identificação completa com suas personagens. Diz Tickletext: "se largo o livro, *ele me persegue*. Se fica o dia inteiro martelando-me os ouvidos, à noite toma posse da fantasia. Tem feitiçaria em cada página. Oh, sinto uma emoção até ao falar nisso: parece que vejo Pamela neste momento, despojada de todos os ornatos".

A zombaria de Fielding não era gratuita: algumas cenas de *Pamela* são mais sugestivas que todo o *Decamerão* de Boccaccio, por exemplo, embora à primeira vista tenhamos dificuldade em entender por que deveriam ser assim, considerando as intenções virtuosas de Richardson. Por certo um dos motivos era o maior sigilo que cercava o sexo tanto em Richardson como na sociedade da época. Em Boccaccio os protagonistas, homens e mulheres, falam livremente de seus anseios sexuais; e seus atos são relatados oralmente para uma plateia mista sem que ninguém fique chocado ou excitado. A situação era muito diferente no mundo de Richardson, e o sigilo sobre a vida sexual fez com que cada movimento de mr. B. despertasse a chocada atenção dos leitores de modo muito mais completo do que a abordagem do próprio ato sexual em Boccaccio.

Outro motivo está provavelmente na decência superficial das descrições de Richardson — o que Lawrence definiu como a conjugação "da pureza do morim com as excitações da roupa de baixo".[80] Os moralistas que aprovaram *Pamela* bem podiam conhecer o argumento de Dennis:

> Um grande erro que as pessoas cometem hoje em dia é temer tanto o obsceno e querer tanto o amor. Pois a obscenidade não pode ser muito perigosa, porque é grosseira e chocante; mas o amor é uma paixão tão agradável aos movimentos da natureza corrompida que, vendo-o descrito, vividamente e representado com frequência, uma disposição amorosa se insinua no peito mais casto.[81]

Há motivo para acreditar que Richardson sabia dessa antinomia; referindo-se a Sterne, ele comentou com desdém que "há uma circunstância atenuante para suas obras: são indecentes demais para ser excitantes".[82] Podia ter dito a mesma coisa sobre Boccaccio, e nós poderíamos replicar que nada é menos indecente e contudo mais "excitante" que alguns trechos de *Pamela*.

Porém as cenas eróticas de Richardson são muito mais sugestivas que as de Boccaccio principalmente porque os sentimentos dos agentes envolvidos são muito mais reais. Não podemos conhecer as personagens do *Decamerão*, pois não passam de artifícios necessários para a apresentação de uma situação divertida; conhecemos, no entanto, as personagens de Richardson, e o exaustivo tratamento de suas reações a cada incidente nos leva a imaginar que participamos de cada avanço e recuo tal como se refletem na exaltada sensibilidade de Pamela.

A principal objeção a *Pamela* e à tradição da novela que o livro inaugurou refere-se não tanto a sua obscenidade como ao fato de conferir uma nova força aos velhos truques das histórias de amor.

A história de *Pamela* constitui uma variante moderna do antiquíssimo tema de Cinderela. Como indica a ocupação original das duas heroínas, suas histórias são essencialmente compensações para a monotonia e as limitadas perspectivas da vida doméstica. Projetando-se na heroína as leitoras de *Pamela* conseguiam transformar a impessoalidade e o tédio do mundo real num modelo gratificante em que cada elemento se convertia em algo que proporcionava emoção, admiração e amor. Tais são os atrativos das novelas antigas, e o romance de Richardson leva as marcas de sua origem nesse gênero — desde o nome de Pamela, que é o mesmo da princesa na *Arcadia* de Sidney, até sua afirmação da liberdade da heroína pastoril com relação às realidades econômicas e sociais quando ela propõe buscar refúgio na natureza, e, "como um pássaro no inverno, viver dos frutos da roseira brava e do espinheiro".[83] Mas isso é conto de fada com uma diferença: a fada madrinha, o príncipe e a abóbora cedem lugar à moralidade, a um fidalgo rico e a uma carruagem com seis cavalos.

Sem dúvida é por isso que Richardson, que raramente aprovava qualquer ficção além da sua, conseguiu esquecer que estava muito perto de proporcionar as mesmas satisfações das narrativas fantasiosas das quais zombava. Ele se empenhou tanto em desenvolver uma técnica narrativa mais elaborada que acabou negligenciando o conteúdo ao qual a aplicava — acabou esquecendo que na verdade usava sua capacidade de narrador para recriar o pseudorrealismo do devaneio, para dar uma aparência de autenticidade a um triunfo sobre todos os obstáculos, contrário a qualquer expectativa e, em última análise, tão improvável quanto o de qualquer conto de fadas.

Essa combinação de fantasia e realismo formal aplicada às ações e aos sentimentos é a fórmula que explica a força do romance popular: satisfaz as aspirações românticas do leitor num roteiro literário que apresenta um cenário tão completo e um relato tão detalhado das ideias e dos sentimentos que faz parecer verdade literal o que não passa de gratificação irreal dos sonhos do leitor. Por essa razão o romance popular está mais sujeito à severa censura moral onde o conto de fadas e outras narrativas fantasiosas não estão: pretende ser diferente e, sobretudo graças à força nova do realismo formal — resultante da direção subjetiva que Richardson lhe imprimiu —, confunde realidade e sonho mais insidiosamente que qualquer gênero de ficção anterior.

A confusão não constituía novidade, pelo menos desde *Dom Quixote*. Entretanto, se comparamos *Dom Quixote* com *Madame Bovary*, seu equivalente clássico no tocante aos efeitos do romance, evidencia-se o resultado da junção do aparente realismo de ação e ambiente com a ênfase na vida emocional das personagens. Afinal, dom Quixote é louco, e as distorções produzidas pela narrativa resultam em ações cuja ridícula irrealidade é evidente para todos, às vezes até mesmo para o herói. Emma Bovary tem uma concepção igualmente distorcida da realidade e de seu próprio papel no mundo, mas nem ela nem ninguém percebe as distorções, porque estas existem basicamente na esfera subjetiva e a tentativa de concretizá-las não envolve choques tão óbvios com a realidade como os do herói de Cervantes: ela está enganada não com relação a ovelhas e moinhos de vento, mas com relação a si mesma e a seus envolvimentos pessoais.

Nesse aspecto Emma Bovary presta involuntário tributo à maneira como o acesso do romance à vida interior lhe confere um poder maior e mais duradouro que o das formas de ficção anteriores e muito mais difícil de se evitar ou avaliar. Na verdade, diante desse poder a questão da qualidade literária não é fundamental. O poder do romance sobre a experiência privada influenciou em muito as expectativas e aspirações da consciência moderna; como escreveu, com acerto, madame de Staël:

> *Les romans, même les plus purs, font du mal; ils nous ont appris ce qu'il y a de plus secret dans les sentiments. On ne peut plus rien éprouver sans se souvenir presque de l'avoir lu, et tous les voiles*

du cœur ont été déchirés. Les anciens n'auraient jamais fait ainsi de leur âme un sujet de fiction.[84]*

A concentração do romance na experiência privada e nas relações pessoais evoluiu ligada a uma série de paradoxos. É paradoxal que a mais poderosa identificação vicária do leitor com os sentimentos de personagens fictícias que a literatura já presenciou se devesse justamente à palavra impressa, o meio de comunicação mais impessoal, objetivo e público. É ainda mais paradoxal que o processo de urbanização levasse, nos subúrbios, a um estilo de vida mais recluso e menos social que nunca e, ao mesmo tempo, ajudasse a produzir uma forma literária preocupada menos com o aspecto público da vida e mais com o privado. E também é paradoxal que essas duas tendências se reunissem para que o gênero literário mais realista pudesse subverter a realidade psicológica e social mais completamente que qualquer forma anterior.

Mas o romance é capaz de grande elucidação, sendo natural, portanto, que tenhamos opiniões confusas a respeito do gênero em si e de seu contexto social. Talvez a apresentação mais significativa e abrangente do problema com todas as suas dubiedades se encontre no auge da senda formal aberta por Richardson: o *Ulisses* de James Joyce. Nenhum livro o ultrapassou na transcrição literal de todos os estados da consciência e nenhum, ao enveredar por esse caminho, dependeu tanto do meio impresso. Além do mais, como assinalou Lewis Mumford, seu herói é um símbolo completo da consciência urbana, regurgitando "o conteúdo dos jornais e dos anúncios publicitários, vivendo num inferno de desejos insatisfeitos, vagos anseios, ansiedades debilitantes, mórbidas compulsões e terríveis vazios".[85] Leopold Bloom também é representativo em sua devoção, como leitor,

* Os romances, mesmo os mais puros, fazem mal; ensinaram-nos o que há de mais secreto nos sentimentos. Não podemos experimentar mais nada sem lembrar que o lemos, e todos os véus do coração se rasgaram. Os antigos jamais teriam feito assim de sua alma um assunto de ficção.

às façanhas sexuais vicárias apresentadas por novelas como *Sweets of sin* [Doçuras do pecado], e sua relação com a esposa mostra a adesão do casal a tais delícias, bem como aos clichês que delas derivam. Tipicamente urbano, Bloom não pertence a nenhum grupo social, mas tem uma participação superficial em muitos deles; em nenhum, porém, encontra a carinhosa compreensão e as estáveis relações pessoais que tanto deseja, e a solidão o leva a imaginar que encontrou em Stephen Dedalus o mágico socorro do folclore e do devaneio, o "verdadeiro amigo" que David Simple procurava.

Bloom nada tem de heroico ou de notável; à primeira vista é difícil entender por que alguém quereria escrever sobre ele; e na verdade há uma única razão possível, a mesma que justifica a existência do romance em geral: apesar de tudo que tenhamos a dizer contra Bloom, sua vida interior, se podemos julgar, é infinitamente mais diversificada, interessante e consciente de si mesma e de suas relações pessoais que a de seu protótipo homérico. Nesse aspecto também Leopold Bloom é o clímax das tendências que examinamos aqui: e Richardson, certamente seu parente espiritual, deve ser explicado e, talvez, justificado pelas mesmas razões.

7. RICHARDSON ROMANCISTA: *CLARISSA*

EM 1741 RICHARDSON explicou a Aaron Hill que escrevera *Pamela* na esperança de "poder introduzir um novo tipo de composição literária".[1] A declaração precede a de Fielding, feita no ano seguinte no prefácio de *Joseph Andrews*, e indica que, ao contrário de Defoe, Richardson era um inovador literário consciente.

Com certeza não há nada acidental em *Clarissa*, cujo enredo Richardson já tinha em mente em 1741 e cuja elaboração o ocupou, mais ou menos continuamente, de 1744 a 1749, quando os últimos volumes foram publicados. Tampouco pode haver dúvida de que em *Clarissa*, mais inteiramente ainda que em *Pamela*, Richardson resolveu os principais problemas formais que o romance ainda enfrentava, criando uma estrutura literária na qual estilo narrativo, enredo, personagem e tema moral se organizavam num todo uniforme. Pois, embora *Clarissa* tenha cerca de 1 milhão de palavras e seja quase com certeza o romance mais longo da língua inglesa, Richardson tinha razão ao declarar que "longo como é, o livro não contém uma digressão, um episódio, uma reflexão que não brote naturalmente do assunto e o enriqueça".[2]

I

O uso de cartas em *Clarissa* adequava-se melhor à apresentação das relações pessoais que no primeiro romance de Richardson. Em *Pamela* havia só uma correspondência principal — entre a heroína e os pais — e por conseguinte não havia apresentação direta do ponto de vista de mr. B. e o perfil que tínhamos de Pamela era unilateral. Isso colocava um problema crítico muito semelhante àquele de *Moll Flanders*: era difícil saber até que ponto podíamos aceitar a interpretação que a heroína nos dava de seu caráter e de seus atos. Poderíamos prosseguir com a comparação, pois o fato de que Richardson tinha apenas uma fonte narrativa — a própria Pamela — significava não só que ele às vezes precisava interferir para explicar alguns pontos — por exemplo, como a heroína foi de Bedfordshire para Lincolnshire —, como ainda, mais importante, que a convenção epistolar pouco a pouco deveria se romper, com as cartas transformando-se no "Diário de Pamela"; assim, as últimas partes do romance produzem uma espécie de efeito narrativo que não se diferencia daqueles da memória autobiográfica de Defoe.

Em *Clarissa*, contudo, o método epistolar carrega todo o peso da trama, que, conforme Richardson diz no posfácio, é mais uma "narrativa dramática" que uma "história". Sua diferença principal e evidente com relação ao drama é importante: as personagens se expressam não por meio de falas, mas de cartas — uma distinção que está plenamente de acordo com a natureza intimista e subjetiva do conflito dramático envolvido. O conflito também justifica a maneira como Richardson organizou a narrativa "numa correspondência dupla, porém separada, entre duas jovens virtuosas [...] e dois homens de vida livre"[3] — a divisão formal básica é tanto a expressão da dicotomização dos papéis sexuais que constitui o âmago do tema de Richardson como uma condição essencial da honesta revelação das personagens que uma correspondência mista teria impedido.

Assim, o emprego de duas séries paralelas de cartas apresenta grandes vantagens e também consideráveis dificuldades; não só porque muitas ações têm de ser contadas em separado e, portanto, repetidas, mas também porque há o risco de dispersar a atenção do leitor, entre dois conjuntos diversos de cartas. Entretanto Richardson maneja a sequência narrativa de modo a minimizar tais desvantagens. Às vezes as atitudes dos protagonistas em relação aos mesmos fatos são tão diferentes que não percebemos a repetição; às vezes, porém, o autor interfere para explicar que algumas cartas foram suprimidas ou resumidas — aliás, é importante a diferença entre essa interferência, que se limita a esclarecer o manuseio dos documentos originais, e a que ocorre em *Pamela*, onde o autor se torna o narrador.

Entretanto a principal solução que Richardson encontrou para o problema da narrativa consiste em nos apresentar numerosas cartas de um lado ou de outro e organizar essas unidades de composição de modo a estabelecer uma relação significativa entre a ação e a maneira de narrá-la. No começo, por exemplo, as cartas de Clarissa e Anna Howe ocupam a maior parte dos dois primeiros volumes. Só depois que o caráter e o ambiente das duas mulheres ficaram bem definidos, e também depois que a heroína dá o passo fatal e se coloca sob o domínio de Lovelace, inicia-se a correspondência masculina, que revela de imediato o grande perigo da situação de Clarissa. O clímax da história apresenta outro contraponto eficaz: Lovelace anuncia o estupro, mas o leitor ainda tem de percorrer várias centenas de páginas até conhecer a versão de Clarissa e os fatos que precederam o triste acontecimento. A essa altura já é iminente a morte da protagonista, que precipita outra importante reorganização do modelo epistolar: rompe a rígida canalização de correspondências uma torrente de cartas que cercam Clarissa de atenção e admiração, enquanto Lovelace se torna cada vez mais isolado, até que sua morte é anunciada por um criado francês em viagem.

Para que a simplicidade fundamental da estrutura epistolar não se torne óbvia ou enfadonha Richardson lança mão de vários recursos. Primeiro, o contraste entre os mundos totalmente distintos das correspondências masculina e feminina e dentro deles os contrastes de caráter e temperamento: a ansiosa contenção de Clarissa e a intensa volubilidade de Anna; a instabilidade emocional de Lovelace e a crescente sobriedade de Belford. De quando em quando surgem novos contrastes com a introdução de mais pessoas trocando correspondência, como o solene Anthony, tio de Clarissa, ou o ignorante Joseph Leman, criado de Lovelace, ou o ridículo pedante Brand; ou com a inclusão de incidentes de natureza diversa, desde a descrição completa da miséria física e moral da morte de mrs. Sinclair até a comédia social em algumas cenas de fingimento de que Lovelace participa.

Pois, ao contrário do que em geral se pensa, Richardson tinha consideráveis dotes humorísticos. Tem-se falado muito de seu humor não intencional, presente também em *Clarissa* — por exemplo, na carta da heroína ao irmão em Cambridge dizendo-lhe: "Lamento sinceramente ter motivos para dizer que várias vezes ouvi comentarem que tuas paixões desenfreadas não depõem a favor de tua educação liberal".[4] Mas o livro também encerra boa dose de humor consciente e eficaz; Fielding atribuía "grande parte da autêntica força cômica" à viúva Bevis,[5] e uma intensa ironia, sobretudo na parte central da obra, deriva da interação de personagens e de suas opiniões muito diferentes. Eis um breve exemplo: após o jantar na casa de mrs. Sinclair e antes de Clarissa perceber a verdadeira natureza do local, Lovelace relata secamente o comentário da heroína sobre a imaginária aliança da dissoluta Sally Martin com um negociante de tecidos: "O que miss Martin disse sobre o casamento e sobre sua humilde criada foi muito sensato".[6] O comentário não só reforça a inocência de Clarissa como ainda nos leva a saborear a total ironia da cena, pois Lovelace está escrevendo a Belford sobre a propensão de Clarissa ao "muito sensato".

Richardson também mostra muita habilidade ao variar o ritmo da narrativa: após uma longa preparação, por exemplo, o estupro é relatado com tanta rapidez que provoca surpresa e seu impacto se reflete na atmosfera de horror que se segue. Tais alternâncias se unem ao teor da ação para criar um efeito literário muito característico. A própria lentidão de Richardson transmite uma sensação de tensão contínua e refreada: o ritmo solene, quase processional, da narrativa, com suas repentinas incursões na brutalidade ou na histeria, constitui a perfeita ratificação formal do universo que *Clarissa* retrata, um universo onde a calma superfície da convenção repressiva e da hipocrisia arraigada é momentaneamente — mas apenas momentaneamente — ameaçada pela irrupção das violências secretas que produz e esconde.

Richardson foi tão cuidadoso e hábil na caracterização como na técnica epistolar. No posfácio disse com razão que "as personagens são variadas e naturais; bem diferenciadas e uniformemente fundamentadas". De todas as personagens com alguma importância recebemos uma descrição completa, referente não só a traços físicos e psicológicos, mas também à vida pregressa e às ramificações de sua família e de suas relações pessoais; e na "Conclusão supostamente escrita por mr. Belford" Richardson antecipa uma convenção do romance assumindo a responsabilidade por todas as suas *dramatis personae* e concluindo a narrativa com um breve relato do que lhes ocorreu mais tarde.

É verdade que muitos leitores modernos acham Clarissa bondosa demais e Lovelace malvado demais para serem convincentes, porém assim não pensavam os contemporâneos de Richardson, que o enfureciam, como relata o posfácio, com sua tendência de condenar a heroína por julgá-la "muito fria no amor, muito altiva e às vezes até provocante" e de sucumbir aos encantos dissolutos do herói. "Oh, posso dizer que encontrei mais admiradores de Lovelace que de Clarissa", Richardson lamentou para miss Graigner;[7] e isso apesar de ter acrescentado notas de rodapé ao texto original enfatizando a crueldade e a hipocrisia de Lovelace. Essa atitude muito diferente com relação aos protagonistas de Richardson perdurou por boa parte do século XIX: em 1837 Balzac, por exemplo, achou adequado ilustrar o fato de que uma questão sempre tem dois lados perguntando com o que certamente pretendia ser um floreio retórico: "Quem pode decidir entre uma Clarissa e um Lovelace?".[8]

Por outro lado não há dúvida de que Richardson pretendia apresentar Clarissa como um modelo de virtude feminina — no prefácio declarou que a propunha "como um exemplo para seu sexo" — e que isso coloca barreiras consideráveis entre nós e a heroína. Quando somos informados de que Clarissa conhecia um pouco de latim, distinguia-se pela correção da ortografia e até "dominava com perfeição as quatro regras da aritmética", temos dificuldade em mostrar a devida admiração. A maneira sistemática como a heroína organiza seu tempo parece ridícula, com aquela contabilidade fantástica de "tantas horas debitadas no item visitas de caridade", se por acaso ela economizou na filantropia para dedicar a suas distrações epistolares mais que as três horas diárias de praxe; sentimo-nos gratificados quando Clarissa lamenta que sua queda a privou do prazer de visitar "as choupanas de meus vizinhos mais pobres, de deixar lições para os meninos e advertências para as meninas maiores"; e ansiamos por concessões mais substanciais à fragilidade humana do que aquelas implícitas no comentário de Anna Howe ao admitir que a amiga não se destacou "na execução" de uma pintura.[9]

Nada disso parecia tão ridículo aos contemporâneos de Richardson. Viviam numa época de profundas distinções entre as classes; uma época em que qualquer realização intelectual por parte da mulher suscitava admiração; uma época em que as obras de caridade geralmente se realizavam com uma pompa condescendente. Até o cuidado com que Clarissa organiza seu tempo — extremo sob qualquer padrão — provavelmente encontrou aprovação como uma louvável esquematização de uma tendência puritana.

Portanto os ideais de Richardson com relação a tempo e classe, reunidos à perspectiva literária algo limitada predominante na época — segundo a qual a arte cumpria melhor sua função didática fazendo das personagens paradigmas de vício ou virtude —, explicam muitos aspectos da personalidade de Clarissa que hoje achamos inacreditáveis ou inadequados. De qualquer modo só uma pequena parte do livro precisa desse tipo de defesa: o começo e sobretudo o final, quando os amigos a incensam com elogios fúnebres; durante a maior parte da narrativa nossa atenção se desvia de suas perfeições para as trágicas consequências de seu erro ao deixar a casa paterna para partir com Lovelace. E isso não é tudo: com uma acuidade psicológica que mostra como, em caso de necessidade, Richardson romancista consegue silenciar Richardson autor de manuais de conduta, evidencia-se que esse erro era resultado das próprias qualidades de Clarissa: "Tão desejosa", escarnece de si mesma, "de ser considerada um *exemplo*! Uma vaidade que meus admiradores entusiásticos me colocaram na cabeça! E tão segura de minha própria virtude". Na verdade Richardson, com suprema objetividade, relaciona a queda da heroína a sua tentativa de concretizar os objetivos da campanha de reforma sexual de que já falamos. Clarissa percebe que caiu em poder de Lovelace por causa de seu orgulho, que a levou a acreditar "que eu podia ser um humilde instrumento nas mãos da Providência para regenerar um homem que, julgava eu, no fundo tinha bastante senso para ser regenerado".[10]

Assim, no caso de *Clarissa*, a forte tendência de transformar as personagens em exemplos de lição moral em larga medida é compensada pela tendência igualmente forte, se não mais forte, de projetar a imaginação num mundo literário e psicológico muito mais complexo. Há também algo de sua tendência didática na composição de Lovelace: Richardson recusou-se, por exemplo, a satisfazer os moralistas tacanhos que queriam ver o ateísmo somado aos pecados de Lovelace, pois assim Clarissa não poderia considerá-lo nem como pretendente.[11] Mas as principais objeções ao caráter de Lovelace são de ordem um pouco diferente: objetamos não tanto a sua depravação exemplar como a sua natureza artificial arrogante e obstinada. Sem dúvida Richardson tinha em mente o Lothario do *Fair penitent* [A bela penitente] (1703), de Rowe,[12] além de vários conhecidos seus; "sempre" prestara tanta atenção "aos alardes de libertinagem de um sexo como [...] às dissimulações do outro":[13] e por conseguinte criou uma personagem que não é tanto um indivíduo real como uma mistura de vários traços típicos do dissoluto que recolhera em parte da observação pessoal e em parte de seus vastos conhecimentos do teatro.

Não podemos negar que o caráter de Lovelace tem muito de artificial, mas, conforme veremos, possui também algo de convincentemente humano; e, como no caso de Clarissa, um exame do contexto social da época contribui em muito para rebater as acusações mais pesadas contra a credibilidade da criação de Richardson. Pois o libertino do século XVIII era muito diferente do de hoje. Lovelace é anterior à época em que as escolas públicas impuseram um código de discrição até aos mais hipertônicos biltres aristocráticos;[14] nem o críquete e o golfe proporcionavam canais alternativos para a vazão das energias supérfluas dos homens ociosos. Lady Mary Wortley Montagu nos informa que Philip, duque de Wharton (um dos possíveis modelos para a criação de Lovelace), era, em 1724, o líder de um "comitê de galanteria", os Maquinadores, que se reuniam "três vezes por semana a fim de discutir maquinações galantes para proveito e progresso daquele ramo da felicidade";[15] e há muitos outros indícios de que a obstinada devoção à caça constituía exceção entre os elegantes da época e que dentre os mais jovens muitos preferiam outro tipo de caçada, sem época determinada e cuja presa era humana e feminina.

A temática moral de *Clarissa* suscita objeções algo semelhantes às levantadas a sua caracterização, mas não pode haver dúvida de que o propósito de Richardson, anunciado no título, concretiza-se de modo muito mais cuidadoso que o de Defoe em *Moll Flanders*. Diz o título: *Clarissa: or, The history of a young lady: Comprehending the most important concerns of private life, and particularly showing the distresses that may attend the misconduct both of parents and children, in relation to marriage* [Clarissa: ou A história de uma jovem: Compreendendo os mais importantes aspectos da vida privada, e mostrando particularmente os infortúnios a que pode levar a má conduta de pais e filhos, com relação ao casamento]. O que se segue corrobora a descrição: ambas as partes estão erradas — os pais por tentarem impingir Solmes à filha e esta por aceitar a corte de outro pretendente e partir de casa com ele; e ambas as partes são punidas — Clarissa morre e seus pais, cheios de remorso, não demoram a fazer-lhe companhia no túmulo, enquanto a irmã e o irmão são punidos respectivamente com um marido infiel e com uma esposa que, em lugar da fortuna esperada, leva como dote apenas "um processo judicial para o resto da vida".

No posfácio, contudo, Richardson também declarou um propósito moral mais amplo. Considerando que, "quando o púlpito falha, outros expedientes se fazem necessários", resolveu "dar sua pequena contribuição" para regenerar a era infiel e "introduzir [...] as grandes doutrinas do cristianismo sob o disfarce de divertimento da moda". Se concretizou essa grandiosa ambição é um ponto a discutir seriamente.

O aspecto crucial da questão é a morte de Clarissa. No posfácio Richardson critica a tragédia anterior argumentando que "os poetas trágicos [...] raramente fizeram seus heróis [...] no momento da morte acalentarem uma esperança futura". Ele, ao contrário, orgulha-se de encontrar "boa justificativa no *sistema cristão* para adiar a libertação da virtude sofredora para uma época em que encontrará a *plenitude* de sua recompensa" e prossegue discutindo a teoria da justiça poética, com abundantes citações, em especial do ensaio de Addison sobre o tema publicado no *Spectator*.[16] Isso levou B. W. Downs a dizer que Richardson apenas retomou o tema da "virtude recompensada" de *Pamela* com a única diferença de adiar a "recompensa" e pagá-la "em moeda diferente daquela usada comumente": na verdade apenas "substituiu um ajuste de contas transcendental por um acerto terreno".[17]

Um ajuste de contas transcendental é esteticamente mais satisfatório, nas circunstâncias dadas, do que o acerto bem terreno que encontramos não só em *Pamela* como em muitas obras do século XVIII que procuraram conjugar estilo trágico e final feliz. Mas devemos admitir que Richardson tinha, quando muito, uma noção bem superficial da religião: "suas concepções do cristianismo são genéricas e obscuras",[18] alguém resumiu na *Eclectic Review* (1805). Por outro lado, se rejeitássemos todos os exemplos da arte cristã — ou teologia, no caso — em que alguma forma de recompensa transcendental desempenha papel importante, sobrariam bem poucos, sobretudo no século XVIII; não podemos condenar Richardson nem por partilhar a complacente devoção de sua época, nem por sucumbir à tendência generalizada da visão cristã do pós-vida de modificar o efeito usual da morte do herói trágico.

De qualquer modo a intensa sensação de desperdício e derrota provocada pela morte de Clarissa e a fortaleza da heroína em face do fim conseguiram estabelecer um autêntico equilíbrio trágico entre o horror e a grandiosidade de seu destino — equilíbrio que revela uma imaginação bem mais elevada do que sugeriria a insípida escatologia da defesa crítica de Richardson no posfácio. Mais uma vez, porém, o leitor moderno depara com um obstáculo que parece insuperável: a imensa proporção de detalhes sobre a morte de Clarissa, até o embalsamento e a execução de sua vontade. Temos de admitir que dedicar quase um terço do romance à morte da heroína é excessivo. Por outro lado, podemos explicar em parte esse excesso recorrendo a dados históricos e literários.

O puritanismo se opunha às festas da igreja, mas aprovava os rituais prolongados e até as explosões emocionais no caso de morte e enterro. Por conseguinte o escopo e a importância dos funerais ampliaram-se até atingir uma complexidade inédita na época de Richardson.[19] Mais uma vez, portanto, o que parece uma nota falsa em *Clarissa* mostra na verdade que Richardson atuou como uma sonda, captando as notas predominantes da época — nesse caso, aliás, uma nota que ecoou desde as pirâmides até os cemitérios de Los Angeles no século XX.

Na verdade a última parte de *Clarissa* pertence a uma longa tradição de literatura fúnebre. J. W. Draper mostrou que uma contribuição especificamente puritana à poesia foi a elegia fúnebre;[20] e as reflexões no leito de morte muitas vezes eram publicadas em panfletos de finalidades evangélicas. Esses gêneros subliterários evoluíram numa tendência mais ampla que explorava todos os pensamentos e emoções relacionados com morte e enterro; e a década em que *Clarissa* surgiu presenciou o triunfo desse movimento em obras como *The grave* [O túmulo](1743), de Blair, *Night thoughts on life, death, and immortality* [Pensamentos noturnos sobre vida, morte e imortalidade] (1742-1745), de Edward Young, e as populares *Meditations among the tombs* [Meditações entre os túmulos] (1746-1747), de Herbey, as últimas duas impressas por Richardson.[21]

As obras teológicas referentes à morte também figuravam entre os *best-sellers* da época — como *On death* [Sobre a morte], de Drelincourt, ao qual costumava-se acrescentar, como apêndice, *The apparition of mrs. Veal*, de Defoe. Sem dúvida Richardson pretendia elaborar uma obra desse tipo, um manual sobre morte e enterro. Escreveu a lady Bradshaig esperando que ela colocasse *Clarissa* em sua estante ao lado de *Rule and exercises of holy living and holy dying* [Guia e exercícios para uma vida santa e uma santa morte], de Jeremy Taylor,[22] e teria ficado feliz de saber que Thomas Turner, vendeiro em East Hoathly e admirador de Drelincourt, Sherlock e outros especialistas na literatura da morte, concedeu-lhe o seguinte status: "Minha esposa leu para mim aquela cena comovente do funeral de miss Clarissa Harlowe", escreveu em 1754 e concluiu: "Oh, possa o Ser Supremo dar-me a graça de conduzir minha vida de tal modo que minha partida seja de alguma forma como a daquela divina criatura".[23]

Parece que essa ênfase na morte se deve à convicção de que se poderia combater melhor a crescente secularização do pensamento mostrando que apenas a fé na vida futura fornece um refúgio seguro, longe dos terrores da mortalidade; pelo menos para os ortodoxos o teste da verdade era a morte. Esse era um dos principais temas de *Night thoughts*, de Young; e o próprio Richardson foi responsável pela inserção nas *Conjectures on original composition*, também de Young, de uma história referente a Addison: este chamara um jovem descrente a sua cabeceira para que visse "em que paz um cristão pode morrer".[24] Para nós a preocupação de Clarissa com o próprio caixão só pode parecer afetação mórbida; mas devia parecer uma confirmação convincente de sua força religiosa numa época em que os criminosos de Newgate prestes a ser executados deviam se ajoelhar ao redor de um caixão em seu último domingo de vida e ouvir o "sermão dos condenados".[25]

Parece, pois, que para os contemporâneos a ênfase de Richardson na morte se justificava por si mesma; e talvez só nos reste tentar vê-la sob a mesma luz em que vemos boa parte da escultura barroca fúnebre — esquecer a banalidade do simbolismo e reter apenas o esmero da execução. Ao mesmo tempo devemos reconhecer que Richardson tinha fortes razões literárias para enfatizar tanto a morte da heroína. Precisamos de muito tempo para esquecer as cenas sórdidas pelas quais Clarissa passou e lembrar apenas o esplendor final, o "doce sorriso" que perdura em seu rosto quando o coronel Morden abre o caixão. Precisamos de uma descrição muito completa para poder apreciar, nas palavras de Belford, "a infinita diferença, na mesma situação terrível e emocionante, entre uma consciência boa e outra má". Clarissa encara o fim com trágica serenidade, pedindo a Belford que diga a Lovelace: "Eu morro feliz e desejo que seu último momento seja como o meu".[26] Lovelace, porém, sucumbe de repente, desprevenido, enquanto Richardson planejou narrar a morte de Clarissa lentamente para conferir-lhe toda a aparência de um ato da vontade — não se trata de uma capitulação apressada à mortalidade humana, mas de um belo arranjo feito com os poderes do alto que já a haviam designado como uma eleita.

II

Em *Clarissa*, portanto, Richardson resolveu muitos problemas formais do romance e estabeleceu a relação entre o novo gênero e os mais elevados padrões morais e literários da época. O método epistolar, é bem verdade, não tem o ritmo e a vivacidade do estilo narrativo de Defoe, porém *Clarissa*, ao contrário de *Moll Flanders*, constitui uma obra literária séria e coerente e o maior exemplo do gênero escrito até então, segundo a opinião quase unânime dos contemporâneos tanto na Inglaterra como em outros países. O dr. Johnson considerava Richardson "o maior gênio que já iluminou esse caminho da literatura" e *Clarissa* "o primeiro livro do mundo pelo conhecimento do coração humano que revela".[27] E na *Lettre à D'Alembert* [Carta a

D'Alembert] (1758) Rousseau declarou: "Ninguém, em língua nenhuma, jamais escreveu um romance que se iguale ou se compare a *Clarissa*".[28]

Essa não é a opinião moderna, mas nem por isso está errada. É inegável, porém, que as preocupações morais e sociais da época imiscuíram-se em *Clarissa* com insistência muito maior que nos romances de Defoe ou na obra dos grandes contemporâneos de Richardson e, assim, tendem a diminuir o prazer que o leitor moderno poderia sentir de imediato (como vimos, hoje em dia costuma-se encarar com ironia o moralismo de Defoe; quanto a Fielding, Smollet e Sterne, são basicamente autores cômicos ou satíricos, não exigindo que aceitemos da mesma forma seus padrões). Esse aspecto, a extensão do livro e a tendência eventual de Richardson a uma terrível vulgaridade moral e estilística — que entre os grandes romancistas só encontra paralelo, talvez, em Dreiser — negaram à primeira obra-prima do gênero romance o tributo que recebeu em sua época e que ainda merece.

Merece-o basicamente porque a própria sensibilidade de Richardson com relação aos ditames da época e de sua classe — que tanto contribuíram para dificultar a leitura de *Clarissa* hoje em dia — também ajudou a transformá-lo, em certo sentido, num romance mais moderno que qualquer outro escrito no século XVIII. O profundo envolvimento de Richardson com todos os problemas da nova ideologia sexual e seu empenho em investigar os aspectos privados e subjetivos da experiência humana produziram um romance em que a relação entre os protagonistas representa um universo de conflitos morais e sociais de uma escala e uma complexidade nunca vistas na ficção anterior; depois de *Clarissa* é preciso esperar até Jane Austen ou Stendhal para encontrar um exemplo comparável de uma obra que se desenrola tão livre e profundamente sob o impulso de seus próprios imperativos ficcionais.

Como já se assinalou várias vezes, Richardson vivia obcecado com as diferenças de classe. Talvez não conscientemente; parece que nele se conjugaram uma aguda percepção das diferenças de classe e alguma coisa da democracia moral dos primeiros puritanos que acabou levando à posição vitoriana expressa por G. M. Young segundo a qual "a grande linha divisória [...] é [...] o respeitável e os outros".[29] Parte dessa dualidade talvez seja responsável pelo tratamento insatisfatório da questão da classe social em *Pamela*: a virtuosa indignação com a libertinagem das camadas mais altas se choca com o abjeto respeito da heroína pelo status social de mr. B. Em *Clarissa*, contudo, e talvez porque não existe entre os protagonistas a mesma distância social, Richardson consegue apresentar com muito maior vigor não só o conflito social em si como suas implicações morais.

Tanto Clarissa quanto Lovelace pertencem à camada dos abastados proprietários de terras e têm parentes aristocratas — entre os Harlowe estes figuram apenas na linha materna e de jeito nenhum equivalem a lorde M., tio de Lovelace, ou a suas meio-irmãs. O "caro ideal" dos Harlowe, como Clarissa explica com amargura, é "constituir uma família [...] ideal demasiado frequentemente [...] acalentado por famílias de grandes posses, mas que não pode concretizar-se sem título e posição". A principal esperança de realizar tal ambição repousa em James, o único filho varão: se a fortuna da família, somada às de seus dois tios sem prole, puder se concentrar nele, sua enorme riqueza e o resultante interesse político talvez "o qualificassem [...] para um título de nobreza". Entretanto Lovelace põe em risco a concretização desse objetivo ao cortejar Clarissa. Lovelace tem expectativas ainda maiores, e James receia que os tios encorajem o casamento destinando a Clarissa parte das fortunas que lhe cabem. Por isso, e também por causa de uma animosidade pessoal com relação a Lovelace, mais, talvez, o medo de que a irmã o ultrapasse na corrida por um título, James lança mão de todos os recursos possíveis para que a família a obrigue a casar-se com Solmes. Muito rico, apesar das origens humildes, Solmes não esperaria receber da grandiosa aliança mais que a propriedade do avô de Clarissa, que na verdade já pertence à jovem e cuja perda, portanto, James não pode evitar.[30]

Assim, já no início a heroína é colocada num complexo conflito de lealdades de classe e de família. Solmes é um representante típico da classe média ascendente: "um novo rico [...] que não nasceu para a imensa fortuna que possui", como Clarissa informa com desprezo. Não tem o menor verniz social ou cultural, é fisicamente repulsivo e comete muitos erros de ortografia. Lovelace, por outro lado, parece possuir as qualidades que Clarissa não encontra em seu meio: um proprietário generoso, uma "pessoa de muita leitura, discernimento e bom gosto"[31] e, além disso, corteja-a não por interesse econômico, mas por admirar-lhe sinceramente a beleza e os dotes. Como amante em potencial é imensamente superior aos homens do círculo dos Harlowe — não só a Solmes, mas também a pretendentes anteriores e a Hickman, o insípido admirador de Anna Howe. Portanto Clarissa tem todas as razões para ver nele uma possibilidade de fugir das restrições do estilo de vida dos Harlowe e também da ameaça imediata de ter de se casar com Solmes.

Porém os fatos logo demonstram que Lovelace na verdade ameaça-lhe muito mais perigosamente a liberdade e o respeito por si mesma, e isso por motivos também relacionados com suas ligações sociais. Estão em pauta basicamente sua libertinagem de aristocrata e sua cínica aversão ao casamento, mas acompanham-nas uma repulsa muito consciente às atitudes morais e sociais da classe média em geral. A virtude de Clarissa é seu grande "estimulante", como ele diz, e deve ser vista como uma expressão da superioridade moral da classe à qual a heroína pertence: "Não fossem os *pobres* e os *médios*", comenta Lovelace, "provavelmente o mundo já teria sido destruído pelo fogo do céu". Ele já havia iludido e arruinado uma certa miss Betterton, de uma rica família de comerciantes, que "aspirava a uma nova posição na pequena nobreza"; e um dos fatores que envenenam seu amor por Clarissa é a decisão de conquistar uma vitória muito maior para a própria casta sobre a família Harlowe, que o insultara e que havia surgido "da ralé, como todas as pessoas mais idosas bem se lembram".[32]

Clarissa, portanto, não tem aliados, e isso lhe assenta bem, pois ela é a representante heroica de tudo que existe de livre e positivo no novo individualismo e sobretudo da independência espiritual associada ao puritanismo: como tal cabe-lhe combater todas as forças contrárias à realização do novo conceito — a aristocracia, o sistema de família patriarcal e até o individualismo econômico, cuja evolução estava tão ligada à do puritanismo.

A natureza autoritária da família precipita a tragédia. O pai extrapola seus legítimos direitos: exige que ela não só desista de Lovelace mas ainda se case com Solmes. A isso Clarissa se recusa e numa interessante carta ao tio John expõe a absoluta dependência de seu sexo com relação à escolha matrimonial e conclui que "uma jovem criatura só devia ser obrigada a fazer todos esses sacrifícios pelo homem que ela possa amar".[33]

O autoritarismo patriarcal da família Harlowe é exacerbado pelo domínio irrestrito das normas do individualismo econômico; e Clarissa se vê encurralada entre os dois. Boa parte da animosidade inicial dos irmãos com relação a ela deve-se ao fato de o avô tê-la escolhido para herdar sua propriedade. Com isso o velho desconsiderou a primogenitura e o fato de James ser o único parente capaz de dar continuidade ao nome da família; escolheu Clarissa por mera questão de preferência pessoal, ou seja, em função de um relacionamento individual e não familiar. Para agravar a situação da heroína, James detesta o tradicional sistema de dote: "as filhas são franguinhas criadas para a mesa de outros homens", costuma dizer; e não suporta a ideia de que para isso "se deva reduzir os bens da família".[34]

A autoridade familiar e as atitudes do individualismo econômico não só negam a Clarissa a liberdade de escolha como ainda levam sua família a tratá-la com calculada crueldade, pois, como diz o tio Anthony, ela prefere "um libertino notório [...] a um homem que apenas ama o dinheiro".[35] Aqui Richardson mostra como a rígida moralidade da classe média, aliada a uma preocupação básica com questões materiais, expressa-se num sadismo disfarçado; e um membro de seu círculo, Jane

Collier, reconheceu isso. Em seu *Essay on the art of ingeniously tormenting* [Ensaio sobre a arte de torturar engenhosamente] (1753) — um estudo das perseguições menores na polida vida familiar —, ela comenta "Quanto um velho Harlowe deve se divertir cumulando uma Clarissa de dinheiro, roupas, joias etc., sabendo que tudo que ela lhe pede é um olhar bondoso, uma palavra bondosa".[36]

Uma cena que mostra bem esse tipo de perseguição é aquela em que Arabella tortura a irmã fingindo não perceber que Clarissa não deseja falar sobre o enxoval encomendado para seu casamento com Solmes. Confinada no quarto por causa de sua desobediência, Clarissa relata a visita de Arabella e da tia:

> Minha irmã deixou minha tia refletindo junto à janela, as costas voltadas para nós, e aproveitou a oportunidade para me insultar de modo ainda mais bárbaro: pois, entrando em meu gabinete, apanhou os tecidos que minha mãe me mandara, levou-os para mim e espalhou-os na cadeira a meu lado; e, mostrando um após outro, sobre a manga e o ombro, continuou, com grande tranquilidade aparente, mas aos sussurros, para que minha tia não a ouvisse. *Este*, Clary, é bem bonito; mas *este* é um *encanto*! Eu te aconselharia a aparecer com ele. E *este* seria minha camisola do dia, e *este* meu segundo traje de gala! Querida, não vais mandar arrumar as joias de tua avó? Ou preferes mostrar as joias novas com que mr. Solmes pretende te presentear? Ele está falando em gastar duas ou três mil libras com presentes, minha filha! Oh, Deus, vais ficar deslumbrante! Mas como? Tu te calas, querida?[37]

Clarissa foge dessas opressões e a luta se transfere para um local puramente individual. Mesmo ali, contudo, ela se encontra em grande desvantagem. O simples fato de ter deixado o lar para proteger a própria liberdade e não por amor a Lovelace ofende profundamente o orgulho do jovem; e a questão fundamental que os separa — o casamento — apresenta dificuldades especiais. Para Lovelace consentir no casamento equivale a dar a Clarissa um triunfo muito fácil: significa que "um homem é mais o prêmio da mulher do que esta o dele". Assim, Lovelace lança mão de todas as artimanhas para que o amor da jovem "aflore e se mostre", para que o atrativo de sua masculinidade seja plenamente reconhecido; e só quando falha e teme que "ela pense que pode ser feliz sem mim", usa a força, esperando que pelo menos a pressão da família e a opinião pública a obriguem a permanecer a seu lado.[38]

O modo como Lovelace explora as desvantagens da situação de Clarissa significa que ela continua se defrontando com a questão levantada inicialmente pela tirania dos pais — o poder de todas as forças que negam a seu sexo a justa igualdade em relação aos homens. Na verdade, como Richardson conclui ao discutir *The Fair Penitent*, de Belford, ela está engajada na mesma causa de Calista, a heroína de Rowe, e também pergunta:

> *Wherefore are we*
> *Born wirt high souls, but to assert ourserlves,*
> *Shake off this vile obedience they exact,*
> *And claim an equal empire o'er the world?*[39]*

Ao contrário de Calista, e por ser pura e inocente, Clarissa consegue conquistar seu Lothario com armas espirituais. No começo Lovelace declara-se "um autêntico judeu", convicto de que "as mulheres não têm alma", porém no fim se compenetra da verdade de ponderações que antes não lhe passavam pela cabeça: o comportamento de Clarissa ao longo de suas terríveis provações convence-o de que "com justeza ela me disse [...] que sua alma era superior à minha".[40] Tal é o resultado inesperado de sua tentativa de subjugá-la com os mesmos métodos utilizados para dominar outras mulheres: pela primeira vez ele se

* Para que/ nascemos com alma nobre, se não para vencer,/ Romper com essa infame obediência que eles nos impõem/ E reclamar igual domínio sobre o mundo?

confronta com o fato de que o indivíduo é, afinal, uma entidade espiritual e que Clarissa é superior a ele.

Em certo sentido, portanto, o sexo é irrelevante no triunfo de Clarissa, que anseia pela nova sanção ética interior necessária a uma sociedade individualista e da qual Kant seria o porta-voz filosófico. Seu imperativo categórico baseava-se na premissa de que "as pessoas, pois que sua própria natureza as torna fins em si mesmas [...] não podem ser usadas apenas como meios".[41] Lovelace usa Clarissa — e a todos — como um meio de satisfazer o próprio orgulho de casta, sexo e intelecto; Clarissa a princípio falha aos olhos do mundo porque não usa os outros como meio, mas prova que nenhum indivíduo e nenhuma instituição podem destruir a inviolabilidade interior da personalidade humana. Ao perceber isso Lovelace se apavora, conforme confessa: "Eu nunca soube o que era medo de homem — tampouco de mulher — até que conheci miss Clarissa Harlowe; e, o que é *mais* surpreendente, até que a tive em meu poder".[42]

Se Richardson tivesse parado nesse ponto, *Clarissa* seria uma obra análoga aos retratos posteriores da tragédia do individualismo feminino segundo a tradição puritana, como *Middlemarch* [Meados de março], de George Eliot, e *Portrait of a lady* [Retrato de uma senhora], de Henry James. Os três romances revelam a insuportável disparidade entre expectativa e realidade com a qual se defrontam as mulheres sensíveis na sociedade moderna e as dificuldades que aguardam quem não quer ser usado nem quer usar os outros como meio. Obcecado pela questão sexual, Richardson, contudo, deu ao tema um tratamento mais amplo, menos reticente e, talvez, até mais revelador.

Entre outras coisas Clarissa é a suprema personificação do novo estereótipo feminino, um autêntico paradigma de delicadeza. Esse é um fator crucial em suas relações com Lovelace, que decide não lhe propor casamento, mas agir de modo que a heroína possa ceder sem comprometer sua delicadeza. Ela, porém, se recusa: "Eu me tornaria sua presa à primeira, à *primeiríssima* palavra sua?", pergunta uma vez, e mais outra, quando Lovelace quer saber se ela tem alguma objeção em aguardar alguns dias até que lorde M. possa comparecer ao casamento; então seu senso de "devido decoro" a obriga a responder: "Não, não, não podes pensar que eu imagine haver razão para tanta pressa". Em função disso até Anna Howe acha-a "demasiadamente delicada" e insiste para que Clarissa "consinta em dissipar as dúvidas [de Lovelace]". Mas Richardson assinala numa nota de rodapé que "uma pessoa com sua verdadeira delicadeza de espírito não poderia agir de modo diferente com relação a um homem tão cruel e insolentemente ladino": e na verdade Lovelace compreendeu isso muito bem, conforme explicou a Belford: "Nunca, creio eu, houve na mente humana um recato tão autêntico, tão delicado como o dessa dama [...] isso sempre foi minha certeza".[43]

O forte tabu referente à demonstração dos sentimentos femininos na fase do namoro é, portanto, basicamente responsável pela extensão do impasse entre Clarissa e Lovelace — impasse que se torna cada vez mais grave e desesperado. Com notável objetividade Richardson até faz Lovelace desafiar toda a base do código. Ele se pergunta se as mulheres realmente deveriam se orgulhar das "*protelações* intencionais e estudadas *atribuídas* a elas" com relação ao casamento; "se não seriam indelicadas em sua afetada indelicadeza, pois com isso estariam confessando tacitamente que esperam ser as maiores vencedoras no matrimônio e que há *abnegação* em seu orgulho de postergar".[44]

O próprio Lovelace é um representante do estereótipo masculino contra o qual o código feminino constitui uma defesa. Ele acredita, por exemplo, que a hipócrita timidez do "sexo *passivo*" justifica os métodos violentos utilizados pelos homens. "É cruel pedir o consentimento de uma mulher recatada", afirma e encontra certo apoio nas opiniões de Anna Howe, segundo a qual "nosso sexo se entende melhor com espíritos rudes e turbulentos". Clarissa percebe que a questão é mais ampla e argumenta que uma "mulher recatada" deve "distinguir e querer esposar um homem recatado", como o insípido

Hickman: Lovelace, no entanto, não acredita nisso; as mulheres na verdade não desejam tal amante — "um *homem virgem*... eu garanto!". Pois uma mulher virtuosa pode "esperar [...] a segurança que deseja" casando-se com um devasso, enquanto só pode considerar o homem virtuoso "e ela mesma como duas linhas paralelas, que, embora sigam lado a lado, nunca podem se encontrar".[45]

Como os libertinos e os heróis do teatro da Restauração, Lovelace cultua uma forma aviltada de amor romântico, sublinhando assim seu papel histórico como o representante da atitude cavaleiresca com relação a sexo em conflito com o papel puritano de Clarissa. A paixão sexual é colocada num plano diferente e mais elevado que o arranjo institucional do casamento e assim, embora a divina Clarissa Harlowe quase consiga fazê-lo pensar em "renunciar à *vida de honra* pela *vida de grilhões*", Lovelace ainda espera "convencê-la a viver com [ele] o que chama a vida de honra", na qual lhe prometerá nunca se casar com outra mulher, mas na qual sua felicidade não se corromperá com os ritos do matrimônio.[46]

Pelo menos é esse o plano: vencê-la em seus próprios termos; sempre com a possibilidade de esposá-la mais tarde, depois que sua personalidade e seu código tiverem conquistado o triunfo. "Será que o mundo em geral não me absolverá, se eu me casar?", pergunta. "E que ofensa um *ritual religioso* não consegue, a qualquer momento, reparar? *A catástrofe de toda história que termina em casamento não é tida por feliz?*"[47]

Lovelace talvez esteja tão perto da opinião comum quanto Clarissa, e sua atitude encontra algum apoio na história de *Pamela*. Agora, porém, Richardson tinha um propósito muito mais sério e, como anunciou no prefácio, estava decidido a desafiar "aquela noção perigosa, conquanto demasiado aceita, de que *um dissoluto regenerado se torna o melhor marido*". Assim, apresentou o estupro quando Clarissa se encontrava sob o efeito de narcóticos — o que é talvez a passagem menos convincente do livro, porém serve a numerosos e importantes propósitos morais e literários.

Primeiro, e o mais evidente para a finalidade didática de Richardson, o fato coloca Lovelace além do limite de qualquer concepção de honra e proclama a todos a selvageria existente por trás da aparência elegante da libertinagem; isso o próprio Lovelace acaba percebendo e amaldiçoa-se por haver seguido o conselho de mrs. Sinclair e seu grupo. Não, evidentemente, por causa de qualquer escrúpulo moral, mas porque se trata de admitir o fracasso completo: a seus próprios olhos, pois, como ele diz, "não há triunfo na *força.* Não há conquista sobre a vontade";[48] e aos olhos do mundo, pois, conforme observou, com cinismo, John Dennis:

> O estupro na tragédia constitui um panegírico do sexo frágil [...] pois [...] a mulher [...] deve permanecer inocente e deleitar-se sem seu consentimento; enquanto o homem, tido como um infame vilão, proclama o poder dos encantos femininos, que conseguem levá-lo a perpetrar tão horrenda violência.[49]

Tendo Lovelace descoberto que, contrariamente a sua expectativa, não se trata de "*uma vez vencida* [...], *vencida para sempre*", Clarissa pode demonstrar o equívoco de sua visão do código feminino e desafiá-lo com as famosas palavras: "O homem que foi para mim o vilão que foste nunca me tornará sua esposa". O senso da própria honra é muito mais importante que a reputação aos olhos do mundo; na verdade o código não é uma impostura. Lovelace acredita que o truque do "para o melhor e para o pior" "transformaria em atos de bondade [...] para com mrs. Lovelace todos os males que causei a miss Harlowe", porém sua convicção revela-se infundada, e ele sucumbe às "irresistíveis provas do amor à virtude pela virtude".[50]

Se isso fosse tudo, o conflito de *Clarissa* seria, talvez, simples demais para uma obra tão extensa. Na verdade, porém, a situação é muito mais complexa e problemática.

Freud mostrou como a artificialidade do moderno código sexual "deve levar [os membros da sociedade] à dissimulação da verdade, ao eufemismo, à ilusão com relação a si mesmos e aos outros".[51] Em *Pamela* essa ilusão provoca ironia: o leitor opõe os pretensos motivos da heroína a seu propósito evidente mas em grande parte inconsciente. Em *Clarissa*, contudo, uma inconsciência semelhante da heroína com relação aos anseios sexuais — que os outros poderiam interpretar como falta de autoconhecimento, se não como franca desonestidade — torna-se uma parte importante do desenvolvimento dramático, aprofundando e amplificando o significado da história.

Referindo-se a Clarissa, Johnson observa que "sempre há alguma coisa que ela prefere à verdade".[52] Mas Anna Howe assinala, com justeza, que, no tocante à comunicação das mulheres com os homens, essa hipocrisia é imposta pelo código sexual: pois, como diz ela, se uma mulher expõe o "coração a um homem versado em engodos, ou mesmo a um homem de algum caráter, que vantagem lhe dá sobre ela!".[53] A verdadeira tragédia, no entanto, é que o código leva Clarissa a esconder seus anseios sexuais de Anna Howe e até de sua própria consciência, e isso cria nos primeiros volumes a principal tensão psicológica que despertou a especial admiração de Johnson por Richardson.[54] A correspondência de Clarissa — e em menor medida também a de Lovelace — constitui um estudo absorvente, pois sabemos que nunca podemos considerar qualquer declaração como a verdade completa e literal. Uma das razões da admiração de Johnson talvez fosse que, apesar de acreditar que a alma de um homem "se despe" em suas cartas, ele também sabia que "nenhum intercâmbio apresenta mais fortes tentações à falácia e ao artifício que o epistolar".[55]

Nos primeiros volumes o contraponto dessas duplicidades inconscientes reside no fato de Anna acreditar que Clarissa está apaixonada por Lovelace e não acreditar que a fuga da heroína com o namorado foi acidental e involuntária de sua parte. Adiado o casamento por muito tempo, Anna Howe sente-se na obrigação de escrever a Clarissa: "O que deves fazer, se não fugir dessa casa, dessa casa infernal! Oh, que o coração te permita escapar desse *homem*!". Lovelace apodera-se da carta e a heroína escapa por iniciativa própria. Sem embargo até a metade do livro a situação é ambígua; podemos suspeitar que Clarissa desconhece seus sentimentos; e Lovelace não está inteiramente errado ao atribuir-lhe a "dissimulação feminina de negar [o próprio] amor".[56]

À medida que a história se desenrola, a protagonista pouco a pouco faz essa descoberta. Logo tem motivo para se perguntar "que voltas deu minha cabeça para ditar [palavras] tão estranhas a minha pena", ao escrever uma carta sobre Lovelace; e ao discutir com Anna Howe sobre sua verdadeira atitude com relação a ele acaba questionando se a esperança inicial de regenerá-lo não seria de fato uma máscara para encobrir motivos menos dignos. "Que estranhos seres imperfeitos!", reflete. "Mas o *eu*, que está no fundo de tudo que fazemos e de tudo que queremos, é o grande ilusor." Ela confessa a Anna Howe: "Uma vez escreveste que os homens de sua casta são aqueles de que nosso sexo não desgosta *naturalmente*: enquanto penso que não são (contudo este poderia ser) os homens dos quais *deveríamos* gostar". Clarissa não pode negar que "teria sido capaz de gostar de mr. Lovelace mais que de todos os homens" e que talvez haja alguma justiça na crítica de Anna, ao dizer que não "ouve as vibrações" de seu coração: seu princípio segundo o qual deveríamos "gostar e desgostar de acordo com a razão" não era tão fácil de se pôr em prática; e ela se declara culpada "de uma falta passível de pena" por tê-lo amado — passível de pena porque "qual deve ser esse amor que não tem algum grau de pureza por seu objeto?". Entretanto, como verifica, "amor e ódio" não são "paixões voluntárias" e, assim, embora sem esclarecer inteiramente seus sentimentos, admite que Anna "detectou" sua paixão por Lovelace: "*Detectou*, devo dizer?", pergunta-se e acrescenta, perplexa: "Como posso dizer?".[57]

Ao longo do romance Clarissa aprende mais sobre si mesma, porém ao mesmo tempo aprende mais sobre os artifícios muito mais sórdidos de Lovelace. As pequenas reticências e confusões reveladas na correspondência feminina são insignificantes comparadas com as grandes discrepâncias entre as pretensas atitudes de Lovelace com relação a Clarissa e as falsidades e engodos revelados em suas cartas. O código masculino permite-lhe praticar e até confessar abertamente sua total ausência de honestidade e honra na caça ao sexo oposto. Como diz Belford: "*Nossa honra* e a *honra* na *acepção geral* da palavra são coisas diferentes". E a honra de Lovelace é de tal ordem que ele "nunca mentiu para um homem e praticamente jamais disse a verdade a uma mulher". Em função dessas revelações percebemos que o código que aparentemente torna Clarissa prudente demais não é bastante prudente quando comparado com os meios ultrajantes que os homens utilizam para alcançar seus objetivos. Contudo, se o código de Clarissa engendra a inocência que contribui para colocá-la em poder de Lovelace, pelo menos não envolve a ilusão consciente; e, assim, Lovelace é obrigado a admitir que, como Clarissa não pode "aceitar a mentira e a falsidade, nem mesmo para se salvar", Belford tinha razão ao afirmar que "a provação não é justa".[58]

Os sofismas, conscientes e inconscientes, produzidos pelo código sexual ajudaram Richardson a criar um padrão de surpresa e descobertas psicológicas muito semelhante, em natureza, ao de *Pamela*, embora o contraponto entre ilusão feminina e engodos masculinos seja muito mais amplo e poderoso. Entretanto as investigações das formas inconscientes assumidas pelo impulso sexual também levaram Richardson muito mais longe; e ele acrescentou à já complexa série de dualidades existentes no relacionamento de Lovelace e Clarissa outro conjunto de significados que pode ser visto como a expressão máxima e sem dúvida patológica da dicotomização dos papéis sexuais no campo do inconsciente.

As imagens através das quais apresenta a relação entre os sexos indicam a tendência básica de seu pensamento. Lovelace imagina-se uma águia que alça voo apenas em busca da presa mais alta; Belford diz que ele é "cruel como uma pantera"; e Anna o considera uma hiena. A metáfora da caçada na verdade mostra bem toda a concepção de sexo em Lovelace, que, por exemplo, escreve a Belford: "Começamos crianças, com pássaros, e depois de adultos continuamos com mulheres; e ambos, quem sabe, exercitam nossa crueldade esportiva". Depois exulta ao descrever "os encantadores estágios" através dos quais o pássaro se rende ao captor, assim como espera que Clarissa se renda a ele. E conclui: "Palavra, Jack, há mais de selvagem na natureza humana do que comumente percebemos". Mas Jack já percebeu isso, pelo menos no caso de Lovelace, e replica: "Apraz-vos brincar com o animal e atormentá-lo, seja pássaro ou quadrúpede, desde que o ameis e tenhais algum poder sobre ele".

Sem dúvida o sadismo é a consequência extrema da concepção do papel masculino no século XVIII e atribui à mulher um único papel possível: o de presa. Para usar outra metáfora de Lovelace, o homem é uma aranha, e a mulher é a mosca predestinada.[59]

Essa conceituação da vida sexual tem tido uma ilustre história literária desde Richardson. Mario Praz vê em *Clarissa* o começo do que chama "o tema da donzela perseguida", que foi abordado por Sade e desempenhou papel importante na literatura romântica.[60] Posteriormente, numa forma um tanto mais branda, esse quadro do relacionamento sexual estabeleceu-se na Inglaterra. Assombrava a imaginação vitoriana a eterna iminência de ataques perpetrados contra as mulheres puras por homens cruéis e devassos; e num Rochester ou num Heathcliff a imaginação feminina e puritana de Charlotte e Emily Brontë criou um estereótipo de animalidade aterradora e intelecto diabólico igualmente patológico.

O complemento do macho sádico e sexuado é a fêmea masoquista e assexuada; e em *Clarissa* essa concepção está presente tanto nas imagens relacionadas com a heroína quanto na implicação subjacente da ação central. Com relação às imagens, representam Clarissa a rosa e o lírio: numa ocasião Lovelace a vê como "um lírio com a haste partida, pesado com o orvalho da manhã", e mais tarde a heroína providencia para que seu caixão seja adornado com um lírio branco "pendendo do talo".[61] No campo da ação, pode-se considerar o estupro — realizado quando Clarissa se encontra inconsciente, sob o efeito de narcóticos — como o ponto culminante da concepção do papel sexual da mulher como o de passiva sofredora: sugere que a animalidade do homem só pode alcançar seu objetivo quando o espírito da mulher está ausente.

E Clarissa morre. O intercurso sexual significa a morte para a mulher. Não é muito claro o que Richardson pretendia com isso, mas pode-se observar que em *Pamela* ele já havia revelado uma notável percepção do simbolismo do inconsciente. Aterrorizada com mr. B., a heroína imagina que ele a persegue sob a forma de um touro com os olhos injetados de sangue; mais tarde, ante a perspectiva de um desfecho feliz, ela sonha com a escada de Jacó.[62] Antes de fugir de casa, Clarissa sonha que Lovelace a apunhala no coração; depois, conta, "jogou-me numa cova profunda, já aberta, entre duas ou três carcaças meio decompostas; com as mãos lançou sobre mim pó e terra e calcou-os com os pés".[63] O sonho constitui basicamente uma expressão macabra do medo que Clarissa tem de Lovelace; mas também o permeia a ideia de que o intercurso sexual é uma espécie de aniquilamento.

Essa relação está presente na última parte da história. Embora tema Lovelace, a heroína parte com ele; e depois, quando as intenções do sedutor se tornam mais evidentes, várias vezes lhe oferece facas e tesouras para que a mate. Lovelace assim relata uma dessas ocasiões: "Descobrindo, com uma violência ainda mais furiosa, parte de seu adorável pescoço, 'aqui, aqui', disse a bela atormentada, 'que entre aqui a ponta de tua misericórdia'". Inconscientemente Clarissa deseja a violação sexual e a morte; e quando a violação ocorre sua equação com a morte é evidente para as duas partes. Lovelace anuncia: "O caso terminou, Clarissa vive" — como se esperasse o contrário. Posteriormente a jovem determina que, se Lovelace insistir "em *vê-la morta*, tendo-a visto UMA VEZ como se estivesse morta, que se satisfaça sua curiosidade".[64]

Em certo sentido a morte vindoura a que Clarissa se refere é um resultado de sua fantasia masoquista no início: tendo equiparado sexo e morte e tendo sido violentada por Lovelace, sua dignidade demanda a consequência esperada: como diz o médico, seu definhamento não é uma questão física, mas "um caso de amor".[65] Richardson não explica bem por que tal destino é inexorável, porém não há dúvida quanto ao fato em si: qualquer outra coisa lhe provaria que seu eu mais profundo estava errado.

Naturalmente essa não é a única causa de sua morte, para a qual concorrem fatores muito complexos. Por exemplo, coaduna-se bem com as convicções de Richardson que Clarissa prefira morrer a carregar o peso de sua profanação — "uma simples *violação imaginária*",[66] diz Lovelace. Contudo há mais de um indício de que o que Clarissa não consegue encarar é não tanto o que Lovelace lhe fez ou a opinião do mundo, mas a ideia de que ela própria não é totalmente inocente.

Essa ideia se explicita num dos fragmentos que ela escreve em seu delírio após o estupro:

> Uma senhora afeiçoou-se muito por um jovem leão, ou um urso, esqueço qual — mas um urso ou um tigre, creio que era. Foi-lhe presenteado quando filhote. Ela o alimentou com a própria mão: acalentou o mau filhote com grande ternura; e brincava com ele sem medo ou apreensão do perigo [...] Mas vede o que aconteceu: afinal, não tendo satisfeito a goela faminta ou tendo-a desagradado alguma vez, [o bicho] retomou sua natureza; e de repente saltou sobre ela e a despedaçou. E quem teve a maior culpa?, pergunto. A fera ou a dama? A dama, por certo! Pois o que *ela* fez era *contrário* à natureza, *contrário* ao caráter, pelo menos; o que ele fez estava *de acordo* com sua própria natureza.[67]

Como homem, Lovelace fez apenas o que se deveria esperar; mas Clarissa agiu contrariamente à natureza ao brincar com ele. Olhando para o passado, talvez ela se lembrasse de que Anna Howe, zombando de si mesma por haver declarado que "não o amaria por nada neste mundo", ironicamente a parabenizara por "ser a primeira de nosso sexo que, segundo ouvi dizer, foi capaz de transformar a seu bel-prazer esse leão, o amor, num cãozinho de estimação". E essa amarga lembrança de seu erro pode tê-la levado a olhar para dentro de si mesma e vislumbrar a verdade: nem ela estava acima do que Lovelace chama as "infames" fraquezas "do sexo e da natureza".[68] Com tal convicção envenenando-lhe a mente, a necessidade de livrar-se do corpo torna-se imperiosa, e ela precisa cumprir ao pé da letra as palavras de são Paulo em *Romanos*: "Regozijo-me na lei de Deus sobre o homem interior. Mas vejo outra lei em meus membros, lutando contra a lei de minha mente [...] Oh, desgraçado que sou! Quem me libertará do corpo desta morte?".

Numa perspectiva histórica, parece claro, a tragédia de Clarissa reflete os efeitos da inferioridade espiritual do puritanismo e de seu medo da carne — efeitos que tendem a evitar a evolução do impulso sexual além dos estágios autista e masoquista. Freud e Horácio concordavam em que *Naturam expellas furca, tamen usque recurret* — opinião que, aliás, era familiar para Richardson, pois Lovelace a cita — e, assim, não surpreende que o *Liebestod* de Clarissa deva sugerir que o impulso erótico fora canalizado em várias direções divergentes. O perverso prazer sensual que ela sente em cada detalhe dos preparativos para a própria morte deve-se basicamente à sensação de que está prestes a encontrar o noivo celestial: "Estou *mais bem preparada* do que para um marido terreno. Nenhuma noiva nunca esteve tão pronta quanto eu. Já foi comprada minha veste nupcial [...] o traje mais simples, *mais adequado* que uma noiva um dia vestiu". Mas o prazer pela morte que se aproxima também tem um forte componente narcisista. Belford conta que "o principal emblema" que ela escolheu para seu caixão "é uma serpente coroada, com a cauda na boca, formando um anel, o símbolo da eternidade" —

sem dúvida, mas também símbolo de um desejo sexual que se consome a si mesmo eternamente.[69]

Podem variar as opiniões sobre os detalhes do significado dos aspectos psicopatológicos de Clarissa, mas não há dúvida de que essa foi uma das direções tomadas pela imaginação de Richardson, que assim revelou uma intuição notável dos sofismas — hoje evidentes — do inconsciente e do subconsciente. Isso se evidencia ainda nas cenas posteriores ao estupro e na carta incoerente de Clarissa a Lovelace — Fielding declarou que superava "tudo que já havia lido".[70] Outro grande admirador contemporâneo, Diderot, considerava o forte de Richardson a investigação dos recessos mais profundos da mente — depoimento de considerável autoridade, tendo em vista seu tratamento do tema em *Le neveu de Rameau* [O sobrinho de Rameau]. Richardson, disse Diderot, é quem

> *porte le flambeau au fond de la caverne; c'est lui qui apprend à discerner les motifs subtils et déshonnêtes qui se cachent et se dérobent sous d'autres motifs qui sont honnêtes et qui se hâtent de se montrer les premiers. Il souffle sur le phantôme sublime qui se présente à l'entrée de la caverne; et le More hideux qu'il masquait s'aperçoit.*[71] *

Essa é certamente a natureza da viagem de descoberta que empreendemos em *Clarissa*; e o Mouro horrendo é sem dúvida a assustadora realidade da vida inconsciente que se esconde no coração mais virtuoso.

Tal interpretação implicaria que a imaginação de Richardson e seu propósito didático nem sempre se harmonizavam; mas isso

* leva a tocha ao fundo da caverna; é ele quem ensina a distinguir os motivos sutis e desonestos que se escondem e se esquivam sob outros motivos que são honestos e se apressam a mostrar-se em primeiro lugar. Ele sopra no fantasma sublime que se apresenta à entrada da caverna; e o Mouro horrendo que ele escondia se revela.

evidentemente não é em si improvável. O exterior decoroso, a voz solene do bispo laico exprime uma parte importante da mente de Richardson, mas não toda a sua mente; e, sendo seus assuntos o que são, é provável que apenas uma superfície ética muito segura, somada ao anonimato da palavra impressa, e uma certa tendência ao sofisma farisaico conseguissem apaziguar seu censor interior e, assim, deixar a imaginação livre para expressar seu profundo interesse em outras áreas de experiência.

Um processo semelhante deve ter ocorrido na criação de Lovelace e Clarissa. Houve provavelmente uma identificação com o libertino muito mais profunda do que Richardson percebeu e que deixou vestígios num comentário como este, de Lovelace: "Se cada libertino, não, cada homem se sentasse, como eu, e escrevesse tudo que lhe passa pela cabeça ou pelo coração e se acusasse com igual liberdade e franqueza, que horda de depravados eu teria para me apoiar!". Alhures a prodigiosa fertilidade da imaginação sexual de Lovelace sugere uma cooperação de seu criador que ultrapassa a necessidade literária. Por exemplo, o plano de Lovelace de descarregar sobre Anna Howe seu desejo de vingança, não só desonrando-a como ainda mandando raptar a mãe da moça para o mesmo torpe propósito, é uma fantasia gratuita, que em nada serve às intenções didáticas de Richardson.[72]

O efeito extremo da identificação inconsciente de Richardson, contudo, pareceria justificar-se inteiramente a partir de um ponto de vista estético. No plano original do romance havia o perigo de Lovelace ser tão cruel e insensível que se tornasse implausível um relacionamento psicológico recíproco e evolutivo com Clarissa. Mas Richardson atenuou as disparidades entre os protagonistas dando a suas respectivas personalidades nuanças psicológicas que contribuem para atenuar a oposição diametral. Abrandou as perfeições de Clarissa sugerindo que seu eu mais profundo tinha aspectos mórbidos — sugestão que na verdade reforça o *pathos* de sua história, mas que em certo sentido a aproxima do mundo de Lovelace; e ao mesmo tempo Richardson nos leva a achar que, assim como a virtude da heroína não deixa de ter suas complexidades, assim também os vícios do vilão podem suscitar piedade.

O nome de Lovelace — fonética e etimologicamente — significa *loveless* [sem amor];[73] e seu código — o do libertino — cegou-o, como o de Clarissa, para seus sentimentos mais profundos. Desde o começo um lado de seu caráter luta continuamente para expressar de modo aberto e decente seu amor pela heroína e muitas vezes quase o consegue. Na verdade Clarissa percebe esse lado oculto de sua natureza e lhe diz:

> Que *sensibilidades* deveis ter suprimido! Que terrível, que rígida deve ser vossa dureza de coração; quem seria capaz de emoções como as que por vezes mostrais; e de sentimentos que por vezes fluem de vossos lábios; no entanto até agora os dominastes a todos, para poder agir como tendes agido, e isso com propósito e premeditação bem determinados.[74]

Essa divisão de Lovelace entre vilania consciente e bondade reprimida fornece ainda outra satisfatória simetria formal para a condução da narrativa. Pois, assim como Clarissa começa amando inconscientemente Lovelace e acaba forçada a reconhecer que na verdade ele não merece seu afeto, assim no início Lovelace sente uma mistura de ódio e amor e termina por amá-la sem reservas, porém depois que tornara impossível a reciprocidade. Clarissa talvez pudesse se casar com ele, até ditando os termos da união, se conhecesse bem seus sentimentos desde o início e não estivesse primeiro tão inconsciente e depois tão assustada a respeito de seu componente sexual; e Lovelace não a teria perdido se conhecesse e liberasse os elementos mais delicados de sua personalidade.

A razão pela qual isso é impossível na verdade é o complemento exato do que provoca o virtual suicídio de Clarissa: o destino de ambos mostra a devastação causada pelos dois códigos que condenam seus seguidores a uma atitude psicológica que torna impossível o amor humano, pois erguem uma barreira intransponível entre a carne e o espírito. Clarissa prefere morrer a reconhecer a carne; Lovelace impede-a de amá-lo porque também estabelece uma divisão igualmente absoluta, apesar de oposta: se deseja "fazê-la provar se é anjo ou mulher", Clarissa não tem outra alternativa senão tomar a decisão que toma, rejeitar a feminilidade no âmbito físico e provar, nas palavras de Lovelace, que "sua frieza é de fato frieza". Para ele também a única possibilidade de salvação está na rejeição de suas ilusões sobre si mesmo, que, como no caso de Clarissa, resumem-se numa projeção de uma falsa ideologia sexual. "Se eu abrir mão de minhas artimanhas", escreve ele num momento de sinceridade, "serei apenas um homem comum." Mas, como Clarissa, está tão apegado aos próprios juízos sobre si mesmo que não consegue mudar; não há saída, e, como Lovelace confessa, "o que fazer com ela ou sem ela, não sei".[75]

Para Lovelace também a morte é a única solução. Embora não seja um suicídio, seu fim assemelha-se ao de Clarissa no sentido de que em parte ele o provocou e fora prevenido num sonho: julgando abraçá-la por fim, vê o firmamento abrir-se para recebê-la e depois, abandonado, sente o chão abrir-se sob seus pés e mergulha num inferno sem fim. A inconsciente premonição se confirma, porém só depois que Lovelace se penitencia, admitindo para seu matador, o coronel Morden, que provocara o próprio destino e implorando à alma bendita de Clarissa que o olhe com piedade e perdão.[76]

Assim termina um relacionamento que, nisso, pelo menos, como os dos grandes amantes do mito e da lenda, perdura para além da morte. Clarissa e Lovelace dependem um do outro tão completa e fatalmente quanto Tristão e Isolda ou Romeu e Julieta; contudo, de acordo com a visão subjetiva do romance, as barreiras que de fato impedem a união dos pobres amantes são subjetivas e, em parte, inconscientes; o destino atua no indivíduo através de várias forças psicológicas, que, sem dúvida, são públicas e sociais, pois as diferenças entre os protagonistas representam conflitos maiores de atitude e ética em sua sociedade, mas também são tão completamente interiorizadas que o conflito se expressa como uma luta entre personalidades e até entre partes diferentes da mesma personalidade.

Esse é o triunfo de Richardson. Até os aspectos mais implausíveis, didáticos ou circunstanciais do enredo e das personagens, até o estupro e o tempo excessivo da morte de Clarissa são levados a um padrão dramático mais amplo de infinita complexidade psicológica. Essa capacidade de dar contínuo enriquecimento e complexidade a uma situação simples faz de Richardson o grande romancista que é; e mostra também que o romance finalmente conquistou a maturidade literária, com recursos formais capazes não só de suportar a grande expansão imaginativa que Richardson deu ao tema, como ainda de afastá-lo do mero didatismo de seus preconceitos críticos para levá-lo a uma penetração tão profunda das personagens que suas experiências participam da aterradora ambiguidade da própria vida humana.

8. FIELDING E A TEORIA ÉPICA DO ROMANCE

COMO SE DEVE a *Pamela* o impulso inicial para a elaboração de *Joseph Andrews*, não podemos dizer que Fielding tenha contribuído tão diretamente quanto Richardson para o surgimento do romance; assim lhe dispensaremos no presente estudo uma abordagem mais sucinta. De qualquer modo sua obra levanta problemas muito diferentes, pois os elementos que a caracterizam têm raízes não tanto na mudança social como na tradição literária neoclássica. Isso apresenta um certo desafio para o argumento básico de nosso estudo: se as principais características de *Tom Jones*, por exemplo, realmente resultam de uma evolução independente e autônoma dentro do mundo literário augustano e se tais características mais tarde se tornaram típicas do romance em geral, é evidente que não podemos sustentar a tese de que a mudança social desempenhou um papel fundamental no surgimento do romance.

A célebre fórmula de Fielding da "epopeia cômica em prosa" sem dúvida empresta alguma autoridade à opinião segundo a qual o romance, longe de ser a única expressão literária da sociedade moderna, é essencialmente uma continuação de uma tradição narrativa muito antiga e prestigiada. Embora lhe falte uma formulação mais sistemática, essa opinião é bastante difundida para merecer algumas considerações. Sendo a epopeia o primeiro exemplo de gênero narrativo extenso e sério, é razoável que emprestasse seu nome à categoria geral que abrange todas as obras do mesmo tipo: e nesse sentido do termo podemos dizer que o romance pertence ao gênero épico. Talvez se possa até ir mais longe e, como Hegel, considerar o romance uma manifestação do espírito da epopeia sob o impacto de um conceito moderno e prosaico da realidade.[1] Entretanto é evidente que as verdadeiras semelhanças são de natureza tão teórica e abstrata que não podemos valorizá-las muito sem negligenciar a maioria das características literárias específicas das duas formas: afinal a epopeia é um gênero oral e poético que aborda as façanhas públicas e em geral notáveis de figuras históricas ou legendárias envolvidas numa aventura coletiva, e nada disso se aplica ao romance.

Certamente não se aplica aos romances de Defoe ou Richardson; e se por acaso suas eventuais observações sobre a epopeia contribuem para esclarecer as diferenças sociais e literárias entre os dois gêneros, consideraremos sucintamente suas opiniões sobre o assunto antes de abordar a concepção da analogia épica em Fielding e a maneira como esta influiu em seus romances.

I

À parte uma oposição convencional entre "o acurado julgamento [...] do imortal Virgílio" e a "invenção e a fantasia mais férteis e copiosas" de Homero,[2] em geral Defoe não tinha a epopeia em alta conta: "É fácil dizer quais são as consequências de confusões populares, contendas privadas e lutas entre facções sem ler Virgílio, Horácio ou Homero", escreveu em *The Review* (1705),[3] e num panfleto intitulado *The felonious treaty* [O tratado da felonia] (1711) disse que o cerco de Troia tinha como único objetivo "resgatar uma meretriz".[4] Essa opinião sobre Helena não era incomum, mas a redução da história inteira a um simples julgamento moral nos lembra como o primado das considerações éticas na opinião literária da classe média podia destruir boa parte do prestígio da literatura clássica. Ao condenar "obscenos autores latinos [como] Tibulo, Propércio e outros, de há muito desacreditados",[5] ou ao lamentar que não houvesse "um moralista entre os gregos, além de Plutarco",[6] Defoe confirma ainda mais essa tendência.

Se não aprovava Homero como moralista, foi ainda mais

explícito em condená-lo como historiador. Um voraz apetite por fatos regia quase exclusivamente seu interesse pela literatura, e o valor de Homero como repositório de fatos tem sérias limitações, como a tradição oral em geral. O assunto já está presente no prefácio de 1704 de *The storm* [A tempestade] e é plenamente desenvolvido no *Essay upon literature* [Ensaio sobre literatura], de Defoe, publicado em 1726.

Literatura para Defoe significa escrever. Sua tese geral é que a arte de escrever constitui um dom divino outorgado por Moisés que permitiu ao homem escapar àquele "costume da tradição tão exagerado e deturpador" — ou seja, a "História oral dos homens e das coisas", que sempre tende a transformar a História em "fábula e fantasia", "biltres" em "heróis" e "heróis" em "deuses". Nesse aspecto Homero foi um grande transgressor. Suas obras são documentos históricos insubstituíveis: nada saberíamos sobre "o cerco de Troia se Homero não o tivesse cantado"; e no entanto infelizmente "até agora não sabemos bem se é uma história ou uma daquelas fábulas de um *penny* dos cantadores de balada".[7]

A última frase resume a referência mais extensa de Defoe a Homero, que ocorre ao longo de uma divertida intervenção na controvérsia sobre a colaboração anônima de Pope na tradução da *Odisseia* de Broome e Fenton. Escrevendo no *Applebee's Journal*, onde a insolência não tinha limites, Defoe argumenta que é ridículo fazer de Pope o alvo das críticas, pois todos os escritores, desde Homero, são plagiários:

> [...] um alegre sujeito de meu conhecimento assegura-me que nosso irmão Homero era culpado do mesmo plagiato. O irmão Homero, deveis saber, era um velho cego, cantador de baladas em Atenas, e andava por lá e por outros lugares da Grécia, cantando suas baladas de porta em porta; só com esta diferença, que as baladas que cantava em geral eram de sua própria lavra. [...] Mas, diz meu amigo, esse Homero, com o passar do tempo, quando adquiriu alguma fama [...] e talvez mais dinheiro do que os poetas deveriam mere-

cer, tornou-se preguiçoso e trapaceiro e arranjou um tal Andronicus, um espartano, e um certo dr. S...l, filósofo de Atenas, ambos muito bons poetas, porém menos eminentes do que ele, para escreverem suas canções; o que, sendo os dois pobres e morrendo de fome, fizeram por uma ninharia. E assim o poeta nunca fez muita coisa, só publicava e vendia as baladas em seu próprio nome, como se as tivesse escrito; e com isso obteve muitos compradores e a bom preço.[8]

Defoe tinha dois precedentes próximos nessa visão de Homero: D'Aubignac e Perrault na França, e mais recentemente Bentley e Henry Felton na Inglaterra consideraram os poemas homéricos coletâneas de canções de um bardo errante;[9] mas parece que a definição de Homero como plagiador e bem-sucedido empresário literário foi inventada para se adequar à discussão do momento. A estratégia de Defoe — reduzir todas as questões literárias a seu equivalente comercial — visava não só a destruir o prestígio da epopeia e das premissas clássicas da cultura augustana, mas também a reduzir os grandes da literatura ao mesmo baixo nível de Grub Street ao qual fora relegado.

Defoe tinha outra importante objeção a Homero: o fato de haver partilhado da credulidade pagã da época. Em *A system of magic* [Um sistema de mágica] (1727), ele conclui, entre outras coisas, que "os gregos eram os mais supersticiosos de todos os adoradores do demônio existentes no mundo, piores que os persas e os caldeus", e que sua literatura religiosa se corrompera com os "truques infernais" do diabo que constantemente "se intromete" com "uma horrível rapsódia de complicada idolatria".[10] Em outra obra, *The history and reality of apparitions* [A história e a realidade das aparições] (1727), Defoe examina as declarações de Homero e Virgílio sobre aparições e conclui, desdenhoso: "Que absurdo, e grande parte dele está aqui, aceitar algo que, de acordo com os princípios cristãos, é tido como tão natural quanto qualquer coisa que não seja imediatamente visível ao olho comum!".[11]

Podemos deixar Defoe aqui, nessa indisfarçada impaciência

com relação à idolatria irracional e imoral dos antigos. Homero podia ter sido uma fonte muito valiosa de informação histórica. Mas, em parte por causa de seu inveterado comércio de baladas, em parte por causa da arraigada superstição da civilização grega, transformou "as guerras reais dos gregos [...] em mera ficção".[12] Se pelo menos tivesse havido em Troia um bom jornalista!

II

Não se poderia esperar do circunspecto temperamento de Richardson o mesmo tipo de opinião pessoal que brotava tão naturalmente de Defoe; no entanto, com duas pequenas exceções,[13] pode-se perceber em seus romances e cartas uma hostilidade semelhante com relação à epopeia.

Richardson antipatizava basicamente com os costumes e a moral contidos no gênero heroico. Seu ataque mais direto está numa carta a lady Bradshaigh, que, segundo parece, iniciou uma correspondência com ele a propósito das terríveis consequências da poesia épica:

> Admiro-vos pelo que dizeis da violenta, belicosa *Ilíada*. Os eruditos, os eruditos judiciosos, se ousassem falar contra um preconceito de milhares de anos em seu favor, estou certo de que achariam possível Homero concordar, pelo menos. Receio que esse poema, [apesar de] nobre como realmente é, tenha causado infinito dano para uma série de gerações; pois a ele, e a sua cópia, a Eneida, deve-se, em larga medida, o espírito selvagem que tem incitado, dos tempos mais antigos a esta época, os homens belicosos, que, piores que leões ou tigres, devastaram a terra e a transformaram num campo de sangue.[14]

As ideias não são originais. Pope escrevera que "o mais chocante" em Homero era "aquele espírito de crueldade que aparece manifestamente demais na *Ilíada*".[15] E dado que na epopeia a guerra é um elemento "essencial, não um acessório",[16] seu mundo moral representa valores estranhos e indesejáveis aos membros de uma sociedade amante da paz. Richardson, contudo, vai muito além e sua explicação sobre o "infinito dano" causado pela *Eneida* é substancialmente nova e antecede a acusação mais genérica de Blake, segundo o qual "foram os clássicos [...] que devastaram a Europa com as guerras!".[17]

A perigosa sanção que o prestígio da epopeia conferia a modelos negativos de comportamento individual constituía uma preocupação permanente de Richardson. Em *Grandison* lady Charlotte repete quase *ipsis litteris* suas opiniões expressas a lady Bradshaigh, mas termina estendendo a acusação:

> homens e mulheres trapaceiam uns com os outros. Mas podemos, em larga medida, agradecer a fascinação à tribo poética. Odeio a todos. Não inflamam as piores paixões? Quanto à epopeia, Alexandre, louco como era, teria sido *tão* louco se não fosse Homero? De que violências, assassinatos, depredações os poetas épicos não foram a causa, propagando falsas honras, falsa glória e falsa religião?[18]

O falso código de honra da epopeia, como o da tragédia heroica, era masculino, belicoso, aristocrático e pagão — portanto, inaceitável para Richardson, cujos romances se dedicam em grande parte a atacar essa ideologia e substituí-la por outra radicalmente diversa, na qual a honra é interior, espiritual e acessível, sem distinção de classe ou sexo, a todos que tenham vontade de agir moralmente.

Em Richardson a maior demonstração do novo tipo de heroísmo foi *Sir Charles Grandison*, resultado, como ele declarou no prefácio, da insistência dos amigos para que "levasse a público o caráter e os atos de um VERDADEIRO homem de HONRA": e o livro destaca a importante questão social sobre a qual diferem o novo e o velho código de honra: a questão do duelo. Grandison é um espadachim admirável, mas tão avesso a esse costume bárbaro que até recusa um desafio. Na "Nota de conclusão" Richardson defende com firmeza essa atitude. Reitera a oposição de Harriet Byron ao velho código — "Criminosa, vil palavra *honra!* [...] o extremo oposto de dever, bondade, piedade, religião" —;[19] declara que a "noção de honra evidentemente é absurda e danosa"; e insiste que os desafios para o duelo não passam de "polidos *convites ao assassinato*" que todo homem de princípios cristãos deve recusar, pois "a verdadeira bravura consiste em cumprir todos os deveres mesmo em circunstâncias adversas".

Em *Grandison*, bem como em *Pamela* e *Clarissa*, há muitos outros elementos que corroboram a opinião segundo a qual os romances de Richardson representam o auge de um movimento já antigo da apologética cristã e da classe média contra o fascínio das virtudes pagãs e guerreiras. Steele perguntou-se "por que o pagão se empertiga e o cristão se esgueira em nossa imaginação?".[20] Defoe achava que a verdadeira prova de coragem era "ousar ser bom".[21] Richardson apresentou modelos dessa ousadia: contudo o conflito entre os ideais ativos e extrovertidos do mundo homérico e seu próprio estilo de vida evidencia-se mais, talvez, na sedentária e suburbana reflexão feita a miss Highmore: "Num mundo como este, e com um coração sensível, o contentamento é heroísmo!".[22]

A simples aversão às virtudes heroicas talvez bastasse para Richardson rejeitar a epopeia como modelo literário, mas naturalmente havia muitas outras razões para isso.

Na primeira metade do século XVIII percebiam-se cada vez mais as grandes e numerosas disparidades entre o mundo homérico e o contemporâneo. Thomas Blackwell expressou bem isso, apresentando em *Enquiry into the life and writings of Homer* [Estudo sobre a vida e a obra de Homero] (1735) uma resposta bastante detalhada a uma questão muito discutida: por que nenhum poeta conseguiu alcançar a grandeza da *Ilíada* ou da *Odisseia*. A tese básica era a de que Homero encontrara em seu meio social vantagens poéticas únicas, que não poderiam repetir-se na Inglaterra setecentista; tendo vivido num período de transição entre a barbárie total e a indolência de uma civilização comercial, Homero exultara com uma cultura naturalmente heroica, na qual "viver de pilhagens conferia uma reputação de força e bravura". E seu público compunha-se não dos "habitantes de uma grande cidade suntuosa", porém de gente mais simples e guerreira que queria ouvir o relato das "proezas de seus ancestrais".[23]

Três das aplicações que Blackwell faz desse contraste referem-se às diferenças entre a epopeia e o romance em geral e às condições fundamentais das inovações literárias de Richardson em particular. Homero compôs seus poemas, diz Blackwell, "para serem *recitados* ou cantados para um *grupo*, e não lidos em privado ou folheados num livro". Em segundo lugar, "o *grego natural* [...] não dissimulava seus sentimentos", e quanto a isso Blackwell os preferia a seus contemporâneos "mais refinados porém *hipócritas*". Por fim, como a epopeia retrata "costumes *mais naturais*", segue-se que não só o autor contemporâneo devia "*desaprender* [seu] cotidiano" para "poetizar nos estilos mais elevados", como também o leitor da epopeia devia projetar-se em pessoas e situações que provavelmente acharia incomuns e desagradáveis. Portanto, apesar de todo o seu entusiasmo por Homero, Blackwell se vê forçado a concluir que seu protetor "pode lamentar o silêncio das musas, porém estou convencido de que vossa senhoria também desejará que nunca *sejamos um tema adequado para um poema heroico*".[24]

Blackwell ainda explica a impopularidade da epopeia e a popularidade do romance entre o público leitor de seu tempo. Pode-se imaginar que a epopeia era impopular partindo, por exemplo, do conselho que Richardson deu a Aaron Hill em 1744: quando publicasse seu *Gideon, an epic poem* [Gedeão, poema épico], não "o chamasse de epopeia no frontispício, pois centenas que veem o título não verão, ao mesmo tempo, tua admirável definição do termo".[25] Essa impopularidade devia ter relação com o fato de que ler uma epopeia implicava um esforço contínuo para excluir as expectativas normais da vida cotidiana contemporânea — as mesmas expectativas que o romance explorou. Addison já dissera no *Spectator* que, lendo Homero, era difícil não achar que se lia "a História de outra raça";[26] e Voltaire, em seu *Essay on epic poetry* [Ensaio sobre a poesia épica] (1727), mostrou o contraste entre as maneiras como seus contemporâneos liam a *Ilíada* e *Zaïde* de madame de La Fayette: "É muito estranho, e contudo verdadeiro, que entre os mais cultos e os maiores admiradores da Antiguidade dificilmente se encontra alguém que tenha lido a *Ilíada* com a avidez e o deslumbramento que uma mulher sente ao ler o romance de Zaïde".[27]

As admiradoras de *Zaïde* — e de *Pamela* — não só deviam encontrar dificuldades em identificar-se com as personagens de Homero, como certamente ficavam chocadas com o tratamento dispensado a seu sexo. Os gregos, diz Blackwell, não se envergonhavam de "seus apetites naturais";[28] e, como escreveria mais tarde James Machpherson, "dentre todos os poetas antigos Homero [é o que] usa o sexo com menor cerimônia".[29] Essa escandalosa indelicadeza também contribui para a antipatia de Richardson: seus ataques à epopeia eram estimulados por uma correspondente e expressos basicamente através de suas personagens femininas. Em *Sir Charles Grandison*, por exemplo, Harriet Byron defende com ardor a épica cristã e de Milton, e combate Homero, citando os artigos de Addison no *Spectator* e "o admirável mr. Deane" para fundamentar sua posição; por outro lado Homero recebe o pior tipo de apoio: o elogio de pedantes como mr. Walden ou de mulheres masculinizadas (uma verdadeira desgraça para o sexo feminino) como miss Barnevelt, sobre a qual miss Byron diz a miss Selby, num tom que lembra o comentário horrorizado de Richardson a lady Bradshaigh, que "Aquiles, o selvagem Aquiles, encantou-a".[30] Ainda pior, talvez, é o fato de o infame Lovelace também estar imbuído do espírito da epopeia. Ele justifica o que fez com Clarissa perguntando a Belford se não merece o perdão "tanto quanto Virgílio em relação a Dido"; e ainda é descarado o bastante para argumentar que, não tendo "a metade da obrigação para com ela que Eneias tinha para com a rainha de Cartago", não há por que não deva ser "o *pio* Lovelace, assim como o *pio* Eneias".[31]

No final do século XVIII o ensaísta Martin Sherlock expressou uma opinião bastante difundida ao escrever que a desgraça de Richardson "era não conhecer os antigos".[32] O contrário é bem mais provável, pelo menos no tocante à originalidade literária, e é significativo que em seus últimos anos Richardson tivesse se tornado um ardente defensor dos modernos contra os antigos. Evidencia isso sua participação na elaboração de *Conjectures on original composition in a letter to the author of* Sir Charles Grandison [Conjecturas sobre a composição original numa carta ao autor de *Sir Charles Grandison*] (1759), de Edward Young, onde, como A. D. McKillop mostrou,[33] foi responsável por acirrar a polêmica de Young na direção de uma nova hierarquia anticlássica dos valores literários. Um trecho famoso das *Conjectures* — escrito na verdade por Richardson — indica que ele tinha um interesse pessoal na controvérsia:

> Afinal, os primeiros antigos não tinham mérito em ser originais: não podiam ser imitadores. Os autores modernos devem escolher; e portanto têm um mérito em seu alcance. Podem pairar nas esferas da liberdade ou deixar-se prender nos suaves grilhões da imitação fácil; e a imitação tem tantas razões plausíveis para seduzir como o prazer tinha a oferecer a Hércules. Hércules fez a escolha de um herói e, assim, tornou-se imortal.[34]

O objetivo de Richardson é evidente. Ele era original, não porque as circunstâncias o obrigassem, como fora o caso de Homero, mas porque rejeitara deliberadamente os modelos existentes. O novo Hércules literário estava sendo corajoso *a posteriori*, pois não temos indicações de uma preocupação séria de sua parte com relação aos modelos literários antes da conclusão de *Clarissa*. Mas devemos aceitar parte do argumento: a originalidade que lhe assegurou a imortalidade tinha relação — por acaso ou de propósito — com o fato de Richardson preterir os modelos literários estabelecidos em favor de sua nítida percepção da vida e com os métodos nada convencionais porém muito adequados que lhe permitiram expressá-la direta e naturalmente.

III

Ao contrário de Defoe e Richardson, Fielding estava mergulhado na tradição clássica e, embora não se curvasse passivamente às normas, achava que a crescente anarquia do gosto literário exigia medidas drásticas. No *Covent Garden Journal*, por exemplo, propôs: "Nenhum autor deve ser admitido na Ordem dos Críticos até que tenha lido e compreendido Aristóteles, Horácio e Longino na língua original".[35]

Tais qualificações eram necessárias para proteger o novo reino da ficção contra o que George Eliot chamou de "invasões de mera imbecilidade canhestra"; "uma boa dose de conhecimento", diz Fielding em *Tom Jones*, constituía um requisito essencial para quem desejasse escrever "histórias como estas",[36] e tal conhecimento sem dúvida deveria incluir latim e grego.

De acordo com essa posição, em *Joseph Andrews* (1742), seu primeiro romance, Fielding deve ter tido dificuldade em justificar a obra para si mesmo e para seus pares literários alinhando-a na tradição crítica clássica. E não pode haver muita dúvida quanto à direção que essa justificativa tomaria. Muitos escritores e críticos mais antigos, notadamente da ficção francesa do século XVII, achavam que qualquer imitação da vida humana em forma narrativa devia seguir, na medida do possível, as regras da epopeia estabelecidas por Aristóteles e seus inúmeros intérpretes; e Fielding — ao que parece com muita independência — partiu do mesmo ponto de vista.[37]

Iniciou seu prefácio sugerindo, talvez com alguma condescendência, que o leitor inglês comum pode ter uma ideia da novelística muito diferente daquela do autor destes pequenos volumes [...] e, assim, pode não ser inconveniente dizer umas poucas palavras sobre esse tipo de literatura, que não me lembro de até agora ter visto tentar-se em nossa língua.

E continuou:

A epopeia, como o drama teatral, divide-se em tragédia e comédia. Homero, que foi o pai dessa espécie de poesia, deixou-nos um modelo de ambas, embora o da última tenha se perdido inteiramente; o que Aristóteles nos diz tem a mesma relação com a comédia que sua *Ilíada* com a tragédia. [...]

E mais, como essa poesia pode ser trágica ou cômica, não hesitarei em dizer que pode ser igualmente em verso ou em prosa; pois embora demande um particular, que o crítico especifica nas partes componentes de um poema épico — a saber, a métrica —, quando qualquer tipo de obra contém todas as outras partes, como enredo, ação, personagens, sentimentos e estilo, e é deficiente apenas na métrica, parece, creio, razoável remetê-la à epopeia; pelo menos se nenhum crítico achou adequado classificá-la sob outro título ou atribuir-lhe uma designação particular.

O argumento para "remeter" seu romance ao gênero épico é fraco: *Joseph Andrews* sem dúvida tem cinco das seis partes que Aristóteles estabeleceu para a epopeia; mas é impossível conceber qualquer narrativa que não tenha "enredo, ação, personagens, sentimentos e estilo".

A posse desses cinco elementos certamente não contribuiu em nada para elucidar a distinção que Fielding continua a estabelecer entre a prosa épica e a novelística francesa:

Assim, o *Telemachus* do arcebispo de Cambray parece-me pertencer ao gênero épico, bem como a *Odisseia* de Homero;

na verdade é muito mais justo e razoável dar-lhe um nome comum com aquela espécie da qual difere apenas num aspecto que confundi-lo com aquelas às quais não se assemelha em nenhum outro. Tais são aquelas obras volumosas, geralmente chamadas novelas, a saber, *Clelia*, *Cleopatra*, *Astrae*, *Cassandra*, o *Grand Cyrus* e inumeráveis outras, que contêm, como entendo, bem pouca instrução ou entretenimento.

A distinção entre o *Télémaque* de Fénelon e as novelas heroicas francesas baseia-se inteiramente num fator novo, "instrução ou entretenimento", que constitui uma questão de julgamento pessoal e, portanto, é muito difícil de ajustar-se a qualquer esquema analítico geral. Assim, não surpreende que, ao distinguir entre sua própria "epopeia cômica em prosa" e a epopeia séria e seus análogos em prosa, Fielding tampouco use esse critério, mas aplique a distinção aristotélica entre sério e cômico de um modo que na verdade colocaria todas as novelas francesas na mesma categoria da *Odisseia* e *Télémaque*:

> Agora uma novela cômica é um poema épico cômico em prosa; difere da comédia como a epopeia séria da tragédia; sua ação é mais extensa e abrangente; contém um círculo muito mais amplo de incidentes e introduz uma variedade maior de personagens. Difere da novela séria no enredo e na ação porque numa estes são graves e solenes, enquanto na outra são leves e ridículos; difere em suas personagens, introduzindo pessoas de costumes [...] inferiores, enquanto a novela séria nos apresenta os seres mais elevados; por fim, em seus sentimentos e estilo, preservando o jocoso em lugar do sublime.

Isso completa a exposição crítica da analogia épica no prefácio de *Joseph Andrews*. É evidente que todo o peso do argumento recai sobre o termo cômico e o restante do prefácio, compreendendo cerca de cinco sextos do total, é dedicado ao desenvolvimento de suas ideias sobre "o jocoso". Tudo isso acompanhado de considerações sobre a analogia épica; pois, como *Margites*, de Homero, se perdeu e a epopeia cômica recebeu apenas uma breve menção na *Poética*, as tentativas de Fielding para alinhar seu romance com a doutrina clássica não podiam apoiar-se nem num paralelo literário existente nem no precedente teórico.

Antes de examinar os efeitos práticos da analogia épica nos romances, talvez devamos assinalar que o que reproduzimos anteriormente constitui quase tudo que Fielding disse a respeito da epopeia cômica em prosa. *Joseph Andrews* foi elaborada às pressas e com intenções algo confusas, iniciada como uma paródia de *Pamela* e continuada no espírito de Cervantes; e isso talvez indique que não se deve dar demasiada importância ao prefácio, que na verdade não esboça uma teoria completa da ficção; apenas, como o próprio Fielding diz, contém "algumas poucas sugestões". A fórmula da "epopeia cômica em prosa" é uma dessas sugestões; e embora se referisse rapidamente a ela no prefácio de *David Simple* (1744), de sua irmã Sarah, e depois classificasse *Tom Jones* (1749) de "poema prosaico heroico, histórico" e um espécime de "literatura prosai-comi-épica",[38] Fielding não desenvolveu nem modificou sua fórmula inicial; na verdade, deu-lhe bem pouca atenção.

IV

Como pretendia elaborar uma variante cômica da epopeia, Fielding se viu impedido de imitar pelo menos dois de seus componentes: personagens e sentimentos; figuras heroicas e pensamentos sublimes evidentemente não tinham lugar em *Joseph Andrews* ou *Tom Jones*. Entretanto, podia adaptar a seu propósito alguns aspectos da trama épica e usar o estilo da epopeia numa forma burlesca.

Mesmo no tocante à trama, é verdade, as diferenças tendiam a ser mais pronunciadas que as semelhanças: as personagens cômicas dificilmente poderiam realizar atos heroicos, e, enquanto os enredos épicos se baseavam na História ou na lenda, Fielding precisou inventar suas tramas. O máximo que podia fazer, portanto, era conservar algumas características gerais da trama épica e alterar o conteúdo. O melhor exemplo disso é provavelmente *Tom Jones*, cuja ação tem caráter épico pelo menos no sentido de que apresenta um amplo panorama de toda uma sociedade, ao contrário do quadro detalhado de um restrito grupo social que encontramos em Richardson.

Mas, conquanto a magnitude e a variedade da estrutura de *Tom Jones* se coadunem bem com a principal conotação que o termo "épico" tem hoje, afinal trata-se basicamente de uma questão de escala, e não pode constituir evidência de qualquer débito específico com o protótipo épico por parte de Fielding. Contudo, há pelo menos dois outros modos mais definidos pelos quais Fielding transpôs características da trama épica para um contexto cômico: o uso da surpresa e a introdução de batalhas herói-cômicas.

Na teoria neoclássica em geral concordava-se que a ação da epopeia se caracterizava por dois elementos: o verossímil e o maravilhoso. Os modos como esses elementos incongruentes podiam se combinar desafiavam toda a inventividade dos críticos renascentistas, e seus argumentos um tanto sofistas foram mais tarde retomados por muitos novelistas franceses. Fielding abordou o problema no capítulo introdutório do oitavo livro de *Tom Jones*. Começou por desculpar os episódios incríveis de Homero dizendo que ele "escrevia para pagãos, para os quais as fábulas poéticas constituíam artigos de fé"; mesmo assim, lamentou que Homero não tivesse conhecido e seguido a regra de Horácio segundo a qual os agentes sobrenaturais deviam ser utilizados "o mínimo possível". De qualquer modo, prossegue, os autores épicos e os verdadeiros historiadores conseguiram apresentar acontecimentos improváveis de maneira muito mais plausível que os romancistas, pois registraram "fatos públicos" já conhecidos, enquanto "nós, que lidamos com personagens privadas [...], não temos notoriedade pública, nem testemunho que nos ajude, nem registros para fundamentar ou corroborar o que apresentamos". Concluiu que "convém" ao romancista "manter-se nos limites não só da possibilidade, mas também da probabilidade".

Fielding, portanto, recomendava ao novo gênero uma ênfase na verossimilhança maior que a existente na epopeia ou na novelística. Mas atenuou a recomendação admitindo que, como "a grande arte da poesia consiste em misturar verdade e ficção a fim de unir o crível e o surpreendente", a "complacência para com o ceticismo do leitor" não deveria ser levada ao ponto de permitir apenas personagens ou incidentes "banais, comuns ou vulgares, como os que podem ocorrer em qualquer rua, em qualquer casa, ou que podem ser encontrados nos artigos domésticos de um jornal".

O contexto esclarece o que Fielding quis dizer com "o surpreendente": refere-se basicamente à série de coincidências pelas quais Tom Jones encontra o mendigo que pegara o livro de Sophia, o palhaço que a vira passar pela rua e seu guia em parte do caminho; de modo mais geral, a maneira como os caminhos do herói e da heroína estão sempre se cruzando durante sua viagem a Londres sem que eles se encontrem. Fielding valorizava tais artifícios porque lhe permitiam compor toda a narrativa numa estrutura formal muito clara e interessante; mas, embora essas justaposições adequadas de pessoas e fatos não violentem a verossimilhança tão obviamente quanto as intervenções sobrenaturais comuns em Homero ou Virgílio, é evidente que tendem a comprometer a aparência geral de autenticidade literal da narrativa sugerindo as sequências manipuladas da literatura mais que os processos comuns da vida real. Assim, até as concessões relativamente discretas à doutrina do maravilhoso tendiam a confirmar, no tocante ao romance, a realidade do dilema do pretenso autor épico dos tempos modernos que Blackwell afirmou em sua *Enquiry:* "O maravilhoso é a alma da composição épica: mas que coisas maravilhosas acontecem numa vida bem ordenada? Dificilmente nos surpreenderíamos".[39]

A imitação mais notória do modelo épico na ação dos romances de Fielding — as batalhas herói-cômicas — não se coaduna bem com os preceitos do realismo formal e com a vida da época. Ou porque os fatos em si são inerentemente improváveis — como, por exemplo, a luta entre Joseph Andrews e a matilha que persegue o pastor Adams[40] — ou porque são narrados de modo a desviar nossa atenção para a forma como Fielding os maneja e para os paralelos épicos envolvidos. É o que ocorre no episódio de *Joseph Andrews* e se evidencia ainda mais na celebrada batalha de Moll Seagrim no cemitério em *Tom Jones*.[41] O espetáculo de uma turba atacando uma mulher grávida após o culto na igreja nada tem de engraçado, e só o estilo burlesco de Fielding, seu "estilo homérico", permite-lhe manter a nota cômica. Com certeza esse e mais alguns outros episódios seriam inaceitáveis se Fielding dirigisse nossa atenção inteiramente para as ações e sentimentos dos participantes; e mesmo assim pode-se perguntar se a cena de Moll Seagrim, pelo menos, vindo de um homem tão sensível como Fielding, não corrobora as objeções de Richardson à influência belicosa da epopeia.

O estilo homérico de Fielding sugere uma atitude um tanto ambígua com relação ao modelo épico: não fosse pelo prefácio, teríamos razão em considerar *Joseph Andrews* uma paródia dos procedimentos épicos e não a obra de um escritor que pretendia usá-los como uma base para o novo gênero: e mesmo levando em conta o prefácio, o romance de Fielding certamente reflete a atitude ambígua de sua época, uma época cuja ênfase literária característica no herói-cômico revela quão longe estava do mundo épico que tanto admirava.

Os motivos dessa ambivalência na verdade se evidenciam no prefácio de *Joseph Andrews*, onde Fielding implicitamente admite a oposição entre a imitação direta da epopeia e a imitação da "natureza" ao afirmar que, embora tivesse utilizado "paródias ou imitações burlescas" para o "entretenimento" do "leitor clássico", "cautelosamente as excluíra" de seus sentimentos e personagens porque tinha como principal intenção limitar-se "à natureza, de cuja correta imitação derivará todo o prazer que pudermos [...] transmitir ao leitor sensível". Um bom aristotélico como Fielding devia saber que a dificuldade dessa atitude dual é que na verdade não se pode tratar como entidade independente um componente isolado de uma obra literária. Em *Tom Jones*, por exemplo, ele afirma que "sem vários símiles, descrições e outro tipo de ornamentos poéticos a melhor narrativa de fatos triviais deve conquistar todo leitor"; mas quando nos informa que a apresentação da heroína requer "a máxima solenidade em nosso alcance, com uma elevação de estilo e todas as outras circunstâncias apropriadas a despertarem a veneração do nosso leitor",[42] e segue com um capítulo intitulado "Breve alusão ao que se pode fazer [no campo] do sublime e uma descrição de miss Sophia Western", que se inicia: "Cesse todo sopro mais rude. Possa o senhor dos ventos aprisionar em cadeias de ferro os membros turbulentos do ruidoso Bóreas" — evidencia-se que conseguiu seu "ornamento poético" a um preço considerável: Sophia nunca se recupera totalmente de uma apresentação tão artificial ou pelo menos nunca se livra totalmente da atitude irônica que tal apresentação provoca.

A confiança do leitor na autenticidade da personagem sofre um abalo semelhante sempre que Fielding interrompe o teor usual da narrativa com artifícios estilísticos da epopeia; isso certamente ressalta o fato de que as convenções do realismo formal compõem um todo inseparável do qual a convenção linguística faz parte; ou, como colocou lorde Monboddo, um de seus contemporâneos, ao abandonar seu estilo "singelo e informal" Fielding diminuiu "a probabilidade da narrativa, que devia ser cuidadosamente estudada em todas [...] as imitações da vida e dos hábitos reais".[43]

V

Amelia (1751), o último romance de Fielding, é inteiramente sério no propósito moral e no estilo narrativo; e sua fidelidade ao modelo épico é de outra natureza. Não há referência à fórmula da epopeia cômica em prosa, e tampouco os incidentes herói-cômicos e o estilo épico; como Fielding anunciou no *Covent Garden Journal*, a *Eneida* de Virgílio "foi o modelo nobre, do qual fiz uso nesta ocasião".[44] Booth também é um soldado desempregado, o episódio em Newgate com miss Matthews refere-se aos amores de Eneias e Dido na caverna e há alguns outros ligeiros paralelos resumidos por George Sherburn.[45]

Veremos que esse tipo de analogia envolve apenas um tipo de metáfora narrativa que ajuda a imaginação do escritor a encontrar um modelo para sua própria observação da vida sem prejudicar a aparência de veracidade literal do romance: nem o leitor precisa conhecer a analogia para apreciar *Amelia*, como era o caso com as passagens burlescas dos romances anteriores de Fielding. Por essas razões podemos dizer que em *Amelia* a influência da epopeia sobre Fielding foi mais frutífera; e é certamente aqui que ele teve seu sucessor mais ilustre. Quando T. S. Eliot, com aquele salto na hipérbole que parece obrigatório sempre que se discute a relação entre romance e epopeia, diz que o emprego do paralelo épico no *Ulisses* de James Joyce "tem a importância de uma descoberta científica",[46] e afirma que "nunca ninguém havia escrito um romance sobre tal base", sem dúvida está sendo injusto para com a aplicação fragmentária de uma ideia semelhante por parte de Fielding.

Depois de *Amelia* Fielding continuou afastando-se de sua posição literária inicial. Compreendeu que a afetação, ao contrário do que pensava antes, era insuficiente como única fonte do ridículo e, portanto, da comédia; e, assumindo uma posição moral cada vez mais séria, passou a encontrar muita coisa lamentável em dois cômicos que já haviam sido seus favoritos: Aristófanes e Rabelais.[47] Ao mesmo tempo sua atitude em relação à epopeia mudou e o auge dessa mudança está no prefácio de *The Journal of a voyage to Lisbon* [Diário de uma viagem a Lisboa]:

> Mas na realidade a *Odisseia*, o *Telemachus* e todas as obras desse tipo são para o relato de viagem que aqui pretendo fazer o que a novela antiga é para a história verdadeira, a

primeira confundindo e deturpando a última. Estou longe de supor que Homero, Hesíodo e os outros poetas e mitólogos antigos tivessem o deliberado propósito de desvirtuar e confundir os registros da Antiguidade; porém é certo que o fizeram; e de minha parte devo confessar que teria reverenciado e amado mais Homero se ele tivesse escrito uma história verdadeira de seu tempo numa humilde prosa ao invés daqueles nobres poemas que com tanta justiça receberam o elogio de todas as épocas; pois, embora eu leia esses com mais admiração e espanto, ainda leio Heródoto, Tucídides e Xenofonte com maior divertimento e satisfação.

É preciso considerar a declaração em seu contexto. Evidentemente a *Odisseia* não é o modelo adequado para o relato de uma viagem a Lisboa no século XVIII. Ademais, classificar *Télémaque* e a *Odisseia* na mesma categoria representa uma reviravolta total da posição demonstrada em *Joseph Andrews*. O contraste entre as duas obras e a "história verdadeira" excede a necessidade de uma explicação preliminar sobre o tipo de literatura que Fielding pretendia adotar; e ele se aproxima muito da posição de Defoe quando fala da maneira como Homero e os outros "poetas originais" deturparam a verdade histórica. A razão que apresenta é interessante:

> Eles acharam os limites da natureza estreitos demais para a imensidão de seu gênio, que não tinham espaço para exercer sem ampliar o fato através da ficção; e sobretudo numa época em que os costumes dos homens eram simples demais para permitir aquela variedade que eles têm inutilmente oferecido à escolha dos mais insignificantes autores.

Fielding, portanto, acabou considerando sua sociedade suficientemente interessante e variada para possibilitar um gênero literário que se dedicasse a engajar o leitor num exame mais detalhado da "natureza" e dos "costumes" modernos do que já se havia tentado: sua própria evolução literária foi nessa direção. Como se diz com frequência, *Amelia* está muito mais perto do detalhado estudo da vida doméstica elaborado por Richardson do que todas as obras anteriores de Fielding; este não viveu o suficiente para expressar sua reorientação em outro romance, mas parece não haver dúvida de que percebera que suas antigas aplicações da analogia épica foram responsáveis por suas divergências mais óbvias com relação ao papel adequado ao fiel historiador da vida de sua época — percepção, aliás, que está implícita em sua irônica defesa do estilo épico em *Tom Jones*, utilizado, explicou, para que o livro "não corresse o perigo de ser confundido com os trabalhos dos historiadores [modernos]".[48]

Ao mesmo tempo não devemos exagerar a extensão da influência da analogia épica nos romances anteriores de Fielding. Ele chamou *Tom Jones* de "uma história" e costumava definir seu papel como o de historiador ou biógrafo cuja função era apresentar com fidelidade a vida de seu tempo. É bem verdade que sua concepção desse papel diferia daquela de Defoe ou Richardson, porém a diferença se deve basicamente não a sua tentativa de imitar a epopeia, e sim à influência geral da tradição neoclássica sobre todos os aspectos de sua obra. O débito literário mais específico manifestado em *Tom Jones* na verdade não é para com a epopeia, mas para com o teatro: não tanto porque sua principal fonte crítica, a *Poética* de Aristóteles, tinha como objeto básico o teatro e deu à epopeia um papel secundário, como porque Fielding fora dramaturgo durante mais de uma década antes de tentar a ficção. A notável coerência da trama de *Tom Jones* com certeza deve pouco ao exemplo de Homero ou Virgílio e um pouco mais à insistência de Aristóteles de que "na epopeia como na tragédia a história deve ser construída sobre princípios dramáticos";[49] é muito provavelmente o resultado da experiência de Fielding como dramaturgo. Aliás, também é muito provável que algumas outras características de seus romances, como as coincidências e descobertas que provocam surpresa às custas de certa perda de autenticidade, sejam igualmente um legado do teatro mais que da epopeia; e mesmo os elementos burlescos e herói-cômicos já estavam presentes em muitas de suas peças, como *Tom Thumb, a tragedy* [Tom Thumb, uma tragédia] (1730).

Então, por que, poder-se-ia perguntar, a fórmula da epopeia cômica em prosa tanto "obcecou os críticos de romances", segundo a expressão de George Sherburn?[50] Sem dúvida desperta o interesse imediato daqueles que, como o dr. Folliott, de Peacock, habitualmente manifestam "uma segura e peculiar inacessibilidade a ideias exceto as que são recomendadas por uma simplicidade quase ingênua ou por uma origem clássica";[51] e isso talvez forneça uma pista para compreender por que Fielding foi levado a inventar a fórmula e por que ela floresceu mais tarde.

Em 1742 o romance era um gênero malvisto, e provavelmente Fielding pensou que evocar o prestígio da epopeia o ajudaria a conquistar para seu primeiro ensaio no gênero um interesse menos preconceituoso por parte dos *literati*. Quanto a isso estava na verdade seguindo o exemplo dos novelistas franceses de um século antes; eles também afirmaram sua filiação épica em declarações introdutórias que eram não tanto análises acuradas de seu trabalho como tentativas de aliviar a própria ansiedade e a dos leitores com relação à natureza não sacramentada do que se seguiria no texto. Tampouco tais tentativas deviam desfazer a má reputação que a ficção em prosa parecia condenada a carregar até o fim de seus dias, mesmo hoje — "The novel as a dramatic poem" [O romance como poema dramático], de F. R. Leavis, pareceria uma tentativa análoga de colocar o romance no panteão crítico sob o disfarce de um membro antigo e venerado.

Ao mesmo tempo, entretanto, o fato de que as fórmulas de Fielding e de Leavis relacionam o romance com gêneros poéticos maiores sugere um esforço para colocar o gênero no contexto literário mais elevado possível. Evidentemente a criação e a crítica do romance só podem ganhar com isso, e na verdade é provável que o ganho mais positivo que Fielding obteve ao pensar sua narrativa em termos de epopeia foi que isso o encorajou a empreender um trabalho tão intenso e sério quanto se supunha que os gêneros literários mais elevados exigiam.

Afora isso é possível que a influência da epopeia sobre ele fosse muito pequena, basicamente retrógrada e pouco importante na tradição posterior do romance. Considerar Fielding "o fundador da epopeia na prosa inglesa",[52] como disse Ethel Thornbury em sua monografia sobre o assunto, certamente equivale a atribuir-lhe uma paternidade um tanto estéril; seus maiores seguidores — Smollett, Dickens e Thackeray — não imitam, por exemplo, as pouquíssimas características especificamente épicas de sua obra. Mas, como vimos, a ideia da "epopeia cômica em prosa" não era, de modo nenhum, o principal trunfo de Fielding; sua função básica consistia em sugerir um dos altos padrões da realização literária que ele queria ter em mente quando enveredou pelo caminho da ficção; por certo não pretendia ser mais uma das inumeráveis "receitas para compor um poema épico" existentes no século XVIII; e isso é bom, pois, em literatura pelo menos, a panaceia mata, mas a nostalgia pode dar vida.

9. FIELDING ROMANCISTA: *TOM JONES*

HÁ NA LITERATURA POUCAS *CAUSES CÉLÈBRES* mais interessantes que o debate sobre os respectivos méritos dos romances de Fielding e Richardson — debate que continua ainda hoje,[1] embora no século XX os defensores de Fielding tenham praticamente assumido o domínio do campo. A vitalidade da controvérsia deve-se basicamente aos excepcionais alcance e variedade das questões — a oposição não é apenas entre dois tipos de romance, mas entre dois tipos de constituição física e psicológica e entre duas visões de mundo sociais, morais e filosóficas. Não só: a disputa tem a vantagem de contar com um porta-voz cuja defesa intensa e paradoxal de Richardson constitui uma perene provocação para os partidários de Fielding, que se desconcertam ao deparar com o dr. Johnson, a voz autorizada do neoclassicismo, pronunciando um anátema sobre a última encarnação completa do espírito augustano na vida e na literatura.[2]

Um modo de resolver essa dificuldade foi sugerir que não se levasse muito a sério a atitude do dr. Johnson, pois ditavam-na a amizade e a gratidão pessoal — Richardson uma vez o salvara de ser preso por dívidas. Contudo, o julgamento crítico de Johnson nem sempre esteve sujeito a tais considerações, e a suposição de qualquer modo contraria o fato de que seu entusiasmo pelos romances de Richardson não excluía a impiedosa avaliação dos defeitos do homem — com mortal zombaria disse, por exemplo, que Richardson "não se contentava em navegar tranquilamente pelas águas da fama sem querer provar o gosto da espuma produzida a cada remada".[3]

Portanto devemos considerar seriamente a preferência de Johnson, sobretudo diante da insistência com que ele retomava sua principal acusação. "Toda a diferença [existente] entre as personagens de Fielding e as de Richardson", disse, segundo Boswell, era aquela existente entre "personagens de costumes" e "personagens de natureza". Naturalmente Johnson classificava bem abaixo as "personagens de costumes", pois, apesar de "muito interessantes [...] devem ser compreendidas por um observador mais superficial que as personagens de natureza, com relação às quais é preciso esmiuçar os recessos do coração humano". Johnson expressou de modo mais memorável essa distinção entre Richardson e Fielding ao dizer que "havia entre eles uma diferença tão grande quanto a [que existe] entre um homem que sabe como um relógio foi feito e um homem que sabe dizer as horas olhando no mostrador";[4] e a mesma ideia está presente numa declaração ainda mais hostil, relatada por mrs. Thrale: "Richardson pegou o caroço da vida [...] enquanto Fielding se contentou com a casca".[5]

Essa distinção básica não envolve nenhuma divergência direta com relação à ortodoxia crítica, mas talvez a contenha implicitamente, pois a base de Richardson para "esmiuçar os recessos do coração humano" consistia em sua detalhada descrição de estados de espírito individuais, a qual requeria minuciosa particularidade na apresentação da personagem e, portanto, era contrária ao habitual viés neoclássico referente ao geral e ao universal. Não há dúvida de que os postulados teóricos de Johnson seguiam essa direção, pois ele muitas vezes declarou que o poeta "não deve estender-se sobre as diferenças mínimas que distinguem uma espécie de outra".[6] Contudo suas premissas práticas para a ficção eram outras, já que criticou Fielding pela relutância em demorar-se nessas mesmas diferenças: por exemplo, disse a mrs. Thrale que "Fielding podia descrever um cavalo ou um burro, mas nunca chegou a uma mula".[7]

Parece, pois, que a sensibilidade literária de Johnson tendia a confirmar pelo menos um dos elementos da oposição entre a teoria neoclássica e o realismo formal do romance apresentados no primeiro capítulo. Quanto à discrepância entre a teoria literária de Johnson e seu julgamento prático, não causa grande surpresa: qualquer doutrina é ambígua em algumas aplicações e sobretudo quando aplicada a áreas para as quais não fora criada. De qualquer modo o neoclassicismo de Johnson não era uma coisa simples (como tampouco o era o próprio neoclassicismo); e se de certo modo ele contradiz seus princípios usuais devemos ver nisso mais um exemplo de como a radical honestidade de sua percepção literária suscitou questões tão fundamentais que a crítica posterior é obrigada a utilizar suas formulações como pontos de partida; qualquer comparação entre os dois primeiros mestres do gênero romance deve iniciar-se a partir da base que ele proporcionou.

I

Tom Jones e *Clarissa* têm suficiente semelhança temática para apresentar várias cenas parecidas que fornecem uma ilustração concreta das diferenças entre os métodos de Fielding e os de Richardson. Por exemplo, os dois livros nos mostram cenas em que a heroína é obrigada a receber as atenções do odiado pretendente que os pais escolheram para ela; e os dois apresentam o conflito entre pai e filha desencadeado pela recusa da jovem a tal pretendente.

Eis como Fielding descreve a entrevista de Sophia Western com o odioso Blifil:

> Mr. Blifil chegou logo; e mr. Western retirou-se pouco depois, deixando o jovem par a sós.
>
> Seguiu-se um longo silêncio de quase um quarto de hora; pois o cavalheiro, que devia iniciar a conversação, tinha todo aquele recato inadequado que consiste na timidez. Muitas vezes tentou falar e tantas outras reteve as palavras no momento de pronunciá-las. Por fim elas jorraram numa torrente de cumprimentos forçados, aos quais [Sophia] respondeu com olhares para o chão, meneios de

cabeça e monossílabos corteses. Por causa de sua inexperiência no tocante aos métodos femininos e também de seu conceito de si mesmo, Blifil tomou esse comportamento como um recatado consentimento a sua corte; e quando, para abreviar uma cena que não podia mais suportar, Sophia levantou-se e deixou a sala, ele atribuiu isso também à timidez e consolou-se dizendo-se que logo desfrutaria bastante de sua companhia.

Na verdade estava muito satisfeito com sua perspectiva de sucesso; pois nunca lhe passara pela cabeça a ideia daquela inteira e absoluta posse do coração da amada que os apaixonados românticos exigem. A fortuna e a pessoa de Sophia eram os únicos objetos de seus anseios, e não tinha dúvida de que breve obteria sua absoluta propriedade; pois mr. Western realmente queria o casamento; e ele bem sabia da estrita obediência que Sophia sempre estava disposta a prestar à vontade do pai, e maior ainda se o pai a exigisse em havendo tal necessidade.[8]

Estruturalmente a cena baseia-se naquele artifício típico da comédia, a total ignorância por parte de uma personagem com relação às intenções da outra em função de um mal-entendido entre terceiros — mr. Western foi levado pela inefável mrs. Western a crer que Sophia ama Blifil e não Tom Jones. É talvez porque esse mal-entendido precisa ser mantido que as personagens envolvidas na verdade não conversam e têm uma vaga sensação de contato pessoal. Atuando como autor onisciente, Fielding nos deixa entrar na mente de Blifil e conhecer a mediocridade das considerações que a governam: ao mesmo tempo a consistente ironia do tom nos sugere os prováveis limites do papel de Blifil: não devemos temer que ele se apodere da fortuna ou da pessoa de Sophia, pois cabe-lhe claramente a posição do vilão da comédia.

O mal-entendido de Blifil com relação ao silêncio de Sophia nos leva à complicação cômica seguinte, pois o faz dar a mr. Western a impressão de que progrediu em sua corte. Western vai comunicar sua alegria à filha, que naturalmente ignora como ele foi enganado:

> Vendo o pai nesse acesso de afeição, cujo motivo ela desconhecia absolutamente (pois acessos de ternura não eram incomuns a ele, embora esse fosse mais violento que de hábito), Sophia pensou que nunca teria oportunidade melhor para se abrir que naquele momento, pelo menos no tocante a mr. Blifil; e bem previu a necessidade na qual logo se encontraria de apresentar uma explicação. Assim, depois de agradecer ao fidalgo todas as suas demonstrações de bondade, acrescentou, com um olhar cheio de inexprimível meiguice: "E é possível que meu papai possa ser tão bom que coloque toda a sua alegria na felicidade de sua Sophy?", o que foi confirmado por Western com um grande juramento e um beijo; ela então pegou-lhe a mão e caiu de joelhos, e depois de muitas calorosas e apaixonadas declarações de afeto e dever, pediu que não a transformasse na mais infeliz criatura da terra, obrigando-a a esposar um homem ao qual detestava. "Isso eu vos suplico, caro senhor", disse, "por vós e por mim, pois sois tão bondoso em dizer que vossa felicidade depende da minha." "Como! Quê!", exclamou Western, arregalando os olhos. "Oh, senhor", continuou ela, "não só a felicidade de vossa pobre Sophia, mas sua própria vida, seu ser, dependem de atenderdes a sua súplica. Não posso viver com mr. Blifil. Forçar-me a esse casamento seria matar-me." "Não podes viver com mr. Blifil!", exclamou mr. Western. "Não, por minha alma, não posso", respondeu Sophia. "Então morre e dana-te", gritou o pai, apartando-a de si. [...] "Estou decidido quanto ao casamento e, se não concordares, não te darei um níquel, um ceitil; não, ainda que te veja morrendo na rua, não hei de te aliviar a fome com um naco de pão. Esta é minha firme decisão, e agora te deixo sozinha para que penses a respeito." E afastou-se com tamanha violência que Sophia bateu o rosto no chão; e saiu do quarto, deixando a pobre moça prostrada.

* * *

O objetivo básico de Fielding certamente não é revelar o caráter através de fala e ação. Não podemos deduzir, por exemplo, que Sophia conheça tão pouco o pai a ponto de acalentar esperanças de fazê-lo mudar de ideia valendo-se da lógica; o que Fielding nos diz sobre a decisão de Sophia de tratar do assunto com o pai tem como objetivo evidente intensificar a reviravolta cômica que se segue. Da mesma forma não podemos considerar a ameaça de Western — "Não, ainda que te veja morrendo na rua, não hei de te aliviar a fome com um naco de pão" — como uma característica sua na linguagem ou no sentimento — trata-se de um tropo muito batido que pertence a qualquer situação de melodrama, não a um fidalgo específico que habitualmente fala o mais rude jargão de Somersetshire e cuja imaginação não se revela capaz de maiores voos. Dizer que as falas de Sophia e Western nada revelam sobre seu caráter seria um exagero; mas sem dúvida estão orientadas no sentido de explorar a *volte-face* cômica e não no sentido de nos tornar testemunhas de um verdadeiro diálogo entre um pai e uma filha na vida real.

É provavelmente uma condição essencial para a concretização do objetivo cômico desejado não apresentar a cena com todos os detalhes físicos e psicológicos; Fielding precisa tranquilizar-nos quanto ao destino de Sophia assegurando-nos que o que testemunhamos não é angústia real, porém aquele tipo convencional de perplexidade cômica que serve para intensificar nosso prazer com o final feliz, sem no meio-tempo envolver nenhum derramamento desnecessário de lágrimas de nossa parte. A abordagem exterior e um tanto peremptória das personagens na verdade parece uma condição necessária para o sucesso do principal objetivo cômico: a atenção ao imediato contraponto de mal-entendido e contradição não deve ser dissipada centralizando o interesse nos sentimentos de Sophia ou em qualquer outra questão tangencial.

Temos um contraste total de propósito e método na maneira como Richardson apresenta a entrevista de Clarissa com

Solmes, depois que Hannah, a criada da jovem, contou-lhe que aquele era o marido destinado a ela. Eis como o encontro é descrito numa carta para Anna Howe:

> Hoje de manhã desci para o desjejum com o coração inquieto... ansiando por uma oportunidade de recorrer a minha mãe, na esperança de conquistar seu apoio, e tentando encontrar alguma quando ela se retirou para seus aposentos após a refeição; mas, infelizmente, lá estava o odioso Solmes sentado entre minha mãe e minha irmã, com um ar de *tanta* segurança! Mas sabes, querida, que aqueles que não amamos nada podem fazer para nos agradar.
>
> Tivesse aquele miserável ficado sentado, já teria sido bom; mas a criatura [...] precisou se levantar e, a passos largos, dirigir-se para uma cadeira; a qual se encontrava bem ao lado da que se destinava a mim.
>
> Afastei-a a certa distância, como para abrir mais espaço para a minha. E sentei-me, abruptamente, creio, pois tudo o que eu tinha ouvido ainda estava em minha cabeça. Mas isso não bastou para desanimá-lo. O homem é muito atrevido, muito ousado, e encara a gente! Sim, querida, o homem realmente é muito atrevido!
>
> Ele pegou a cadeira afastada e colocou-a tão perto da minha, sentando-se com todo aquele peso horrível, que espremeu minha crinolina. Ofendi-me tanto (tudo que eu tinha ouvido, como disse, ainda estava em minha cabeça) que me sentei em outra cadeira. Confesso que tinha bem pouco controle sobre mim mesma. Isso deu demasiada vantagem a meu irmão e a minha irmã. Ouso dizer que eles a aproveitaram. Mas eu fiz isso involuntariamente, creio. Não consegui evitar. Não sabia o que fazia.
>
> Vi que meu pai estava muito aborrecido. Quando zangado, nenhum homem o mostra no rosto como meu pai. Clarissa Harlowe!, ele disse com um vozeirão — e parou. Senhor!, disse eu, tremendo e fazendo uma mesura (pois não me sentara novamente): e coloquei minha cadeira mais

perto do miserável e sentei-me — meu rosto, sentia, estava em chamas.

Prepara o chá, filha, disse minha bondosa mãe: senta junto de mim, querida, e prepara o chá.

Com prazer tomei o assento que o homem havia deixado; e pondo-me a ocupar-me, logo me recobrei; e no decorrer do desjejum fiz duas ou três perguntas a mr. Solmes, apenas para me reconciliar com meu pai. *Os espíritos orgulhosos podem baixar a crista!*, minha irmã cochichou-me sobre o ombro com um ar de triunfo e escárnio; mas não lhe dei atenção.

Minha mãe era toda bondade e condescendência. Perguntei-lhe uma vez se estava contente com o chá...

Pequenos incidentes, querida, para aborrecer-te com eles; só quando levam a maiores, como vais saber.

Antes de terminado o desjejum papai afastou-se com minha mãe, dizendo que queria falar-lhe. Depois minha irmã e logo após minha tia (que estava conosco) saíram.

Meu irmão assumiu uns ares de ofensa, que compreendi muito bem; mas que para mr. Solmes nada significavam: e por fim se levantou. Minha irmã, disse, tenho uma curiosidade para te mostrar. Vou buscá-la. E lá se foi, fechando a porta atrás de si.

Percebi para que era tudo isso. Levantei-me; o homem hesitava para pronunciar um discurso, levantou-se e começou a colocar aqueles pés tortos (realmente, minha cara, o homem é-me odioso!) numa atitude de aproximação. Vou poupar a meu irmão o trabalho de trazer-me sua curiosidade, disse eu. Fiz uma mesura — vossa criada, senhor. O homem gritou, senhora, senhora, duas vezes, e parecia um imbecil. Porém lá me fui embora — procurar meu irmão para cumprir minha palavra. Mas meu irmão, indiferente como o tempo, saíra para passear no jardim com minha irmã. Evidentemente deixara sua *curiosidade* comigo e planejara não me mostrar nenhuma outra.[9]

O trecho é característico do tipo de realismo, muito diferente, de Richardson. Clarissa está descrevendo o que aconteceu "hoje de manhã" e é "tão minuciosa quanto" sabe que Anna quer que ela seja; só assim Richardson pode transmitir a realidade física da cena — o grupo tomando o desjejum, as manobras por ninharias, e todos os triviais detalhes domésticos que sustentam a carga principal do drama. A forma de carta permite ao autor um tipo de acesso a pensamentos e emoções que o diálogo excluiria e que dificilmente se prestariam à análise racional — o fluxo e refluxo da lacerada sensibilidade de Clarissa em luta contra a tirania paterna no campo de batalha de circunstâncias mesquinhas: em função disso temos um tipo de participação muito diferente daquele que Fielding nos proporciona: não uma percepção intensa mas objetiva do padrão cômico total, mas uma completa identificação com a consciência de Clarissa enquanto seus nervos ainda vibram com a lembrança da cena e sua imaginação recua ante o pensamento de sua alternância entre revolta involuntária e estática submissão.

Baseada na análise profunda da reação da protagonista à experiência, a sequência narrativa de Richardson inclui muitas nuanças de emoção e caráter que não encontramos nas passagens citadas de *Tom Jones*. Fielding não procura mais que nos fazer entender os motivos racionais que levam Sophia a agir — não há nada que não se coadune com o comportamento de qualquer jovem sensível nas mesmas circunstâncias; enquanto a técnica epistolar de Richardson e a intimidade de Clarissa com Anna o estimulam a ir além disso e a comunicar uma infinidade de coisas que aprofundam e particularizam nossa visão do ser moral completo de Clarissa. Seu desabafo — "Sim, querida, o homem realmente é muito atrevido" —, o desdenhoso comentário sobre a interferência da irmã — "Não lhe dei atenção" — e o envolvimento nas mesquinhas rivalidades familiares — ela lamentou afastar-se de Solmes porque "isso deu demasiada vantagem a meu irmão e a minha irmã" —, todos esses detalhes de caracterização certamente são ignorados por aqueles que consideram Richardson um criador de personagens "ideais": Clarissa tem vontade firme e tenacidade, mas no nível de uma jovem inexperiente que também nutre anseios de vingança com relação à irmã; tem uma boa dose de arrogância e, longe de ser uma figura idealizada de santa virginal, é capaz de enfatizar com maldade que mr. Solmes não passa de uma "curiosidade". Tampouco é um ser incorpóreo; não sabemos de nenhuma reação física de Sophia no tocante a Blifil, mas sabemos que Clarissa sente uma instintiva repulsa pelo "peso horrível" de Solmes.

Na breve cena que constitui a contrapartida da segunda citação de *Tom Jones* encontramos o mesmo conjunto de relações pessoais num *continuum* físico, psicológico e até fisiológico minuciosamente descrito. Depois de conversar em particular com a mãe por duas vezes, Clarissa se depara com um ultimátum da família, e a mãe está com ela para saber a resposta:

> Então meu pai entrou com uma expressão tão severa que estremeci. Apesar de atormentado pela gota, deu duas ou três voltas pelo quarto. E depois disse para minha mãe, que ficara em silêncio desde que o vira:
>
> Minha querida, faz muito tempo que te ausentaste. O jantar está quase pronto. O que tens a dizer é bem pouca coisa. Certamente nada tens a fazer a não ser declarar *tua* vontade e *minha* vontade... mas talvez estejas falando sobre os preparativos. Não demores a descer... levando pela mão tua filha, se é que ela merece tal nome.
>
> E saiu lançando-me um olhar tão severo que não consegui dizer-lhe uma só palavra e por alguns instantes tampouco pude falar com minha mãe.[10]

Richardson e Fielding mostram de maneira muito diferente a crueldade dos dois pais; a de mr. Western tem algo de involuntário e exagerado, enquanto a de mr. Harlowe é a da vida real; a inflexível resolução deste último parece ainda mais convincente por traduzir-se na recusa em falar com Clarissa — nosso envolvimento emocional com o mundo interior de Clarissa permite que um silencioso olhar de pai tenha uma ressonância que não encontramos na hipérbole física e retórica com a qual Fielding demonstra a fúria de Western.

II

Assim, uma análise mais meticulosa mostra que a comparação entre Richardson e Fielding elaborada por Johnson não procura demonstrar qual dos dois era melhor psicólogo, mas ressalta suas intenções literárias opostas: as de Fielding atribuíam à caracterização um papel bem menos importante na estrutura literária total e o impediram até de tentar os efeitos que eram adequados ao objetivo muito diferente de Richardson. Uma demonstração mais clara e abrangente das implicações dessa divergência talvez esteja na maneira como Fielding trabalha o enredo em *Tom Jones*, pois reflete o conjunto de suas posições sociais, morais e literárias.

Apesar de algumas excrescências, como a história interpolada do homem da colina, e certos indícios de pressa e confusão nos livros finais,[11] Fielding conduz a ação demonstrando notável controle sobre uma estrutura muito complexa — o que justifica plenamente o famoso elogio de Coleridge: "Que mestre da composição era Fielding! Palavra de honra, acho que *Édipo Rei*, o *Alquimista* e *Tom Jones* são os enredos mais perfeitos que alguém já criou".[12]

Perfeitos graças a quê?, perguntamos. Certamente não graças à análise de caráter e das relações pessoais, pois nos três enredos a ênfase recai na revelação, habilidosamente elaborada pelo autor, de um plano exterior e determinista: em *Édipo* o caráter do herói tem importância secundária comparado com as consequências de suas ações passadas, resultantes de uma profecia muito anterior a seu nascimento; no *Alquimista* o retrato de Rosto e Sutil não excedem em muito a necessidade de instrumentos adequados para Jonson compor sua complexa série de cavilações; e o enredo de *Tom Jones* reúne essas características. Como em Sófocles, o segredo crucial — a verdade sobre o nascimento do herói — é elaboradamente preparado e sugerido no decorrer da ação, e sua revelação acarreta a reorganização final de todas as principais questões da história; como em Jonson, essa reorganização final deve-se ao desmascaramento de uma complicada trama de vilania e embuste.

Os três enredos se assemelham sob outro aspecto; todos se orientam no sentido de um retorno à norma e, portanto, têm um caráter fundamentalmente estático. Nisso sem dúvida refletem o conservadorismo de seus autores, um conservadorismo que no caso de Fielding provavelmente se relaciona com o fato de ele pertencer à pequena nobreza e não à classe mercantil, como Defoe e Richardson. Já vimos que os enredos dos romances de Defoe e Richardson refletem certas tendências dinâmicas na visão de sua classe: em *Moll Flanders*, por exemplo, o dinheiro possui uma força autônoma que determina a ação. Por outro lado, em *Tom Jones*, como no *Alquimista*, o dinheiro é algo que as personagens boas têm, ganharam ou perderam temporariamente: só as personagens ruins se esforçam para obtê-lo ou conservá-lo. Na verdade o dinheiro constitui um artifício útil para o enredo, porém não influi na ação.

Por outro lado o nascimento tem um status muito diferente em *Tom Jones*: como fator determinante da trama é quase o equivalente do dinheiro em Defoe ou da virtude em Richardson. Nesse aspecto Fielding reflete o teor geral do pensamento social de seu tempo: a base da sociedade é e deve ser um sistema de classes, cada qual com suas capacidades e responsabilidades específicas. O vigor com que Fielding satiriza as classes superiores, por exemplo, não deve ser interpretado como a expressão de qualquer tendência igualitária: na verdade constitui um tributo à firmeza de sua convicção no tocante à premissa de classe. É bem verdade que em *Amelia* ele chega a dizer que "de todos os tipos de orgulho nenhum é tão contrário ao cristianismo quanto o da posição".[13] Mas trata-se, evidentemente, apenas de uma questão de *noblesse oblige*; e em *Tom Jones* Fielding também escreveu que a "liberalidade de espíritos" era uma qualidade que raramente encontrara "em homens de berço humilde e pouca instrução".[14]

Essa estabilidade de classe é parte essencial de *Tom Jones*. Tom pode considerar uma desgraça o fato de sua condição de enjeitado impedi-lo de esposar Sophia, porém não questiona a validade da norma que determina tal impedimento. A trama de Fielding visa, portanto, unir os enamorados sem subverter a base da ordem social; e isso só é possível revelando que, embora ilegítimo, mr. Jones é um homem fino. O que não constitui surpresa total para o leitor atento, que já percebera na eminente "liberalidade de espírito" do protagonista um indício de sua linhagem superior; o crítico soviético que recentemente considerou a história como o triunfo de um herói proletário[15] ignorou não só as circunstâncias de seu nascimento como as contínuas implicações dessa origem em seu caráter.

Deve-se ao conservadorismo de Fielding outra diferença entre as tramas de *Tom Jones* e *Clarissa*: enquanto Richardson mostra a crucifixão do indivíduo pela sociedade, Fielding retrata a bem-sucedida adaptação do indivíduo à sociedade, e isso acarreta uma relação muito diferente entre enredo e personagem.

Em *Clarissa* o indivíduo precisa ter prioridade na estrutura global: Richardson apenas reúne certos indivíduos e sua proximidade é suficiente para desencadear uma extensa reação em cadeia que prossegue pelo próprio impulso e modifica todas as personagens e suas relações recíprocas. Em *Tom Jones*, a sociedade e a ordem mais ampla que ela representa precisam ter prioridade, e o enredo atua como uma espécie de ímã que retira cada partícula individual da ordem fortuita resultante do acidente temporal e da imperfeição humana e coloca-a na posição adequada. A constituição das partículas — as personagens — não se modifica nesse processo, porém o enredo serve para revelar algo muito mais importante: todas as partículas humanas são sujeitas a uma força invisível existente no universo, estejam elas presentes para demonstrar isso ou não.

Esse tipo de enredo reflete a estratégia literária geral do neoclassicismo; assim como a criação de um campo de força torna visível as leis universais do magnetismo, assim também a missão suprema do escritor era tornar visível na cena humana o funcionamento da ordem universal — descerrar a obra da "natureza infalível, divinamente luminosa", de Pope, "uma luz pura, inalterada e universal".

Essa visão muito mais ampla da personagem evidentemente reduz a importância que será atribuída à natureza e às ações de qualquer entidade individual particular, as quais interessam sobretudo como manifestações do grande plano da natureza. Isso está na base do tratamento que Fielding dispensa a cada aspecto da caracterização — não apenas a medida em que individualiza suas *dramatis personae*, como também o grau de atenção que dedica a sua vida interior, a sua evolução moral e a suas relações pessoais.

Os objetivos básicos que Fielding persegue ao retratar uma personagem são claros porém limitados: inseri-las em sua categoria própria conferindo-lhes as características estritamente necessárias. Assim concebia a "invenção" ou "criação": "uma rápida e sagaz penetração na verdadeira essência de todos os objetos de nossa contemplação".[16] Na prática isso significava que, uma vez rotulado o indivíduo adequadamente, tudo que o autor tinha a fazer era cuidar para que continuasse a falar e agir de modo coerente. Como disse Aristóteles na *Poética*, "a personagem deve revelar o propósito moral", e consequentemente as "falas [...] que não evidenciam isso [...] não expressam o caráter da personagem".[17] O pastor Supple nunca deixaria de ser *supple* [dócil].

Tanto é assim que Fielding não faz nenhuma tentativa para individualizar suas personagens. O nome basta para caracterizar Allworthy, enquanto Tom Jones, dois dos nomes mais comuns da língua inglesa, nos dizem que devemos ver o herói como o representante dos homens em geral, segundo o propósito de seu criador de mostrar "não homens, porém costumes; não um indivíduo, porém uma espécie".[18]

A palavra "costumes" perdeu tanto de sua força nos últimos séculos — sem dúvida em função da maneira como o individualismo reduziu as áreas em que geralmente se espera identidade de pensamento e de ação — que a expressão "personagens de costumes" já não significa muito. Talvez se possa explicá-la melhor em termos do contraste com "personagens de natureza" de Richardson. Conforme assinalou B. W. Downs,[19] o objetivo literário de Richardson não é tanto o caráter — os elementos estáveis da constituição mental e moral do indivíduo — como a personalidade: ele não analisa Clarissa, mas apresenta um relato comportamental completo e detalhado de todo o seu ser, define-a pela plenitude de nossa participação em sua vida. Já Fielding tem um objetivo analítico: não está interessado na configuração exata dos motivos na mente de qualquer pessoa particular num momento particular, mas apenas naquelas características do indivíduo necessárias para incluí-lo em sua espécie moral e social. Assim, estuda cada personagem à luz de seu conhecimento geral do comportamento humano, dos "costumes", e qualquer coisa puramente individual não tem valor taxionômico. Nem é preciso examinar o interior: se, como Johnson disse, Fielding nos dá a casca, é porque a superfície basta para identificar o espécime — o especialista não precisa examinar o caroço.

Fielding tinha muitas outras razões para sua abordagem predominantemente exterior da personagem, razões de ordem tanto social e filosófica quanto literária. Primeiro, a abordagem oposta envolvia romper o decoro: como assinalou lady Mary Wortley Montagu, prima de Fielding, era indecoroso as heroínas de Richardson "declararem tudo que pensam", pois as "folhas da figueira são tão necessárias para a mente como para o corpo".[20] Também, como vimos, era coerente com o conjunto da tradição clássica evitar a abordagem íntima e confessional da personalidade; e de qualquer modo os problemas filosóficos da consciência só passaram a receber atenção cerca de seis séculos depois de Aristóteles na obra de Plotino.[21] Segundo, como se evidencia no tratamento de Blifil e Sophia, o propósito cômico de Fielding exigia uma abordagem obrigatoriamente exterior. Se nos identificarmos com as personagens, não poderemos apreciar o humor da comédia mais ampla da qual elas são divertidos participantes: a vida, disseram-nos, é uma comédia só para o homem que pensa, e o autor cômico não deve nos deixar sentir cada chicotada desferida nas personagens que se contorcem em seu castigo.

Fielding recusou-se, declarada e até ostensivamente, a aprofundar-se na mente de suas personagens, alegando que "é nossa função relatar fatos, e deixaremos as causas para pessoas de muito maior gênio". Vimos que há poucos dados sobre os sentimentos de Blifil e Sophia, ao contrário do que ocorre com suas determinações racionais. Isso era muito consciente da parte de Fielding: ele já havia comentado ironicamente, referindo-se a Blifil, que "seria incorreto visitar-lhe os mais íntimos recessos da mente, como algumas pessoas escandalosas que vasculham os negócios mais secretos dos amigos e às vezes até lhes remexem os armários só para descobrir sua pobreza". Da mesma forma, ao apresentar os sentimentos de Sophia quando esta toma conhecimento do amor de Tom, Fielding se desculpa: "Quanto à presente situação de sua mente, adoto a norma de Horácio e não tentarei descrevê-la por não esperar sucesso".[22]

Portanto, é intencional da parte de Fielding evitar a dimensão subjetiva — o que não deixa de ter desvantagens, e estas se evidenciam sobretudo quando se trata de criar um clímax emocional. Apesar de todo o seu amor a Fielding, Coleridge assinalou que nos colóquios entre Sophia e Tom Jones, antes da reconciliação final, nada podia ser "mais forçado: a linguagem não tem vivacidade nem espírito, a história toda é incoerente e totalmente desprovida de verdade psicológica".[23] Na verdade Fielding nos apresenta uma cena cômica banal: os elevados sentimentos de penitente ardor por parte do herói opõem-se ao desdém igualmente elevado da mulher em relação a seu fiel pretendente. Logo depois naturalmente Sophia aceita Tom e nos surpreende com sua súbita e inexplicada reviravolta: o desfecho ganhou certa vida cômica, porém às custas da realidade das emoções envolvidas.

Essa artificialidade das emoções é geral em *Tom Jones*. Por exemplo, quando o herói é expulso da casa de Allworthy, somos informados de que "se entregou às mais violentas aflições, arrancando o cabelo e praticando a maioria de outras ações que em geral acompanham os acessos de loucura, fúria e desespero"; e mais adiante vemos que leu "uma centena de vezes" a carta de despedida de Sophia, "e beijou-a uma centena de vezes".[24] O uso de hipérboles tão batidas para atestar a intensidade das emoções destaca o preço da abordagem cômica, que nega ao autor um acesso convincente e contínuo à vida interior das personagens, de modo que, ao tentar mostrar sua vida emocional, ele só pode atribuir-lhes reações físicas exageradas.

Como as personagens de Fielding não têm uma vida interior convincente, suas possibilidades de evolução psicológica são muito limitadas. O caráter de Tom Jones, por exemplo, apresenta alguma evolução, mas de um tipo bem genérico. As imprudências, a inexperiência, a saudável animalidade determinam a desgraça de Tom Jones, sua expulsão da casa de Allworthy, as subsequentes dificuldades que o jovem encontra na estrada e em Londres e a perda aparentemente irreparável do amor de Sophia. Ao mesmo tempo suas boas qualidades — coragem, honradez, benevolência —, que vislumbramos no início, conjugam-se para resgatá-lo de seus infortúnios e devolver-lhe o amor e o respeito dos que o rodeiam. Entretanto, embora diferentes qualidades aflorem em momentos diferentes, todas estavam presentes desde o começo, e nós não conseguimos nos aproximar o bastante da mente de Tom para apreender alguma coisa, de modo que só nos resta aceitar a palavra de Fielding: seu herói acabará vencendo as próprias fraquezas graças à sabedoria que adquiriu com a experiência.

Ao adotar essa visão essencialmente estática da natureza humana Fielding acatava a consagrada posição de Aristóteles, que na verdade a maioria dos filósofos e críticos literários da época defendia com muito maior rigidez.[25] Trata-se certamente de uma visão a-histórica da personagem como Fielding mostrou em *Joseph Andrews* ao afirmar que suas personagens foram "tiradas da vida"; mas acrescentou que o advogado em questão "não só estava vivo, como vinha vivendo fazia quatro mil anos".[26] Segue-se que, se a natureza humana é essencialmente estável, não há necessidade de detalhar os processos através dos quais qualquer um de seus espécimes alcançou o pleno desenvolvimento; tais processos não passam de modificações temporárias e superficiais de uma constituição moral e inalterável, fixada desde o nascimento. Essa é a premissa no caso de Tom e Blifil, por exemplo: nascidos da mesma mãe e criados na mesma casa pelos mesmos tutores, seguem direções muito diferentes, determinadas desde o começo.

Mais uma vez o contraste com Richardson é total. Nossa percepção do desenvolvimento psicológico de Clarissa deve-se em grande parte à maneira como a experiência da heroína continuamente aprofunda sua compreensão do próprio passado: por conseguinte, personagem e enredo são inseparáveis. Tom Jones, por outro lado, não tem o menor contato com seu passado: sentimos uma certa irrealidade em seus atos porque sempre parecem reações espontâneas a estímulos que o enredo, manipulado para isso, fornece; não conseguimos vê-los como manifestações de uma vida moral em evolução. Por exemplo, só podemos nos surpreender quando, logo após aceitar cinquenta libras de lady Bellaston, Tom pronuncia para Nightingale seu famoso sermão sobre ética sexual.[27] Não que as duas ações sejam inerentemente contraditórias — pela ética de Tom é preferível prejudicar os outros a infringir o próprio código moral. Mas, se tivéssemos recebido alguma indicação de que Tom estava consciente das contradições evidentes entre seu discurso e sua prática no passado, ele nos pareceria menos pedante e mais convincente. Na verdade as partes separadas da natureza de Tom podem dialogar pouco entre si, porque há apenas um meio para tal diálogo — a consciência individual através da qual atua todo o repertório das ações passadas — e Fielding não nos conduz ao interior dessa consciência, pois acredita que o caráter individual é uma combinação específica de predisposições à ação estáveis e separadas mais que o produto do próprio passado.

Pelas mesmas razões as relações pessoais são relativamente insignificantes em *Tom Jones*. Se há uma força controladora independente dos agentes individuais e de suas posições recíprocas, e se o caráter desses agentes é inato e imutável,

Fielding não precisa dispensar grande atenção a seus sentimentos mútuos, pois estes não podem desempenhar um papel decisivo. Quanto a isso também a cena entre Sophia e Blifil é característica no sentido de que reflete a extensão em que a estrutura de *Tom Jones* como um todo depende da ausência de qualquer comunicação efetiva entre as personagens: Blifil deve equivocar-se com relação a Sophia, assim como Allworthy com relação a Blifil, e até as cenas finais Tom deve ser incapaz de compreender a verdadeira natureza de Blifil e de explicar-se adequadamente perante Allworthy ou Sophia. Pois, como a visão da vida humana e o propósito literário global não lhe permitiam subordinar o enredo à análise profunda das relações pessoais, Fielding precisava de uma estrutura baseada num elaborado contraponto de enganos e surpresas, e isso seria impossível se as personagens pudessem conhecer-se intimamente e tomar seu destino nas próprias mãos.

Há, pois, em *Tom Jones* uma relação absoluta entre o tratamento do enredo e o da personagem. O enredo tem prioridade e, portanto, deve conter os elementos de complexidade e desenvolvimento. Fielding consegue isso superpondo uma ação central que, sendo na essência tão simples quanto a de *Clarissa*, consiste de uma série muito complicada de subtramas e episódios relativamente autônomos que não passam de variações dramáticas do tema principal. A própria organização da obra mostra isso: ao contrário dos romances de Defoe e Richardson, *Tom Jones* divide-se em unidades de composição de tamanho variado — cerca de duzentos capítulos agrupados em dezoito livros dispostos em grupos de três, referentes, respectivamente, ao início da vida, às viagens das personagens principais a Londres e a suas atividades na capital.

Essa extrema diversificação da textura narrativa naturalmente reforça a tendência de Fielding a não se deter muito numa cena ou numa personagem. Nos trechos citados, por exemplo, não há nada do tratamento intensivo que Richardson dispensou à entrevista de Clarissa com Solmes; Fielding dedica a maior parte do tempo a esclarecer o mal-entendido inicial, e a escala da cena, em termos de caracterização, não lhe permitiu mais que criar um hipócrita astucioso, uma donzela presa numa armadilha e um pai opressivo. Contudo, ainda que houvesse total envolvimento com os sentimentos de Sophia, este logo se romperia com a condução das cenas seguintes: pois, assim como deixamos a jovem após a saída intempestiva de mr. Western, e somos poupados de testemunhar seus sofrimentos, assim também no capítulo seguinte Fielding desvia nossa atenção da cena de despedida de Sophia e Tom Jones anunciando: "A cena, que, acredito, alguns de meus leitores terão achado demasiado longa, foi interrompida por outra de natureza tão diversa que reservaremos sua narrativa para um próximo capítulo".[28]

Isso é típico do estilo narrativo de *Tom Jones*: com seu comentário o autor deixa claro que tem por objetivo não nos imergir completamente em seu mundo fictício, mas mostrar-nos a riqueza de seus recursos inventivos criando um divertido contraponto de cenas e personagens; mudanças rápidas constituem a essência da comicidade de Fielding, e um novo capítulo sempre traz uma situação nova para as personagens ou apresenta personagens diferentes numa cena semelhante, estabelecendo um contraste irônico. Além disso uma grande variedade de artifícios — dos quais os títulos dos capítulos constituem indicadores significativos — continuamente nos chama a atenção para o seguinte fato: a força de coesão do livro reside, em última análise, não nas personagens e em suas relações, mas numa estrutura intelectual e literária dotada de considerável grau de autonomia.

Os efeitos desse procedimento e de sua relação com o tratamento dado à personagem evidenciam-se, por exemplo, na rápida cena que ocorre depois de Tom tomar conhecimento de que Allworthy se recuperará de sua doença. Ele se põe a passear "num bosque dos mais deliciosos" e considera a crueldade do destino que o separa de sua amada Sophia:

> Se fosses minha e tivesses como único bem um monte de farrapos, não haveria homem no mundo que eu invejasse! Que desprezível pareceria a meus olhos a mais esplendorosa beldade circassiana, adornada com todas as joias da Índia! Mas por que menciono outra mulher? Julgasse eu meus olhos capazes de olhar para outra com ternura, arrancá-los-ia com minhas próprias mãos. Não, minha Sophia, se o destino cruel nos separar para sempre, minha alma há de amar unicamente a ti. Sempre guardarei a mais casta constância a tua imagem.
>
> A essas palavras levantou-se e deparou não com sua Sophia, nem com uma jovem circassiana rica e elegantemente enfeitada para o serralho do grande senhor...

mas com Molly Seagrim, com a qual, "após uma conversação" que Fielding omite, Tom se afasta para "a parte mais densa do bosque".[29]

O aspecto menos convincente do episódio é o estilo — os hábitos de linguagem apresentados aqui não são exatamente os que esperamos de Tom Jones, mas servem ao propósito imediato de Fielding: o cômico esvaziamento das pretensões heroicas e românticas da palavra humana pela eloquência não heroica e não romântica do feito humano. Tom Jones não passa de um veículo para a expressão do ceticismo do autor em relação às juras dos apaixonados e deve falar em termos que parodiam a elevada retórica da novela pastoril para reforçar o encontro marginal que pertence ao mundo muito diverso da *pastourelle.* Tampouco Fielding pode parar para detalhar os processos psicológicos por meio dos quais Tom passa do romântico apaixonado de Sophia ao sôfrego amante de Molly: para ilustrar o lugar-comum de que "os atos falam mais alto que as palavras", os atos devem ser muito silenciosos e seguir-se com muita decisão a palavras muito sonoras.

A relação desse episódio com a estrutura maior do romance é característica. Um dos temas gerais de Fielding é o lugar adequado do sexo na vida humana; esse encontro ilustra com clareza as tendências conflitantes da juventude obstinada e mostra que Tom ainda não alcançou a continência da moralidade adulta. A cena, portanto, desempenha seu papel no plano moral e intelectual geral e também se relaciona significativamente com as peripécias do enredo, pois o deslize de Tom constitui uma das razões pelas quais Allworthy o expulsa de casa, levando-o às provações que acabam por transformá-lo num parceiro mais digno de Sophia.

O tratamento dado à cena também é característico no sentido de evitar qualquer apresentação detalhada dos sentimentos de Tom naquele momento ou mais tarde — levar muito a sério a infidelidade do herói colocaria em risco a intenção basicamente cômica do episódio, e, assim, Fielding o manipula de tal modo que não lhe atribuamos a mesma importância que poderia ter na vida real. A comédia, e sobretudo a comédia em escala elaborada, em geral envolve esse tipo de limitação da interpretação psicológica: aplica-se à malícia de Blifil e aos sofrimentos de Sophia nas cenas já citadas, e a repentina doença e a recuperação de Allworthy, que levaram ao deslize de Tom, devem ser colocadas na mesma perspectiva. Evidentemente Allworthy não consegue distinguir um simples resfriado de uma enfermidade mortal, porém não nos cabe decidir se ele é hipocondríaco ou se não sabe escolher seus médicos: sua doença não passa de um resfriamento diplomático e devemos vê-la tão somente como um artifício no estilo narrativo de Fielding.

Parece, pois, que *Tom Jones* exemplifica um princípio de peso considerável para a forma romance em geral: a importância do enredo está em proporção inversa à da personagem. Esse princípio tem um corolário interessante: a organização da narrativa numa extensa e complexa estrutura formal tende a transformar os protagonistas em seus agentes passivos, mas proporciona maiores oportunidades de apresentar várias personagens menores, cujo tratamento não será prejudicado da mesma forma pelos papéis que lhes atribuem as complexidades do plano narrativo.

Parece que o princípio e seu corolário estão contidos no contraste apontado por Coleridge entre a "natureza forçada" das cenas vividas pelos protagonistas em *Tom Jones* e o tratamento que Fielding dispensa a "postilhões, estalajadeiros, criados", onde "nada pode ser mais verdadeiro, mais deleitoso ou mais humorístico".[30] Essas personagens menores figuram apenas nas cenas que exigem a dose exata de individualidade psicológica que elas possuem; livre de qualquer responsabilidade com relação ao plano básico da narrativa, mrs. Honour consegue ser despedida da casa dos Western usando métodos que são ao mesmo tempo triunfalmente cômicos, sociologicamente perspicazes e eminentemente característicos;[31] tampouco se questiona a violência à personagem e à probabilidade que perpassa a maneira como Tom Jones ou Sophia saem de casa.

Esse é o modelo da maioria dos romances cômicos com enredo complexo, desde Fielding e Smollett a Dickens: a ênfase criativa recai sobre personagens menores no sentido de que não estão profundamente envolvidas na elaboração da trama; enquanto os Tom Jones, os Roderick Randon e os David Copperfield são menos convincentes como personagens, porque suas personalidades têm pequena relação direta com o papel que lhes cabe desempenhar e algumas das ações nas quais o enredo os envolve indicam uma fraqueza ou insensatez que provavelmente contradiz as verdadeiras intenções do autor a seu respeito.

Por outro lado, o tipo de romance que é, talvez, o mais característico do gênero e consegue efeitos que nenhuma outra forma literária conseguiu, usou um tipo de enredo muito diferente. De Sterne e Jane Austen a Proust e Joyce a prioridade aristotélica do enredo sobre a personagem se inverteu e desenvolveu-se um novo tipo de estrutura formal na qual o enredo procura apenas incorporar os processos comuns da vida e, com isso, torna-se inteiramente dependente das personagens e da evolução de suas relações. Defoe e sobretudo Richardson fornecem os arquétipos dessa tradição, assim como Fielding fornece os arquétipos da tradição oposta.

III

A crítica mais famosa de Johnson aos romances de Fielding refere-se à técnica básica, embora provavelmente o fator decisivo de seu julgamento fossem as falhas morais. É o que deduzimos de sua única referência a Fielding publicada. Tendo em mente, segundo parece, sobretudo *Roderick Randon* (1748) e *Tom Jones* (1749), Johnson atacou no *Rambler* (1750) os efeitos das histórias "conhecidas" cujos infelizes heróis são apresentados de modo tão atraente que "já não nos horrorizamos com suas falhas".[32] Posteriormente disse a Hannah More que "não conhecia um livro mais depravado" que *Tom Jones*,[33] e enalteceu *Clarissa*, alegando: "Só Richardson tinha a capacidade de despertar em nós estima e aversão ao mesmo tempo; de fazer a virtuosa indignação superar toda a boa vontade que a inteligência, a elegância e a coragem naturalmente inspiram e no fim perder o herói no vilão".[34]

Para nós hoje em dia é difícil partilhar da aversão de Johnson à moralidade de *Tom Jones*, e na verdade tendemos a ser injustos para com Richardson e a admitir, sem questionamento, que sua preocupação, bem como a de suas heroínas, com a castidade feminina só pode ser explicada em função de lascívia de sua parte ou de hipocrisia da parte de suas protagonistas. No entanto pode não ser assim, e devemos, inversamente, reconhecer que muitas infrações morais em *Tom Jones* recebem um tratamento muito mais tolerante do que o que qualquer moralista puritano lhes teria dispensado. Defoe e Richardson, por exemplo, são implacáveis ao denunciar a embriaguez; entretanto, quando Tom Jones se embriaga em sua alegria pela recuperação de Allworthy, o autor não demonstra reprovação: trata-se reconhecidamente de uma imprudência que mais tarde contribui para a expulsão do herói, porém Fielding limita-se a comentar o fato com humor, desenvolvendo o lugar-comum de *in vino veritas*.[35]

Porém o fator mais importante no plano moral de *Tom Jones* e nas objeções dos críticos é a questão sexual. Fielding por certo não aprova a incontinência do herói e o próprio Tom admite que tem "falhado" a esse respeito; no entanto a tendência geral ao longo do romance é a de abrandar a condenação e fazer a impudicícia parecer um pecado venial — até a bondosa mrs. Miller, por exemplo, acha que enfrenta a questão com bastante coragem argumentando junto a Sophia que Tom "nunca foi culpado de um único ato de infidelidade com relação a ela [...] desde que a viu na cidade".[36]

A trama de Fielding evidentemente não pune as transgressões sexuais de Tom Jones ou de várias outras personagens com o rigor que Richardson, por exemplo, desejaria. Mesmo em *Amelia*, onde o adultério de Booth é mais grave que qualquer coisa que se possa imputar a Tom Jones e recebe um tratamento muito mais sério por parte de Fielding, o enredo acaba resgatando o adúltero das consequências de seus atos. Assim, Ford Madox Ford tinha boa dose de razão ao reprovar

> tipos como Fielding e, em certa medida, Thackeray, que pretendem [nos fazer acreditar] que um sujeito alegre, bêbado, devasso, que esbanja os próprios bens e vive bulindo no cós das saias acabará por encontrar um tio bondoso, um pai escondido ou um benfeitor que despejará sobre ele sacos e sacos cheios de milhares de guinéus, propriedades e amantes adoráveis — esses tipos são perigosos para o corpo político e péssimos para a invenção de enredos.[37]

Naturalmente Ford resolveu desconsiderar tanto as intenções morais positivas de Fielding como a tendência dos enredos cômicos em geral a chegarem ao final feliz às custas de certa complacência na administração da justiça. Durante muito tempo Fielding foi visto como um devasso e só se fez plena justiça a sua grandeza literária depois que os estudiosos o resgataram das acusações contidas nos mexericos de seus contemporâneos e repetidas por seu primeiro biógrafo, Murphy; sem embargo ele era, na verdade, tão moralista quanto Richardson, embora de outro tipo. Acreditava que a virtude, longe de ser o resultado da supressão do instinto por imposição da opinião pública, era uma tendência natural à bondade ou à benevolência. Em *Tom Jones* procurou apresentar um herói dotado de um coração virtuoso, mas também do vigor e da falta de deliberação a que estava sujeita a bondade natural e que levavam facilmente ao erro e até ao vício. Assim, para concretizar seu objetivo moral precisou mostrar que muitos perigos ameaçavam o bom coração em sua arriscada trajetória rumo à maturidade e ao conhecimento do mundo; contudo, ao mesmo tempo e sem desculpar seu herói, precisou mostrar também que as transgressões morais de Tom, embora constituíssem um estágio provável e talvez até necessário do processo de crescimento moral, não indicavam uma disposição malvada; até mesmo a feliz animalidade de Tom Jones tem uma generosidade que falta à virtude egoísta e fria de Clarissa. Portanto o final feliz está longe de representar o tipo de confusão moral e literária alegada por Ford e na verdade constitui a culminância da lógica moral e literária de Fielding.

Intensificam o contraste entre Fielding e Richardson como moralistas os efeitos de seus pontos de vista narrativos muito diferentes. Richardson concentra sua atenção no indivíduo e faz o vício ou a virtude parecer muito grande e influir na ação. Fielding lida com demasiadas personagens e um enredo complicado demais para dar a mesma importância às virtudes ou vícios de um único indivíduo.

Além dessa tendência do enredo, faz parte da intenção de Fielding como moralista situar cada fenômeno em sua perspectiva mais ampla. Por exemplo, coloca virtude sexual e vício sexual numa vasta perspectiva moral e nem sempre obtém o tipo de ênfase que o reformador sexual desejaria. Sabe, por exemplo, e quer mostrar que alguns projetos matrimoniais podem ser mais perniciosos que a mais desregrada libertinagem: testemunha-o Blifil, cujas "intenções eram rigorosamente honestas, como se diz, isto é, roubar a fortuna de uma dama por meio do casamento". Sabe também que a indignação moral contra a promiscuidade não resulta necessariamente do verdadeiro amor à virtude: testemunha-o o trecho no qual nos diz que "excluir toda concubinagem vulgar e expulsar todas as meretrizes esfarrapadas está ao alcance de qualquer um. A isso se dedicava minha estalajadeira e isso podiam esperar dela os virtuosos hóspedes que não viajassem cobertos de andrajos".[38] A brandura swiftiana de Fielding nos lembra a crueldade e a injustiça com que muitas vezes se associa a virtude complacente; porém um moralista tacanho poderia ver por trás da ironia uma certa condescendência e até, talvez, uma simpatia implícita pelas "meretrizes esfarrapadas".

Fielding, portanto, procura ampliar nosso senso moral mais do que intensificar as punições contra a licenciosidade. Ao mesmo tempo, contudo, sua função de porta-voz da moralidade social tradicional indica que sua atitude com relação à ética sexual é inevitavelmente normativa; por certo não "estimula uma virtude forçada e raramente possível", como disse Boswell,[39] mas, conforme colocou Leslie Stephen, reflete "o código pelo qual os homens sensatos em geral regem sua conduta, distinto daquele que fingem governá-los na linguagem".[40] Muitas vezes o meio-termo ideal de Aristóteles consegue, talvez, subverter em certa medida rígidos princípios éticos; e é, talvez, como bom aristotélico que Fielding chega muito perto de sugerir que a castidade demasiada de Blifil é tão ruim quanto a escassa castidade de Tom.

Há outra razão pela qual Johnson — afinal, um rigorista ético a sua maneira — devia considerar *Tom Jones* uma obra obscena. Quando menos para manter um clima de bom humor entre a plateia e os participantes, a comédia muitas vezes implica uma certa cumplicidade em relação a atos e sentimentos que não poderíamos tratar com tanta tolerância na vida real. Talvez a nota mais insistente em *Tom Jones* seja o bom humor mundano de Fielding, que muitas vezes nos leva a encarar as irregularidades sexuais mais como lúdicas que como erradas.

Mrs. Fitzpatrick, por exemplo, é despachada com as palavras: "vive reputada no lado elegante da cidade e é tão boa economista que gasta o triplo de sua renda sem contrair dívidas".[41] Mrs. Fitzpatrick precisa manter-se fiel ao próprio caráter e no entanto deve participar do final feliz; tampouco Fielding pode quebrar a cordialidade de seu último contato com os leitores exprimindo sua repulsa à lamentável fonte de renda que devemos imaginar para essa personagem.

Em outras ocasiões naturalmente o humor de Fielding com relação a esse perene recurso cômico, o sexo, é bem mais aberto: em *Johnathan Wilde*, por exemplo, quando o capitão do navio pergunta ao herói "se seu espírito cristão não lhe inspirava nada melhor que desonrar uma mulher numa tempestade",[42] ou em *Tom Jones*, quando Sophia pergunta a mrs. Honour se não "dispararia uma pistola contra qualquer um que atacasse sua virtude" e a outra responde: "Certamente, senhora [...] a virtude é uma coisa preciosa, sobretudo para nós, pobres criadas; pois é nosso meio de vida, como se diz; mas eu odeio mortalmente as armas de fogo".[43] Aqui Fielding revela o mesmo tipo de humor presente no tratamento que dispensa às questões morais em geral: não podemos esquecer que até a indignação mais virtuosa é capaz de falácias lógicas elementares e que a fidelidade dos homens à virtude é capaz de cautelosas reconsiderações. Entretanto a tácita aceitação de boa parte do humor de Fielding com certeza indica que "tolerância" no sentido moderno — que tende a incluir uma conotação sexual — faz parte dessa complacência mais ampla a que nos convidam seus romances em geral: o gosto pelo obsceno saudável constitui parte necessária da educação moral de uma humanidade atormentada pelo sexo — pelo menos era esse o papel clássico da comédia, e Fielding foi, talvez, o último grande escritor que continuou tal tradição.

IV

Para a maioria dos leitores modernos de Fielding o que suscita objeção é seu ponto de vista literário, e não o moral. Pois ele concebe seu papel como o de um guia que, não satisfeito com nos conduzir "aos bastidores desse grande teatro da natureza",[44] sente-se na obrigação de explicar tudo que ali se encontre; e essa intromissão naturalmente tende a diminuir a autenticidade da narrativa.

Sua intromissão pessoal em *Tom Jones* começa na dedicatória ao *honourable* George Lyttleton — a qual, devemos admitir, justifica os termos em que Johnson definiu essa forma de literatura: "uma atitude servil para com um protetor". No conjunto de sua obra há muitas outras referências a protetores, em especial a Ralph Allen e a Hardwicke, presidente da Câmara dos Pares, sem mencionar conhecidos que Fielding queria homenagear, inclusive um de seus médicos, mr. John Ranby, e vários estalajadeiros.

Tais referências certamente visam quebrar o encanto do mundo imaginário apresentado no romance: contudo a principal interferência na autonomia desse mundo deve-se aos capítulos introdutórios, que contêm ensaios literários e morais, e ainda mais às frequentes discussões e apartes no corpo da narrativa. Sem dúvida essa prática leva Fielding à direção contrária à de Richardson e transforma o romance numa forma literária social e até sociável. Fielding nos introduz num círculo encantado, composto não só de personagens de ficção como ainda de amigos seus e de seus favoritos dentre os poetas e moralistas do passado. Na verdade está praticamente tão interessado nos leitores como nas personagens, e sua narrativa, longe de constituir um drama íntimo que espiamos pelo buraco da fechadura, é uma série de reminiscências apresentadas por um genial contador de histórias numa estalagem de beira de estrada — o local preferido e público de seu relato.

Essa visão do romance condiz com sua intenção principal: produz um efeito de distanciamento que nos impede de mergulhar tão inteiramente na vida das personagens que acabemos por não perceber as implicações mais amplas de suas ações — implicações que Fielding apresenta em seu papel de coro onisciente. Por outro lado, suas intervenções rompem com praticamente todo precedente narrativo, a começar por aquele estabelecido por Homero, a quem Aristóteles enalteceu por dizer "muito pouco *in propria persona*" e por manter a atitude ou de um narrador desapaixonado ou de um representante de uma das personagens.[45]

Poucos leitores gostariam de eliminar os capítulos introdutórios ou os apartes de Fielding, mas sem dúvida estes comprometem a veracidade da narrativa: como escreveu Thomas Edwards, amigo de Richardson, "a todo momento vemos" que é Fielding quem "faz *personam gerere*", enquanto em Richardson é "a coisa em si".[46] Assim, embora a tagarelice sobre as personagens e a maneira de conduzir a ação tivessem iniciado uma prática popular no romance inglês, também fornecem argumento para os ataques de grande parte dos críticos modernos. Ford Madox Ford, por exemplo, disse que o "problema do romancista inglês, de Fielding a Meredith, é que não lhe interessa se acreditamos ou não em suas personagens";[47] e Henry James ficou chocado com a maneira como Trollope, e outros "rematados romancistas", admitem "numa digressão, num parêntese ou num aparte" que sua ficção é "apenas um faz de conta". James estabelece o princípio central da atitude do romancista para com sua criação, que se assemelha muito à que já descrevemos como inerente ao realismo formal: Trollope e qualquer outro romancista que partilhe sua atitude, diz James,

> admite que os acontecimentos narrados não aconteceram realmente e que ele pode dar ao relato a direção que mais agrade ao leitor. Essa traição a um ofício sagrado parece-me, confesso, um crime terrível; é o que entendo por atitude de desculpa e choca-me tanto em Trollope como me chocaria em Gibbon ou Macaulay. [Tal atitude] indica que o romancista está menos empenhado que o historiador em procurar a verdade (quero dizer, a verdade que ele assume, as premissas que devemos aceitar, sejam quais forem), e com isso o arranca de um golpe de seu posto de observação.[48]

Não há dúvida de que Fielding tencionava "procurar a verdade" — em *Tom Jones* ele nos diz que "decidimos guiar nossa pena na direção da verdade" —, mas subestimou, talvez, a relação entre verdade e preservação da "fé histórica" do leitor. Pelo menos é o que sugere numa das passagens finais de *Tom Jones* quando proclama que prefere deixar seu herói ser enforcado a salvá-lo por meios não naturais, "pois antes contar que o enforcaram em Tyburn (o que muito provavelmente pode acontecer) que perder nossa integridade ou abalar a fé do leitor".[49]

Essa atitude irônica com relação à realidade de sua criação possivelmente foi responsável, em parte, pela principal dúvida crítica que *Tom Jones* sugere. Trata-se de um livro muito verdadeiro em sua maior parte, porém não tão claro que sua verdade seja "apresentada" em termos do romance, como diz R. S. Crane.[50] As personagens e suas ações não nos dão a mesma percepção das qualidades morais de Fielding que vemos nas heroicas batalhas pelo aprimoramento humano que ele conduziu como magistrado nas circunstâncias pessoais mais adversas ou mesmo a que nos fornece o *Journal of a voyage to Lisbon*; e se analisamos nossa impressão apenas a partir dos romances torna-se evidente que nossa sensação duradoura de dignidade e generosidade provém sobretudo dos trechos em que Fielding fala em seu próprio nome. E isso com certeza é o resultado de uma técnica deficiente pelo menos no sentido de que não conseguiu transmitir esse significado moral mais amplo através da personagem e da ação e só pôde fornecê-la através de intromissões na trama e de comentários diretos do autor. Como Henry James assinalou: Tom Jones "tem tanta 'vida' que, para o efeito da comédia e a utilização da sátira, quase chega a ter uma mente"; quase, pois para isso seria preciso que o "autor — *ele*, sim, tinha uma bela mente — [lhe atribuísse] tal amplitude de reflexão que o víssemos através do [...] bom e velho moralismo de Fielding".[51]

Com isso não queremos dizer que Fielding falhou: *Tom Jones* sem dúvida merece o elogio de um admirador anônimo que o considerou "no conjunto [...] o livro mais brilhante já publicado".[52] Mas trata-se de um tipo de sucesso muito pessoal e irrepetível: a técnica de Fielding era eclética demais para tornar-se um elemento permanente na tradição do romance — *Tom Jones* é romance apenas em parte, contendo muitos elementos da novela picaresca, do teatro cômico, do ensaio ocasional.

Por outro lado a ruptura de Fielding com os cânones do realismo formal indicava muito claramente a natureza do problema maior que o novo gênero deveria enfrentar. A enfadonha afirmação de autenticidade literal em Defoe e, em certa medida, em Richardson tendia a obscurecer o fato de que, se o romance pretendia equiparar seu status ao de outros gêneros, devia entrar em contato com toda a tradição de valores civilizados e suplementar seu realismo de apresentação com um realismo de avaliação. Quando a excelente mrs. Barbauld lhe perguntou por que considerava Richardson um escritor menor que Shakespeare, Coleridge respondeu que "Richardson é *apenas* interessante".[53] Sem dúvida isso é injusto numa avaliação global do autor de *Clarissa*, mas indica os prováveis limites de um realismo de apresentação: devemos mergulhar inteiramente na realidade das personagens e de suas ações, porém não sabemos se sairemos disso mais sábios.

Fielding trouxe para o gênero algo que em última análise é ainda mais importante que a técnica narrativa: uma profunda compreensão do ser humano subjacente aos feitos e às personagens de seus romances. Sua compreensão não é, talvez, da ordem mais elevada: como a de seu querido Luciano, tende a ser negligente e, às vezes, oportunista. Não obstante encontramos em *Tom Jones* não só uma envolvente narrativa sobre pessoas imaginárias, mas também estimulantes sugestões e desafios sobre praticamente todos os temas de interesse humano. E não é só isso: o estímulo provém de uma mente que tem uma percepção verdadeira da realidade humana e nunca se engana nem pretende enganar os outros com relação a si mesma, a suas personagens ou à humanidade em geral. Em seu esforço para incutir ao novo gênero algo das virtudes shakespearianas Fielding afastou-se muito do realismo formal para iniciar uma tradição viável, porém sua obra serve como um eterno lembrete de que se o novo gênero haveria de desafiar formas literárias mais antigas devia encontrar um modo de transmitir não só uma impressão convincente como uma sábia avaliação da vida — avaliação que só poderia advir de uma visão da humanidade mais ampla que a de Defoe ou Richardson.

Assim, embora devamos concordar com o teor do símile do relógio apresentado por Johnson, precisamos também acrescentar que é injusto e errôneo. Sem dúvida Richardson nos leva mais fundo nos mecanismos inteiros da máquina humana; porém Fielding certamente poderia replicar que há muitas outras máquinas na natureza além da consciência individual e talvez expressar mágoa e surpresa ao constatar que Johnson ignorou seu empenho em estudar um mecanismo mais vasto e igualmente intrincado: o da sociedade humana como um todo — tema literário que, aliás, se coadunava muito mais com a visão clássica que Fielding e Johnson partilhavam do que com a posição de Richardson.

10. O REALISMO E A TRADIÇÃO POSTERIOR: UM COMENTÁRIO

Depois de Richardson e Fielding o romance passou a ter um papel de crescente importância no mundo literário. A produção anual de obras de ficção, que entre 1700 e 1740 girava em torno de sete, subiu para uma média de cerca de vinte nas três décadas posteriores a 1740 e esse número duplicou-se no período compreendido entre 1770 e 1800.[1] Ao aumento quantitativo não correspondia, porém, um aumento qualitativo. Com raras exceções a ficção da última metade do século XVIII, embora possa ter algum interesse para o estudo da vida na época ou de várias tendências literárias efêmeras como o sentimentalismo ou o terror gótico, possui pouco mérito intrínseco; em grande parte apenas revela com bastante clareza as pressões exercidas pelos livreiros e administradores de bibliotecas circulantes no sentido de rebaixar o nível literário a fim de atender às expectativas do público leitor, que em geral procurava nos romances fantasia e sentimentalismo.

Houve, no entanto, vários romancistas que se elevaram acima do nível da mediocridade, como Smollett, Sterne e Fanny Burney. Smollett possui muitos méritos como repórter social e humorista, mas os defeitos flagrantes das situações centrais e da estrutura geral de todos os seus romances, exceto *Humphrey Clinker* (1771), não lhe permitem desempenhar um papel muito importante na principal tradição do gênero. Sterne já é um caso bem diferente: sua notável originalidade literária confere-lhe à obra uma característica muito pessoal, para não dizer excêntrica; entretanto seu único romance, *Tristram Shandy* (1760-7), apresenta boas soluções para os grandes problemas formais levantados por seus predecessores; pois, por um lado Sterne encontrou um modo de conciliar o realismo de apresentação de Richardson com o realismo de avaliação de Fielding e, por outro lado, mostrou que não havia um antagonismo necessário entre os enfoques respectivamente interior e exterior com que abordaram as personagens.

Sterne dispensa cuidadosa atenção a todos os aspectos do realismo formal: à particularização de tempo, local e pessoa; a uma sequência natural de ação; e à criação de um estilo literário que apresenta o equivalente verbal e rítmico mais exato possível do objeto descrito. Por conseguinte muitas cenas de *Tristram Shandy* possuem uma autenticidade que reúne a brilhante economia de sugestão de Defoe e a minuciosa apresentação de pensamentos, sentimentos e atitudes das personagens encontradas em Richardson. Na verdade é tão seguro esse domínio da apresentação realista que, se o tivesse aplicado aos propósitos usuais do romance, Sterne provavelmente teria sido a figura suprema dentre os romancistas do século XVIII. Porém *Tristram Shandy* é não tanto um romance como uma paródia de romance, e, com uma precoce maturidade técnica, Sterne volta sua ironia contra muitos métodos narrativos que o novo gênero desenvolvera tão tardiamente.

Essa tendência irônica centraliza-se no próprio herói. Fiel a uma convenção do realismo formal, Sterne explica como batizou sua personagem e como o nome escolhido constitui um símbolo de seu infeliz destino; e no entanto o pobre Tristram permanece uma figura indefinível, talvez porque a filosofia lhe ensinou que a identidade pessoal não é uma questão tão simples como em geral se pensa. Quando o comissário lhe pergunta quem é, ele só consegue responder: "Não me confundais",[2] retomando o teor dos céticos pensamentos de Hume sobre o assunto no *Treatise of human nature*.[3] Porém a principal razão pela qual o herói de Sterne continua a nos escapar é que o autor brinca com o que é provavelmente o mais fundamental dos problemas do realismo formal, o tratamento da dimensão tempo na narrativa.

A sequência temporal de *Tristram Shandy* baseia-se — mais uma vez em concordância com as tendências recentes da filosofia na época — no fluxo de associações na consciência do narrador. Como tudo que ocorre na mente ocorre no presente, Sterne pode compor algumas de suas cenas com todo o vigor possibilitado pelo "vívido estilo no presente" de Richardson; ao mesmo tempo, como Tristram Shandy está contando a história de sua própria "vida e opiniões", Sterne também pode manejar as perspectivas temporais mais amplas da memória autobiográfica de Defoe; além disso, adota a inovação de Fielding no tratamento do tempo equacionando suas ações fictícias com um esquema temporal exterior — a cronologia da família Shandy coincide com eventos históricos como as batalhas de tio Toby em Flandres.[4]

Sterne, porém, não se satisfaz com essa engenhosa abordagem do problema tempo e leva ao extremo lógico a premissa realista de uma correspondência absoluta entre literatura e realidade. Propõe estabelecer um equivalente temporal absoluto entre seu romance e a experiência do leitor com relação ao livro, fornecendo um tema de uma hora de leitura para cada hora da vida ativa de seu herói. Mas essa, evidentemente, é uma tentativa fadada ao fracasso, pois sempre Tristram levará mais de uma hora para elaborar um relato de uma hora de sua própria experiência, e, assim, quanto mais escreve e quanto mais lemos, mais nosso objetivo comum se distancia.

Assim, em grande parte por adotar os requisitos temporais do realismo formal mais literalmente do que já se tentara antes — ou desde então — Sterne realiza uma *reductio ad absurdum* do próprio romance. Ao mesmo tempo, contudo, essa ardilosa subversão dos objetivos próprios do gênero recentemente conferiu a *Tristram Shandy* uma certa atualidade póstuma. O tratamento bastante flexível do esquema tempo prenuncia a ruptura com a tirania da ordem cronológica da narrativa realizada por Proust, Joyce e Virginia Woolf, e, assim, nos anos 1920 Sterne passou a ser valorizado como precursor dos modernos. E isso não é tudo: Bertrand Russell, o maior expoente contemporâneo do realismo filosófico, baseou-se em *Tristram Shandy* para formular sua teoria sobre a natureza problemática do tempo e batizou seu paradoxo com o nome do herói infinitamente regressivo de Sterne.[5]

O tratamento da dimensão temporal em *Tristram Shandy* tem crucial importância ainda em outro contexto, pois fornece a base técnica para a conjugação de realismo de apresentação e realismo de avaliação. Como Fielding, Sterne era um erudito e queria ter total liberdade para comentar a ação de seu romance ou qualquer outra coisa. Todavia, enquanto Fielding conquistara sua liberdade sacrificando a verossimilhança da narrativa, Sterne conseguiu alcançar os mesmos objetivos sem esse sacrifício graças ao simples mas engenhoso expediente de situar suas reflexões na cabeça do herói — assim, podia-se atribuir a alusão mais recôndita às notórias incoerências dos processos de associação de ideias.

O realismo de avaliação de Fielding atuava não só através do comentário direto, mas também mediante a organização da sequência narrativa num significativo contraponto de cenas que em geral se refletiam ironicamente umas nas outras, embora muitas vezes dando ao leitor a sensação de uma manipulação algo importuna. Já Sterne pode manipular à vontade sem quebrar a autenticidade da narrativa, pois cada transição faz parte da vida mental do herói, a qual naturalmente não tem compromisso nenhum com ordem cronológica. Assim, Sterne consegue dispor os elementos de seu romance em qualquer sequência que lhe apraza, sem as arbitrárias mudanças de ambiente e personagens que esse tipo de contraponto acarreta em Fielding.

No entanto Sterne dispensa a essa liberdade o mesmo tratamento que dedica a sua liberdade no uso da dimensão tempo, e, como consequência, o princípio de organização de seu romance acaba deixando de ser narrativo no sentido habitual. As implicações decisivas de seu domínio da técnica para chegar ao realismo de avaliação sem comprometer a autenticidade são, portanto, amplamente negativas; porém mesmo nesse aspecto é impossível objetar, pois, conquanto tenhamos o direito de esperar algum grau de método num autor, não seria muito razoável esperá-lo das elucubrações de Tristram Shandy.

Assim, Sterne utiliza métodos narrativos mais relacionados com as principais tradições do romance do que parece à primeira vista; podemos achar que minou os métodos de Richardson e Fielding ao invés de conciliá-los, porém não há dúvida de que seguiu as orientações da narrativa que eles estabeleceram. Essa continuidade em *Tristram Shandy* estende-se também ao assunto e aos métodos de caracterização, embora de maneira igualmente paradoxal. Por exemplo, um dos temas centrais de Sterne assemelha-se muito à principal preocupação de Richardson: tanto quanto Clarissa, tio Toby personifica o ideal de bondade do século XVIII, porém ao mesmo tempo a crítica de Fielding a Richardson está implícita no modo como a personificação masculina da virtude sexual em Sterne se opõe ao ignóbil Lovelace da viúva Wadman. Também na caracterização *Tristram Shandy* apresenta uma combinação muito pessoal das posições típicas de Richardson e Fielding. Aparentemente a consciência do herói é o local da ação, e, portanto, Sterne deveria ser considerado o expoente máximo da abordagem interior e subjetiva da personagem — abordagem que em geral envolve minuciosa exatidão do método narrativo. Na verdade, porém, apesar da atenção dedicada a todos os detalhes de pensamentos e atos das personagens principais, estas são fundamentalmente concebidas como tipos sociais e psicológicos gerais, bem à maneira de Fielding.

Tristram Shandy indica, portanto, que, assim como o autor pode sugerir uma avaliação do quadro de vida que seu romance apresenta sem comprometer a aparência de autenticidade da obra, assim também não existe dicotomia absoluta entre as abordagens exterior e interior da personagem. Essa questão tem considerável importância, pois a tendência a estabelecer uma separação absoluta entre "personagens de natureza" e "personagens de costumes" constitui a versão setecentista de uma tendência posterior a equiparar o "realismo" no romance à ênfase na sociedade e não no indivíduo e a excluir da principal tradição realista os autores que investigam a vida interior de suas personagens. Não se pode negar a importância dessa diferença na abordagem da personagem, e é compreensível que a perspectiva literária dos realistas franceses tenha influenciado de tal modo nossa acepção do termo que acabamos pensando que, se Balzac é "realista", Proust precisa de outra palavra para defini-lo. Sem embargo a continuidade básica da tradição do romance torna-se mais clara se lembramos que essas diferenças no método narrativo são diferenças de ênfase e não de tipo e coexistem dentro de uma fidelidade comum ao realismo formal ou de apresentação que, como já dissemos, é característico do gênero romance como um todo.

Esse problema crítico particular tem um análogo epistemológico: o dualismo. É significativo que Descartes, o fundador do moderno realismo filosófico, tenha sido quem levantou a questão do dualismo e a transformou numa das preocupações características do pensamento nos últimos três séculos. Evidentemente os dois problemas filosóficos têm estreita ligação, pois a tendência epistemológica da filosofia do século XVII era a de concentrar a atenção na seguinte questão: como a mente individual pode conhecer qualquer coisa exterior a si mesma? Contudo, embora o dualismo enfatize a oposição entre diferentes modos de encarar a realidade, não leva à completa rejeição da realidade do ego ou do mundo exterior. Da mesma forma, diferentes romancistas atribuíram diferentes graus de importância aos objetos exteriores e interiores da consciência, mas nunca rejeitaram inteiramente uns ou outros; ao contrário, os termos básicos de sua investigação foram ditados pelo equivalente do dualismo na narrativa: a natureza problemática da relação entre o indivíduo e seu meio.

Parece que Defoe ocupa uma posição central entre as tendências subjetivas e exteriores do romancista: seu emprego do realismo formal confere ao ego individual e ao mundo material uma realidade maior que a existente na ficção anterior. Na verdade o fato de seu enfoque narrativo — o da memória autobiográfica — revelar-se tão adequado para refletir a tensão existente entre os mundos interior e exterior sugere que a mudança cartesiana para o ponto de vista do ego individual perceptivo foi calculada para possibilitar um quadro mais nitidamente definido do mundo exterior bem como do interior.

Evidentemente romancistas posteriores abordaram essa dualidade de modos divergentes, mas é significativo que mesmo aqueles que, a partir de Richardson, colocaram a maior ênfase na direção subjetiva e psicológica também fizeram algumas das maiores contribuições tanto para o desenvolvimento das possibilidades do realismo formal como para o retrato da sociedade. Por exemplo, entre outras coisas Proust nos fornece um documento de introspecção cartesiana; mas é uma introspecção que revela o mundo exterior da Terceira República tanto quanto o mundo interior das memórias do narrador. Os triunfos técnicos de Henry James podem ser considerados como o resultado de uma engenhosa manipulação dos dois extremos dualistas: nos romances posteriores o leitor mergulha na consciência subjetiva de uma ou mais personagens e dessa posição desfavorável ardilosamente selecionada observa de viés e com ironia os fatos sociais exteriores, os tumultos provocados por dinheiro, classe e cultura, que constituem os determinantes definitivos da experiência subjetiva, conquanto seus agentes humanos mal os percebam e o leitor só os reconheça em sua plenitude depois de concluída a história. No *Ulysses* de Joyce, que sob tantos aspectos constitui o auge da evolução do romance, culmina o tratamento dos extremos do dualismo no gênero: nos dois últimos livros a apresentação gráfica do devaneio de Molly Bloom e a catalogação das gavetas de seu marido são exemplos autênticos da adaptação do estilo narrativo aos polos subjetivo e objetivo do dualismo.

Portanto o exemplo de Sterne e a analogia do dualismo filosófico tendem a ratificar a opinião de que as principais diferenças de método narrativo entre os romances de Richardson e os de Fielding não são manifestações de dois tipos de romance opostos e irreconciliáveis, mas apenas soluções distintas de problemas presentes em toda a tradição do romance e cujas divergências aparentes na verdade podem conciliar-se harmoniosamente. A plena maturidade do gênero só se tornou possível quando se realizou tal conciliação, e provavelmente Jane Austen deve em grande parte a sua feliz resolução desses problemas o lugar de destaque que possui na tradição do romance inglês.

Nesse aspecto como em muitos outros Jane Austen é a herdeira de Fanny Burney, que desempenhou um papel considerável ao reunir as direções divergentes impostas ao romance pelos gênios de Richardson e Fielding. As duas romancistas seguiram Richardson — o Richardson dos conflitos domésticos menos intensos de *Sir Charles Grandison* — em sua minuciosa apresentação da vida cotidiana. Também seguiram Fielding ao adotar uma atitude mais distanciada com relação a seu material narrativo e ao avaliá-lo a partir de uma perspectiva cômica e objetiva. É nesse aspecto que se manifesta a genialidade da técnica de Jane Austen. Ela dispensou o narrador participante — o autor de memórias como em Defoe ou de cartas como em Richardson — provavelmente porque lhe restringia a liberdade de comentar e avaliar e preferiu contar suas histórias à maneira de Fielding, como autor confesso. Contudo sua variante do narrador comentarista era tão mais discreta que não afetou substancialmente a autenticidade da narrativa. As análises das personagens e de seus estados de espírito e as irônicas justaposições de motivo e situação são tão argutas quanto em Fielding, mas parecem provir não de um autor que interfere na narração, e sim de um augusto e impessoal espírito de compreensão social e psicológica.

Ao mesmo tempo Jane Austen modificou seu enfoque narrativo o suficiente para nos dar não apenas comentários paralelos, mas muito da proximidade psicológica de Defoe e Richardson ao mundo subjetivo das personagens. Em seus romances há geralmente uma personagem cuja consciência recebe posição privilegiada e cuja vida mental é apresentada de modo mais completo que a das outras personagens. Em *Pride and prejudice* [Orgulho e preconceito] (publicado em 1813), por exemplo, a história é contada substancialmente a partir do ponto de vista de Elizabeth

Bennett, a heroína, mas o narrador, assumindo o papel de analista imparcial, atenua a identificação, e graças a isso o leitor não perde sua percepção crítica do romance como um todo. A mesma estratégia referente a ponto de vista é empregada com brilhantismo em *Emma* (1816), um romance que reúne a força característica de Fielding ao transmitir o senso de sociedade como um todo e algo da capacidade de Henry James de localizar a continuidade estrutural essencial de seu romance na crescente percepção por parte do leitor da complexidade da personalidade e da situação da personagem através da qual a história é contada: a evolução do ser interior de Emma Woodhouse tem muito do drama da revelação progressiva com que James apresenta Maisie Farange ou Lambert Strether.

Em suma, devemos encarar os romances de Jane Austen como as soluções mais bem-sucedidas de dois problemas narrativos para os quais Richardson e Fielding forneceram apenas respostas parciais. Austen conseguiu conjugar numa unidade harmoniosa as vantagens do realismo de apresentação e as do realismo de avaliação, das abordagens interior e exterior da personagem; seus romances têm autenticidade sem dispersão nem artifícios, sensatos comentários sociais sem necessidade de um ensaísta loquaz e uma percepção da ordem social que não é conquistada às custas da individualidade e da autonomia das personagens.

Os romances de Jane Austen constituem também o clímax de muitos outros aspectos do gênero no século XVIII. No tocante ao tema, apesar de algumas diferenças óbvias, retomam muitos interesses característicos de Defoe, Richardson e Fielding. Jane Austen encara mais diretamente que Defoe, por exemplo, os problemas sociais e morais levantados pelo individualismo econômico e os esforços da classe média para melhorar de condição; segue Richardson ao basear seus romances no casamento e sobretudo no papel adequado da mulher em tal circunstância; e apresenta uma visão das normas ideais do sistema social muito semelhante à de Fielding, embora as aplique às personagens e suas situações com maior seriedade e discernimento.

Os romances de Jane Austen também são característicos

em outro sentido: refletem o processo através do qual, conforme vimos, as mulheres desempenhavam um papel cada vez mais importante na vida literária. A maioria dos romances do século XVIII foi escrita por mulheres, mas durante muito tempo considerou-se isso uma simples questão quantitativa; Jane Austen completou a obra iniciada por Fanny Burney e desafiou a prerrogativa masculina num aspecto muito mais importante. Seu exemplo indica que sob certos aspectos a sensibilidade feminina estava mais bem qualificada para revelar as complexidades das relações pessoais e, assim, detinha uma posição vantajosa no campo do romance. Seria difícil e demorado detalhar os motivos pelos quais as mulheres dominavam a área das relações pessoais; um deles está contido, talvez, na declaração de John Stuart Mill: "Toda a educação que as mulheres recebem da sociedade incute-lhes a sensação de que os indivíduos a elas ligados são os únicos aos quais devem alguma obediência".[6] Não há dúvida quanto à relação dessa assertiva com o romance. Henry James, por exemplo, aludiu a isso num tributo característico pela escrupulosa moderação: "As mulheres são observadores delicados e pacientes; por assim dizer farejam de perto a textura da vida. Sentem e percebem o real com uma espécie de tato pessoal, e suas observações são registradas em milhares de obras deliciosas".[7] Em outro texto James associou a "imensa notoriedade do romance" na civilização moderna à "imensa notoriedade da atitude das mulheres".[8]

Em Jane Austen, Fanny Burney e George Eliot as vantagens do ponto de vista feminino superam as restrições do horizonte social que até recentemente lhes eram associadas. Ao mesmo tempo a predominância das mulheres entre o público leitor de romances relaciona-se com o tipo característico de fraqueza e irrealidade a que o gênero está sujeito: a tendência a restringir a uma pequena e arbitrária seleção de situações humanas o campo no qual atuam seus discernimentos psicológicos e intelectuais — restrição que, desde Fielding, tem afetado poucos romances ingleses com certo estreitamento dos limites da experiência e da atitude permitida.

* * *

Assim, tanto no método narrativo como no meio social, há uma genuína continuidade entre os romancistas de inícios do século XVIII e seus principais sucessores. Embora não possamos a rigor falar de uma escola de romancistas no século XVIII, se adotarmos uma perspectiva mais ampla e tentarmos compará-los ou com ficcionistas mais antigos ou com seus contemporâneos em outros países, podemos dizer que constituem um movimento literário cujos membros têm muita coisa em comum. Já no começo do século XIX os críticos de romance perceberam essa afinidade: Hazlitt, por exemplo, tendia a considerar Richardson, Fielding e Sterne semelhantes em sua fidelidade sem precedentes à "natureza humana tal como é".[9] Em outros países percebeu-se mais claramente ainda esse ar de família. Na França, como assinalou George Saintsbury, a relação entre literatura e vida na ficção permaneceu muito mais distante e formal ao longo do século XVIII.[10] Consequentemente se admitiu a preeminência inglesa no gênero a partir de meados do século, com Fielding, Sterne e sobretudo Richardson como seus maiores expoentes: Diderot chegou a expressar o desejo de que se encontrasse algum nome novo para distinguir os romances de Richardson dos "*romans*" da tradição francesa;[11] e para muitos leitores franceses e alemães as grandes diferenças entre Richardson e Fielding, por exemplo, tinham importância secundária diante do fato de que ambos eram muito mais realistas que suas contrapartidas estrangeiras.[12]

Acompanham o testemunho francês da supremacia do romance inglês no século XVIII explicações do fenômeno que concordam substancialmente com as relações que expusemos entre a mudança social e o surgimento do gênero. Assim o primeiro estudo importante do romance em seu contexto social mais amplo, *De la littérature, considérée dans ses rapports avec les institutions sociales* [Sobre a literatura, considerada em suas relações com as instituições sociais] (1800), de madame de Staël, prenuncia muitos dos elementos da presente análise;[13] e em seu

Du style et de la littérature [Sobre o estilo e a literatura] (1806), de Bonald — que, segundo parece, foi o primeiro crítico a usar a fórmula *La littérature est l'expression de la société* [A literatura é a expressão da sociedade] —, apresentou um quadro muito semelhante das causas históricas da reconhecida preeminência dos ingleses no romance. Para ele é ponto pacífico que o romance se referia basicamente à vida privada e doméstica: nada mais natural, portanto, que uma sociedade caracteristicamente mercantil, burguesa e urbana, que enfatizava tanto a vida familiar e, ademais, era tão pobre de formas mais elevadas de expressão literária, triunfasse num gênero familiar e doméstico.[14]

A evolução da literatura francesa fornece uma confirmação de outro tipo para a importância dos fatores sociais e literários cuja relação com o desenvolvimento inicial do romance na Inglaterra apresentamos neste trabalho. A primeira grande florescência do gênero na França, que começou com Balzac e Stendhal, ocorreu só depois que a Revolução Francesa levou a classe média a uma posição de poder social e literário que sua contrapartida inglesa havia conquistado um século antes, na Revolução Gloriosa de 1689. E se na tradição do romance europeu Balzac e Stendhal são figuras maiores que qualquer romancista inglês do século XVIII, certamente isso se deve, em parte, às vantagens históricas que se lhes ofereciam: não só porque as mudanças sociais com que se preocuparam encontraram expressão muito mais dramática que na Inglaterra, mas porque, no campo literário, eles eram os beneficiários de seus predecessores ingleses e também de uma atmosfera crítica muito mais favorável ao desenvolvimento do realismo formal que aquela do neoclassicismo.

Um dos pontos principais do presente trabalho é que o romance está relacionado com a situação literária e intelectual geral muito mais intimamente do que se costuma lembrar e que a estreita ligação dos primeiros grandes realistas franceses com o romantismo é um exemplo disso. Caracterizava o romantismo a ênfase no individualismo e na originalidade que encontrou sua primeira expressão literária no romance: e muitos escritores românticos pronunciaram-se com particular vigor contra aqueles elementos da teoria crítica clássica avessos ao realismo formal. No prefácio das *Lyrical ballads* [Baladas líricas] (1800), por exemplo, Wordsworth proclamou que o escritor deve "ficar atento ao objeto" e apresentar as experiências da vida comum na "verdadeira linguagem dos homens"; enquanto a ruptura dos franceses com o passado literário encontrou sua expressão mais dramática na apresentação de *Hernani* (1830), onde Victor Hugo desafiou os decoros consagrados que restringiam a maneira como se devia retratar o objeto literário.

Essas são algumas das perspectivas literárias mais amplas sugeridas pelos romancistas do começo do século XVIII. Comparados com Jane Austen, ou com Balzac e Stendhal, Defoe, Richardson e Fielding apresentam evidentes falhas técnicas. Historicamente, contudo, têm a óbvia importância dos escritores que contribuíram de modo fundamental para a criação da forma literária predominante nos dois últimos séculos, e a importância, de modo nenhum menor, resultante do fato de que, por serem inovadores essencialmente independentes, seus romances fornecem três imagens muito bem definidas da forma em geral e constituem uma recapitulação completa das diversidades essenciais em sua tradição posterior. Também exigiram mais de nós. No romance, talvez mais que em qualquer outro gênero literário, as qualidades da vida podem atenuar os defeitos da arte: e não há dúvida de que Defoe, Richardson e Fielding mereceram uma imortalidade literária mais estável que muitos romancistas posteriores dotados de maior sofisticação técnica por expressarem sua própria visão da vida com uma plenitude e uma convicção muito rara e pela qual lhe somos gratos.

NOTAS

ABREVIAÇÕES

ELH *Journal of English Literary History*
HLQ *Huntington Library Quarterly*
JEGP *Journal of English and Germanic Philology*
J. Comp. Psychology Journal of Comparative of Psychology
MLN *Modern Language Notes*
MLR *Modern Language Review*
MP *Modern Philology*
N&Q *Notes and Queries*
PMLA *Publications of the Modern Language Association of America*
PQ *Philological Quarterly*
Proc. Amer. Antiquarian Soc. Proceedings of the American Antiquarian Society
RES *Review of English Studies*
SP *Studies in Philology*

1. O REALISMO E A FORMA ROMANCE [pp. 9-36]

1. Ver Bernard Weinberg, *French realism: the critical reaction 1830-1870* (Londres, 1937), p. 114.

2. Ver R. I. Aaron, *The theory of universals* (Oxford, 1952), pp. 18-41.

3. Ver S. Z. Hasan. *Realism* (Cambridge, 1928), cap. 1 e 2.

4. *Works* (1773), V, p. 125; ver também Max Scheler, *Versuche zu einer Soziologie des Wissens* (Munique e Leipzig, 1924), pp. 104 ss.; Elizabeth L. Mann, "The problem of originality in English literary criticism, 1750-1800", PQ, XVIII (1939), pp. 97-118.

5. *Essay concerning human understanding* (1690), livro I, cap. 2, seção XV.

6. Ver *Posterior analytics*, livro I, cap. 24; livro II, cap. 19.

7. Primeiro *Dialogue between Hylas and Philonous, 1713* (Berkeley, *Works*, ed. Luce e Jessop [Londres, 1949], II, p. 192).

8. Parte IV, seção 3.

9. Edição de 1763, III, pp. 198-9.

10. *Idler*, nº 79 (1759). Ver também Scott Elledge, "The background and

development in English criticism of the theories of generality and particularity", PMLA, LX (1945), pp. 161-74.

11. *Correspondence of Samuel Richardson*, 1804, I, p. cxxxvii. Para outros comentários de leitores franceses contemporâneos ver Joseph Texte, *Jean-Jacques Rousseau and the cosmopolitan spirit in literature* (Londres, 1899), pp. 174-5.

12. Nº 578 (1714).

13. *Leviathan* (1651), parte I, cap. 4.

14. *Poética*, cap. 9.

15. *Essay on the new species of writing founded by mr. Fielding*, 1751, p. 18. Essa questão é abordada de modo mais completo em meu trabalho "The naming of characters in Defoe, Richardson and Fielding", RES, XXV (1949), pp. 322-38.

16. Ver Wilbur L. Cross, *History of Henry Fielding* (New Haven, 1918), I, pp. 342-3.

17. *Partial portraits* (Londres, 1888), p. 118.

18. *Human understanding*, livro II, cap. 27, seções ix, x.

19. *Treatise of human nature*, livro I, parte 4, seção vi.

20. *Human understanding*, livro III, cap. 3, seção vi.

21. Platão não afirma especificamente que as Ideias são atemporais, mas a noção, que data de Aristóteles (*Metafísica*, livro XII, cap. 6), está na base de todo o sistema de pensamento com o qual são associadas.

22. *Aspects of the novel* (Londres, 1949), pp. 29-31.

23. *Decline of the west*, trad. Atkinson (Londres, 1928), I, pp. 130-1.

24. "The four forms of fiction", *Hudson Review*, II (1950), p. 596.

25. "Estimate of the value and influence of works of fiction in modern times" (1862), *Works*, ed. Nettleship (Londres, 1888), III, p. 36.

26. Ver Herman J. Ebeling, "The word anachronism", MLN, LII (1937), p. 120-1.

27. *Selected works*, ed. Potter (Londres, 1933), p. 333.

28. Ver G. N. Clark, *The later Stuarts, 1660-1714* (Oxford, 1934), pp. 362--6; René Wellek, *The rise of English literary history* (Chapel Hill, 1941), cap. 2.

29. Ver sobretudo Ernst Cassirer, "Raum und Zeit", *Das Erkenntnisproblem...* (Berlim, 1922-23), II, pp. 339-74.

30. Carta 6.

31. Livro II, cap. I.

32. Conforme mostrou F. S. Dickson (Cross, *Henry Fielding*, II, pp. 189-93).

33. *Biographia literaria*, ed. Shawcross (Londres, 1907), I, p. 87.

34. Prefácio (1765), *Johnson on Shakespeare*, ed. Raleigh (Londres, 1908), pp. 21-2.

35. Ver Warren Hunting Smith, *Architecture in English fiction* (New Haven, 1934), p. 65.

36. "Techniques of fiction", *Critiques ans essays on modern fiction, 1920--1951*, ed. Aldridge (Nova York, 1952), p. 41.

37. Livro III, cap. 10, seções xxxiii-xxxiv.

38. Prefácio, *The passion of Byblis, critical works*, ed. Hooker (Baltimore, 1939-43), I, p. 2.

39. *Human understanding*, livro III, cap. 10, seção xxiii.

40. "Estimate", *Works*, III, p. 37.

41. "Burns", *Critical and miscellaneous essays* (Nova York, 1899), I, pp. 276-7.

42. Ver A. J. Tieje, "A peculiar phase of the theory of realism in pre-Richardsonian prose-fiction", PMLA, XXVII (1913), pp. 213-52.

43. "Ele se põe a descrever cada objeto e cada transação como se uma testemunha ocular tivesse apresentado o conjunto como prova" (*Lectures on the English comic writers* [Nova York, 1845], p. 138).

44. Carta a Walter Wilson, 16 de dezembro de 1822, publicada in Wilson, *Memoirs of the life and times of Daniel de Foe* (Londres, 1830, III, p. 428).

2. O PÚBLICO LEITOR E O SURGIMENTO DO ROMANCE [pp. 37-62]

1. Londres, 1904, p. 26. Ver também Helen Sard Hughes, "The middle class reader and the English novel", JEGP, XXV (1926), pp. 362-78.

2. *Cit.* A. S. Collins, *The profession of letters* (Londres, 1928), p. 29.

3. J. Sutherland, "The circulation of Newspapers and Literary Periodicals, 1700-1730", *Library*. 4ª série, XV (1934), pp. 111-3.

4. A. S. Collins, *Authorship in the days of Johnson* (Londres, 1927), p. 255.

5. Nº 10 (1711).

6. Swift, *Journal to Stella*, 28 de janeiro de 1712.

7. Collins, *Profession of letters*, p. 21.

8. E. Carpenter, *Thomas Sherlock* (Londres, 1936), pp. 286-7.

9. Collins, *Authorship*, p. 236.

10. R. A. Austen-Leigh, "William Strahan and his ledgers", *Library*, 4ª série, III (1932), p. 272.

11. Marjorie Plant, *The English book trade* (Londres, 1939), p. 445.

12. *Lives of the poets*, ed. Hill (Oxford, 1905), III, p. 19.

13. *Confessions* (Londres, 1804), p. 175.

14. *Travels*, ed. Matheson (Londres, 1924), p. 30.

15. M. G. Jones, *The Charity School Movement...* (Cambridge, 1938), p. 332.

16. Dorothy Marshall, *The English poor in the eighteenth century* (Londres, 1926), pp. 27-9, 76-7.

17. Jones, *Charity School Movement*, pp. 80, 304.

18. "Essay on charity and charity schools", *The fable of the bees*, ed. Kaye (Oxford, 1924), I, p. 288.

19. *Poems on several occasions: written by Stephen Duck..., 1730*, p. iv.

20. Jones, *Charity School Movement*, p. 332; J. L. e Barbara Hammond, *The town labourer, 1760-1832* (Londres, 1919), pp. 54-5, 144-7.

21. In *Natural and political observation and conclusions upon the state and condition of England*, 1696.

22. *Review*, VI (1709), nº 36.

23. H. J. Habakkuk, "English land ownership, 1680-1740", *Economic History Review*, X (1940), pp. 2-17.

24. M. D. George, *London life in the 18th century* (Londres, 1926), p. 2.

25. Sobre esse assunto difícil ver E. W. Gilboy, *Wages in 18th century England* (Cambridge, Mass., 1934), pp. 144 ss.

26. *Robinson Crusoe examin'd and criticis'd*, ed. Dottin (Londres e Paris, 1923), pp. 71-2.

27. Johnson, "Pope", *Lives of the poets*, ed. Hill, III, p. 111.

28. Ver especialmente Hilda M. Hamlyn, "Eighteenth century circulating libraries in England", *Library*, 5ª série, I (1946), p. 197.

29. Mrs. Griffith, *Lady Barton*, 1771, prefácio.

30. *Cit.* John Tinnon Taylor, *Early opposition to the English novel* (Nova York, 1943), p. 25.

31. Fanny Burney, *Diary*, 26 de março de 1778.

32. Nº 155.

33. Ato II.

34. *Letters and works*, ed. Thomas (Londres, 1861), I, p. 203; II, pp. 225-6, 305.

35. *A sketch of her life...*, ed. Seeley (Londres, 1908), p. 22.

36. *Letters describing the character and customs of the English and French nations*, 1726, p. 11.

37. *A foreign view of England*, trad. Van Muyden (Londres, 1902), p. 206.

38. *Kalm's account of his visit to England...*, trad. Lucas (Londres, 1892), p. 326.

39. "The end of time", *Life and choice works of Isaac Watts*, ed. Harsha (Nova York, 1857), p. 322.

40. *Improvement of the mind* (Nova York, 1885), pp. 51, 82.

41. P. 29.

42. George, *London life*, p. 289.

43. A. D. McKillop, *Samuel Richardson: printer and novelist* (Chapel Hill, 1936), p. 5.

44. *Memoirs*, 1830, p. 65.

45. *Pamela*, Everyman Edition, I, p. 65

46. Nº 60.

47. Ed. 1729, I, p. xiv.

48. Frank Mott Harrison, "Editions of *Pilgrim's progress*", Library, 4ª série, XXII (1941), p. 73.

49. Sou grato por esses dados a Ivor W. J. Machin, "Popular religious works of the eighteenth century: their vogue and influence", tese de doutorado inédita (1939, University of London, pp. 14-5, 196-218).

50. Machin, p. 14.

51. Carta introdutória, "To the rev. mr. Jonathan Dustwick".

52. *Tatler*, nº 64 (1709).

53. *Diary and correspondence of Philip Doddridge* (Londres, 1829), I, p. 152.

54. *Literary essays* (Londres, 1923), p. 651.

55. "Estimate of the value and influence of works of fiction in modern times", *Works*, ed. Nettleship, III, p. 27.

56. Lennart Carlson, *The first magazine* (Providence, R. I., 1938), pp. 62-3, 77.

57. Nº 90 (1731).

58. Ver Stanley Morison, *The English newspaper* (Cambridge, 1932), pp. 73-5, 115, 143-6; B. C. Nangle, *The Monthly Review, 1st. series, 1749-1789* (Oxford, 1934), p. 156.

59. *Applebee's journal*, 31 de julho de 1725, cit. William Lee, *Life and writings of Daniel Defoe* (Londres, 1869), III, p. 410.

60. "The distresses of a hired writer", 1761, in *New essays*, ed. Crane (Chicago, 1927), p. 135.

61. *True Patriot*, nº 1, 1745.

62. "Literature", *Social England*, ed. H. D. Traill e J. S. Mann (Londres, 1904), V, pp. 334-8.

63. *Letters of doctor George Cheyne to Richardson, 1733-1743*, ed. Mullett (Columbia, Missouri, 1943), pp. 48, 51-2.

64. P. 21.

65. Ver McKillop, *Richardson*, pp. 16, 27, 293-4.

66. Cross, *Fielding*, I, pp. 315-6.

67. *Works*, ed. Cunningham (Nova York, 1908), pp. vi, 72-3.

68. A. P. Davis, *Isaac Watts* (Nova York, 1943), p. 221.

69. Livro VIII, cap. 5.

70. 4ª edição.

71. *Letters to Richardson*, ed. Mullet, p. 53.

72. *Letters*, ed. Mallam (Minneapolis, 1939), p. 199.

73. Nºs 23, 1.

74. Nº 115.

75. *Posthumous works...*, 1807, I, p. 176.

3. *ROBINSON CRUSOÉ*, O INDIVIDUALISMO E O ROMANCE [pp. 63-99]

1. *Advancement of learning*, livro II, especialmente capítulo 22, seção xvi, e capítulo 23, seção xiv.

2. *Elements of law*, parte I, capítulo 13, seção iii.

3. *Review*, III (1706), nº 3.

4. *The theory of social economic organisation*, trad. Henderson e Parsons (Nova York, 1947), pp. 186-202.

5. *The life and strange surprising adventures of Robinson Crusoe*, ed. Aitken (Londres, 1902), p. 316.

6. *Segundo tratado*, "Essay concerning [...] civil government", seção 14.

7. *Life*, pp. 277, 147.

8. Ver Max Weber, *The protestant ethic and the spirit of capitalism*, trad. Parsons (Londres, 1930), pp. 59-76; *Social and economic organisation*, pp. 341-54.

9. Ver, por exemplo, Robert Redfield, *Folk culture of Yucatan* (Chicago, 1941), pp. 338-69.

10. II, pp. 339-52.

11. *Life*, pp. 2-6, 216.

12. *Human understanding*, livro II, cap. 21, seções xxxi-lx.

13. *Pensées*, nº 139.

14. *Farther adventures of Robinson Crusoe*, ed. Aitken (Londres, 1902), p. 214.

15. *A plan of the English commerce* (Oxford, 1928), pp. 28, 31-2.

16. *Desert islands and Robinson Crusoe* (Londres, 1930), p. 7.

17. *Moll Flanders*, ed. Aitken (Londres, 1902), I, p. 186.

18. Ver especialmente A. W. Secord, *Studies in the narrative method of Defoe* (Urbana, 1924).

19. Weber, *Essays in sociology*, trad. Gerth e Mills (Nova York, 1946), p. 350.

20. I (1705), nº 92.

21. *Farther adventures*, p. 78.

22. *Life*, pp. 208-10, 225.

23. *Life*, p. 341.

24. *Farther adventures*, p. 77.

25. John Forster, *Life of Charles Dickens*, rev. Ley (Londres, 1928), p. 611, nota.

26. *Life*, pp. 27, 34-6, 164.

27. *Serious reflections during the life and surprising adventures of Robinson Crusoe*, ed. Aitken (Londres, 1902), p. 66.

28. *Life*, p. 229.

29. *Robinson Crusoe examin'd and criticis'd*, ed. Dottin (Londres e Paris, 1923), pp. 70, 78, 118.

30. *Life*, pp. 245-6.

31. *Farther adventures*, pp. 133, 177-80.

32. *Life*, p. 318.

33. Ver James R. Sutherland, *Defoe* (Londres, 1937), p. 25; W. Gückel e E. Günther, "D. Defoes und J. Swifts Belesenheit und literarische Kritik", *Palaestra*, CIL (1925).

34. Minha tradução de *Notes on philosophy and political economy*, in *Œuvres philosophiques*, ed. Molitor (Paris, 1937), VI, p. 69.

35. Ver William-Edward Mann, *Robinson Crusoe en France* (Paris, 1916), p. 102.

36. Ver apêndice, *Serious reflections*, ed. Aitken, p. 322.

37. *Life*, p. 75.

38. "Estimate of the value and influence of works of fiction in modern times", *Works*, ed. Nettleship, III, p. 40.

39. *Life*, p. 74.

40. *Life*, p. 130.

41. *Account of his visit to England*, p. 326.

42. Livro I, capítulo I.

43. Ver Ernst Troeltsch, *Social teaching of the christian churches*, trad. Wyon (Londres, 1931), I, p. 119; II, p. 589; Tawney, *Religion and the rise of capitalism* (Londres, 1948), pp. 197-270.

44. *The dumb philosopher* (1719), ed. Scott (Londres, 1841), p. 21.

45. *The case of protestant dissenters in Carolina*, 1706, p. 5.

46. *Social teaching*, I, p. 328.

47. Perry Miller e Thomas H. Johnson, *The puritans* (Nova York, 1938), p. 461.

48. Ver William York Tindall, *John Bunyan: mechanick preacher* (Nova York, 1934), pp. 23-41.

49. Troeltsch, *Social teaching*, II, p. 590.

50. James Moffat, "The religion of Robinson Crusoe", *Contemporary review*, CXV (1919), p. 669.

51. *Life*, I, pp. 85, 99.

52. VIII, pp. 192-4.

53. *Cit.* W. Lee, *Daniel Defoe* (Londres, 1869), III, pp. 29-30.

54. *Works*, ed. Potter, p. 419.

55. *Mimesis: the representation of reality in Western literature*, trad. Trask (Princeton, 1953), especialmente pp. 41-9, 72-3, 148-73, 184-202, 312-20, 387, 431-3, 466, 491. Traduzo *stil-trennung*, da edição alemã (Berna, 1946), "segregação de estilos", ligeiramente mais específico que "separação de estilos", como traduziu mr. Trask. Os dois parágrafos seguintes também se baseiam em *Mimesis*, exceto no que se refere ao puritanismo.

56. P. 191.

57. *Capital* (Nova York, 1906), p. 88.

58. *Robinson Crusoe examin'd*, ed. Dottin, pp. 110-1.

59. *The puritan mind* (Nova York, 1930), p. 98. Uma estreita analogia com as sombrias autorrecriminações de Crusoé que têm tão pouca influência sobre seus atos é fornecida pelos rituais descritos in Perry Miller, "Declension in a Bible commonwealth", *Proc. Amer. Antiquarium Soc.*, LI (1941), pp. 37-94.

60. P. 235.

61. William Haller, *The rise of puritanism* (Nova York, 1938), p. 191.

62. Ver A. L. Barbauld, *Works* (Londres, 1825), II, p. 314; Weber, *Protestant ethic*, p. 175.

63. *Cit.* A. W. Evans, *Warburton and the Warburtonians* (Oxford, 1932), p. 44.

64. Ver F. W. J. Hemmings, *The Russian novel in France, 1884-1914* (Londres, 1950), pp. 31-2.

65. *Die Theorie des Romans* (Berlin, 1920), p. 84.

66. *Idée sur les romans* (Paris, 4ª ed., s. d.), p. 42.

67. "Daniel Defoe: an artist in the puritan tradition", PQ, XV (1936), p. 227. Sobre o difícil problema da religião de Defoe ver especialmente Stamm, *Der aufgeklärte Puritanismus Daniel Defoes* (Zurique e Leipzig, 1936); John R. Moore, "Defoe's religious sect", RES, XVLL (1941), pp. 461-7; Arthur Secord, "Defoe in Stoke Newington", PMLA, LXXXVI (1951), p. 217.

68. *Émile, ou De l'éducation* (Paris, 1939), pp. 210, 214.

69. *Life*, pp. 226, 164, 300, 284.

70. *Politics*, livro I, cap. 2.

71. *Ideology and utopia* (Londres, 1936, p. 36).

72. *Life*, p. 60.

73. Ver Secord, *Narrative method of Defoe*, pp. 28-9.

74. *Thraliana*, ed. Balderston (Oxford, 1951), I, p. 180.

75. *Protestant ethic*, p. 108.

76. *De la division du travail social*, livro II, cap. 1 e 3.

77. Pp. 7, 15, 2, 2-3.

78. Livro II, parte 2, seção V.

4. DEFOE ROMANCISTA: *MOLL FLANDERS* [pp. 100-44]

1. *The great tradition* (Londres, 1948), p. 2, nota 2.

2. "Defoe's Novels", *Hours in a library* (Londres, 1899), I, p. 31.

3. *Daniel Defoe* (Londres, 1887), p. 169.

4. Introdução, *Moll Flanders* (Modern Library College Edition, Nova York, 1950), p. xiii.

5. "Defoe", *The common reader*, 1ª série (Londres, 1938), p. 97.

6. I, p. 127.

7. Ver Edwin H. Sutherland, *Principles of criminology*, 4ª ed. (Nova York,

1947), pp. 3-9, 69-81; Robert K. Merton, "Social structure and anomie", *American Sociological Review*, III (1938), p. 680.

8. Ver A. V. Judges, *The Elizabethan underworld* (Londres, 1930), pp. xii--xxvi.

9. *Moll Flanders*, ed. Aitken (Londres, 1902), II, p. 101; I, p. 2.

10. J. D. Butler, "British convicts shipped to American colonies", *American Historical Review*, II (1896), p. 25.

11. II, pp. 19-20.

12. II, p. 158.

13. *History of the Royal Society*, 1667, p. 113.

14. Gustaf Lannert, *Investigation of the language of "Robinson Crusoe"* (Uppsala, 1910), p. 13.

15. *Human understanding*, livro III, cap. 10, seção xxiii; livro II, capítulo 8, seções ix, x.

16. *Reliquiae Baxterianae*, ed. Sylvester, 1696, p. 124.

17. *Cit.* F. J. Powicke, *Life of the reverend Richard Baxter, 1615-1691* (Londres, 1924), pp. 283-4. Entre as demonstrações do interesse de Defoe por Baxter figura a menção de pelo menos duas obras do reverendo (Gückel e Günther, *Belesenheit*, p. 8).

18. *The storm...*, 1704, ass. A2*r.*

19. *Review*, VII (1710), nº 39 (*cit.* William L. Payne, *Mr. Review* [Nova York, 1947, p. 31]).

20. *Review*. V (1709), nº 139.

21. "Defoe's novels", pp. 4-8.

22. Para um estudo do análogo do século XVII mais próximo de *Moll Flanders* ver Ernest Bernbaum, *The Mary Carleton narratives, 1663-1673* (Cambridge, Mass., 1914), especialmente pp. 85-90.

23. I, pp. 145-58; II, pp. 52-65; I, pp. 77-8.

24. Introdução.

25. *Poética*, pp. 8, 9.

26. *Aspects of the novel*, p. 61.

27. "Defoe's novels", p. 17.

28. I, pp. 190, 196, 197; II, pp. 113-4.

29. II, p. 117.

30. I, pp. 180-3.

31. *Mayhews's characters*, ed. Quennell (Londres, 1951), pp. 294-6.

32. II, p. 102.

33. II, pp. 90, 112, 90; I, pp. 62-3; II, p. 134.

34. I, pp. 131, 139.

35. I, p. 131.

36. I, pp. 4-6.

37. I, pp. 126-7.

38. *Collected essays*, ed. Wilson (Nova York, 1948), p. 388.

39. *Miscellaneous criticism*, ed. Raysor (Londres, 1936), p. 294.

40. *"Robinson Crusoe", the common reader, second series* (Londres, 1948), p. 58.

41. *Ibid.*

42. II, p. 142.

43. I, p. 8.

44. I, pp. 14, 155.

45. I, p. 103.

46. II, p. 141.

47. II, pp. 37-8.

48. II, p. 93.

49. Copenhague, 1938, especialmente pp. 94, 198.

50. I, p. 204.

51. I, pp. 154, 158.

52. *True collection...*, p. 315.

53. I, p. 126.

54. II, p. 160.

55. "Some aspects of Defoe's prose", *Pope and his contemporaries, essays presented to George Sherburn*, ed. Clifford e Landa (Oxford, 1949), p. 176.

56. *Diary*, ed. Wheatley (Londres, 1896), VII, p. 279.

57. *Leviathan*, parte II, cap. 27.

58. *Heroes and heroines* (Nova York, 1946), p. 47.

59. *Collected essays*, p. 47; a data real era 1722.

60. Ver Charles E. Burch, "British criticism of Defoe as a novelist, 1719--1860", *Englische studien*, LXVIII (1932), pp. 178-98.

61. *Les noyers de l'Altenburg* (Paris, 1948), pp. 119-21.

5. O AMOR E O ROMANCE: *PAMELA* [pp. 145-83]

1. *De la littérature, considérée dans ses rapports avec les institutions sociales*, in *Œuvres complètes* (Paris, 1820), IV, pp. 215-7.

2. Livro IV, nota 1.

3. *The mind and society*, trad. Livingstone (Nova York, 1935). II, p. 1129; mas ver a nota 1 do tradutor na p. 1396.

4. Ver F. Carl Riedel, *Crime and punishment in the old French romances* (Nova York, 1938), pp. 42, 101.

5. *L'amour et l'occident* (Paris, 1939), p. 2.

6. *Cit.* Joseph Hone, *Life of George Moore* (Londres, 1936), p. 373.

7. Prefácio, *The first lady Chatterley* (Nova York, 1944).

8. *L'esprit des lois*, livro XXIII, cap. 8. Sou muito grato ao falecido Daniel Mornet por ter me permitido ler suas notas para um estudo de "Le Mariage au 17ᵉ et 18ᵉ siècle".

9. Thomas Salmon, *Critical essay concerning marriage*, 1724, p. 263.

10. *Letters and works*, II, p. 285.

11. Introdução, *African systems of kinship and marriage*, ed. Radcliffe--Brown e Forde (Londres, 1950), pp. 4-5, 43-6, 60-3.

12. "La famille conjugale", *Revue Philosophique*, XCI (1921), pp. 1-14.

13. Ver Talcott Parsons, "The kinship system of the United States", *Essays in sociological theory pure and applied* (Glencoe, 1949), p. 241.

14. Ver L. C. Knights, *Drama and society in the age of Jonson* (Londres, 1937), pp. 112-7.

15. Ver a introdução de T. P. R. Laslett ao *Patriarcha* de Filmer (Oxford, 1949), especialmente pp. 24-8, 38-41; também devo muito a discussões pessoais que tive com ele sobre essas questões.

16. *Two treatises of government* (*1690*), "Essay concerning Civil Government", seção 55.

17. P. 174.

18. *Roxana*, ed. Aitken (Londres, 1902), I, pp. 167-8, 58, 189.

19. Alice Clark, *Working life of women in the seventeeth century* (Londres, 1919), pp. 235, 296.

20. *Works*, 1770, I, p. 268. Ver também *Tatler*, *nº* 199 (1710), e H. J. Habakkuk, "Marriage settlements in the eighteenth century", *Transactions of the royal historical society*, 4ª série, XXXII (1950), pp. 15-30.

21. I, p. 65.

22. I. H. Whiteley, *Wesley's England* (Londres, 1938), p. 300.

23. Ed. Everyman, p. 279.

24. Ver Marshal, *English poor*, pp. 207-24.

25. Cap. 12.

26. Ver Lowther Clarke, *Eighteenth century piety* (Londres, 1944), p. 16.

27. Ver David Hume, "On the populousness of ancient nations", *Essays and treatises* (Edimburgo, 1817), I, p. 381.

28. John H. Hutchins, *Jonas Hanway* (Londres, 1940), p. 150.

29. *Cit.* Myra Reynolds, *The learned lady in England, 1650-1760* (Boston, 1920), p. 318.

30. Ver Lee, *Defoe*, II, pp. 115-17, 143-4; III, 125-8, 323-5.

31. Ver R. P. Utter e G. B. Needham, *Pamela's daughters* (Londres, 1937), p. 217. Devo muito a essa obra e a G. B. Needham, "The Old Maid in the life and fiction of eighteenth-century England", tese de doutoramento, Berkeley, 1938.

32. *Essay on the art of ingeniously tormenting*, 1753, p. 38.

33. *Cit. Pamela's daughters*, p. 229.

34. *Clarissa*, ed. Everyman, I, p. 62.

35. *Grandison* (Londres, 1812), IV, p. 155.

36. *Lettters and works*, II, p. 291.

37. Ver E. J. Johnson, *Predecessors of Adam Smith* (Londres, 1937), p. 253.

38. Edmund S. Morgan, *The puritan family* (Boston, 1944), p. 86.

39. *Grandison*, II, p. 11.

40. *Grandison*, II, p. 330.

41. J. B. Botsford, *English society in the eighteenth century...* (Nova York, 1924), p. 280.

42. Ver Goldsmith, "Essay on Female Warriors", *Miscellaneous works*, ed. Prior (Nova York, 1857), I, p. 254.

43. Ver, não obstante, A. O. Aldridge, "Polygamy in early fiction..." PMLA, LXV (1950), pp. 464-72.

44. Ver A. O. Aldridge, "Polygamy and deism", JEGP, XLVIII (1949), pp. 343-60.

45. Ver, por exemplo, o ensaio de David Hume, "Of polygamy and divorces".

46. Ver James Bonar, *Theories of population from Raleigh to Arthur young* (Nova York, 1931), p. 77.

47. 2ª ed., 1739, p. viii.

48. Ed. Everyman, II, pp. 296-339.

49. *Clarissa*, III, pp. 180-4.

50. *Letters and works*, II, p. 200.

51. Charles Knight, *Popular history of England* (Londres, 1856-1862), VI, p. 194.

52. Ver Philip C. Yorke, *Life and correspondence of Philip Yorke, Earl of Hardwick* (Chicago, 1913), II, pp. 58 ss., 72 ss., 134 ss., 418 ss., 469 ss.

53. Ver Alan D. McKillop, "The mock-marriage device in *Pamela*", *PQ*, XXVI (1947), pp. 285-8.

54. Ver M. M. Merrick, *Marriage a divine institution*, 1754, e referências contidas nas notas 57, 60, 62.

55. Chilton Latham Powell, *English domestic relations, 1487-1653* (Nova York, 1917), pp. 44-51.

56. Ver Cobbett, *Parliamentary history* (Londres, 1803), XV, pp. 24-31.

57. *Citizen of the world*, cartas 72, 114.

58. *Letters*, ed. Toynbee, III, p. 160 (24 de maio de 1753).

59. De uma carta a Hardwick, 6 de junho de 1753 (British Museum, Manuscritos 35 592, ff. 65-6). Sobre as relações de Robinson com Richardson ver Austin Dobson, *Samuel Richardson* (Londres, 1902), p. 170.

60. Ed. Everyman, I, p. 253.

61. VI, pp. 307-8, 354-65.

62. *Letters and works*, II, p. 289.

63. Ver Reynolds, *Learned lady*, pp. 400-19.

64. Carta 12.

65. *Cit.* McKillop, *Richardson*, p. 62.

66. *Ibid.*, p. 189.

67. *Correspondence*, IV, p. 233; V, p. 265.

68. *Cit.* C. L. Thomson, *Samuel Richardson* (Londres, 1900), p. 93.

69. *Cit.* McKillop, *Richardson*, p. 67.

70. Carta 12.

71. *Cit.* McKillop, p. 277.

72. William e Malleville Haller, "The puritan art of love", *HLQ*, V (1942), p. 265.

73. G. May, *The social control of sex expression* (Londres, 1930), p. 152. Ver também L. L. Schücking, *Die Familie im Puritanismus* (Leipzig e Berlim, 1929), pp. 39-44, 137-53.

74. "Recollections" de miss Reynolds, *Johnsonian Miscellanies*, ed. Hill, II, p. 285.

75. Ver, por exemplo, mrs. Manley, *Power of love..., 1720*, p. 353; Anon, *Reasons against coition*, 1732, p. 7; Ned Ward, *The London* spy (1698-1709; Londres, 1927 ed.), p. 92.

76. III, p. 251.

77. II, pp. 190-1.

78. *Memoirs* (1748; Londres, ed. 1928), p. 103.

79. Nº 45.

80. Ver o panfleto anônimo, possivelmente da autoria de Francis Plumer, *A candid examination of the history of sir Charles Grandison*, 1754, p. 48.

81. *Serious call, works* (Brockenhurst, 1892-1893), IV, pp. 121-2.

82. P. 6.

83. Ver J. W. Krutch, *Comedy and conscience after the restoration* (Nova York, 1924), p. 169.

84. *The lover*, nº 2 (1714).

85. *Critical essay concerning marriage*, p. 40.

86. Cartas 89, 96, 97, 98.

87. II, p. 338.

88. *Betsy thoughtless*, 1751, I, p. 50.

89. *Prose works* (Londres, 1907), XI, p. 119.

90. Mrs. Delany, *Autobiography and correspondence*, ed. Woolsey (Boston, 1879), I, p. 246.

91. *Correspondence*, III, p. 188.

92. *Grandison*, I, p. 283; VII, p. 315.

93. *Review*, III (1706), nº 132.

94. Londres, 1935, p. 322.

95. Thraliana, I, p. 172.

96. *Pamela's daughters*, p. 44.

97. *Cit.* McKillop, p. 197.

98. I, pp. 8-9.

99. *Short view*, 3ª ed., 1698, p. 8.

100. *Cit.* John Harrington Smith, *The gay couple in Restoration comedy* (Cambridge, Mass., 1948), p. 165, nota 15.

101. *Fable of the bees*, ed. Kaye, I, p. 143.
102. *Love of fame*, V, 1, 424.
103. *Lectures and Notes on Shakespeare* (Londres, 1885), p. 37.
104. Oxford, 1948, p. 35.
105. Ver Katherine Hornbeak, "Richardson's Aesop", *Smith College Studies in Modern Languages*, XIX (1938), p. 38.
106. Conforme é assinalado em *Pamela's daughters*, p. 15.
107. 1741, I, XXIV.
108. I, p. 389.
109. Boswell, *Life*, ed. Hill-Powell, II, pp. 328-9.
110. *Cit.* George Sherburn, "The Restoration and Eighteenth Century", *A literary history of England*, ed. Baugh (Nova York, 1948), p. 803.
111. I, p. 57.
112. Ed. Aitken (Londres, 1902), II, p. 90.
113. *Collection of pieces*, 1778, II, p. 45.
114. I, pp. 78, 31, 20, 169.
115. I, p. 391.
116. Nº 97. Foi o mais popular dos *Ramblers*, segundo Walter Graham (*English Literary Periodicals*, Nova York, 1930, p. 120).
117. I, p. 222.
118. *The tablet, or picture of real life*, 1762, p. 14.
119. Carta VII.
120. II, p. 42.
121. Ato V, cena v.
122. Nº 116 (1713).
123. *Tartuffe*, ato III, cena ii.
124. *Tom Jones*, livro I, cap. 8.
125. Carta 90.
126. Ed. 1822, p. 47.
127. *Cit. Pamela's daughters*, p. 64.
128. *Pamela*, I, pp. 95-6, 174.
129. *Shamela*, Carta 10.
130. *Fable of the bees*, I, p. 161.
131. *Sermons to young women*, 1766, I, p. 156.
132. Pp. 38, 35, 27-30, 39.

6. A EXPERIÊNCIA PRIVADA E O ROMANCE [pp. 184-219]

1. Carta a Richardson, 8 de março de 1749 (manuscritos Forster, XII, ii, f. 110).
2. Ver McKillop, *Richardson*, pp. 43-106.
3. *Clarissa*, III, p. 29.

4. *Contributions to the Edinburgh Review* (Londres, 1844), I, pp. 321-2.

5. "Life", adendo à *Correspondence of Samuel Richardson*, I, p. XX.

6. *The English novel* (Londres, 1913), pp. 86-7.

7. *De l'Allemagne*, in *Œuvres complètes*, XI, pp. 86-7.

8. Londres, 1939, p. 313.

9. *De l'Allemagne*, p. 87.

10. Ver O. H. K. Spate, "The growth of London, a. D. 1660-1800", *Historical geography of England*, ed. Darby (Cambridge, 1936), pp. 529-47.

11. Plant, *English book trade*, p. 86.

12. Ver, por exemplo, T. F. Reddaway, *The rebuilding of London after the Great Fire* (Londres, 1951), pp. 300-8.

13. Nº 403 (1712); ver também Fielding, *Covent Garden Journal*, nº 37 (1752).

14. Max Beloff, *Public order and public disturbances, 1660-1714* (Londres, 1938), p. 28.

15. Baseio as generalizações que se seguem especialmente na área de acordo com a indicada na análise sociológica de Louis Wirth em "Urbanism as a way of life", *American Journal of Sociology*, XLIV (1938), pp. 1-24, e no criativo tratamento histórico de Lewis Mumford em *The culture of cities* (1938). Talvez eu devesse ter esclarecido que não pretendia fazer aqui nenhuma avaliação comparativa do estilo de vida urbano em oposição ao rural: a estabilidade do último, por exemplo, pode bem ser um eufemismo para o que Marx e Engels definiram como "a idiotice da vida rural".

16. Spate, "Growth of London", p. 538.

17. "A project for the advancement of religion and the reformation of manners", 1709, *Prose works*, ed. Davis (Oxford, 1939), II, p. 61.

18. A frase do bispo Sherlock (1750), *cit.* Carpenter, *Sherlock*, p. 284.

19. *Cit.* W. E. Lecky, *History of England in the eighteenth century* (Nova York, 1878), II, p. 580.

20. Reddaway, *Rebuilding of London*, p. 294.

21. Por exemplo, John Gay, *Trivia*, 1716; Richard Burridge, *A new review of London*, 1722; James Ralph, *The taste of the town: or A guide to all public diversions*, 1731; e ver também Paul B. Anderson, "Thomas Gordon and John Mottley, *A trip through London, 1728*", PQ, XIX (1940), pp. 244-60.

22. *Clarissa*, I, p. 353; III, pp. 505, 368; I, p. 422; ver também III, pp. 68, 428.

23. P. 54.

24. Ver Ambrose Heal, "The numbering of houses in London streets", N. & Q., CLXXXIII (1942), pp. 100-1; sir Walter Besant, *London in the eighteenth century* (Londres, 1925), pp. 84-5, 88-101, 125-32; George, *London life*, pp. 99-103.

25. *Correspondence*, IV, pp. 79-80, I, p. clxxxix, III, p. 225.

26. *Clarissa*, IV, p. 538.

27. *Correspondence*, IV, pp. 290-1.

28. *Richardson* (Londres, 1928), p. 27.

29. *Letters of Cheyne to Richardson*, pp. 34, 59, 61, 109, 108.

30. *Correspondence*, IV, p. 30.

31. Londres, 1930, pp. 57-8.

32. Letters of D. H. Lawrence, ed. Huxley (Londres, 1932), p. 614.

33. Cap. 31.

34. Edimburgo, p. 3.

35. George, *London life*, p. 329.

36. *Account*, p. 36.

37. *Cit.* McKillop, *Richardson*, p. 202.

38. *Culture of cities* (Londres, 1945), p. 215.

39. *Pamela*, parte II, p. 2.

40. *Correspondence*, III, pp. 252-3.

41. Carta a miss G(rainger), 22 de janeiro de 1750, in N & Q, 4ª série, III (1869), p. 276.

42. Howard Robinson, *The British post office: a history* (Princeton, 1948), pp. 70-103.

43. *Letters and works*, I, p. 24.

44. *Correspondence*, I, p. liii.

45. *Ibid.*, VI, p. 120.

46. *Ibid.*, I, p. clxxxi.

47. *Cit.* Thomson, *Richardson*, p. 110.

48. *Correspondence*, III, pp. 247, 245.

49. Clarissa, II, p. 431.

50. Ver G. F. Singer, *The epistolary novel* (Filadélfia, 1933), especialmente, pp. 40-59; F. G. Black, *The epistolary novel in the late eighteenth century* (Eugene, Oregon, 1940); e sobre o contexto europeu Charles E. Kany, *The beginnings of the epistolary novel in France, Italy and Spain* (Berkeley, 1937).

51. *Clarissa*, IV, 375.

52. 27 de outubro de 1777.

53. A edição Everyman e muitas outras não trazem a matéria introdutória aos romances nem o importante posfácio de *Clarissa*. As citações foram feitas a partir da edição Shakespeare Head (Oxford, 1930).

54. *Letters*, ed. Mallam, p. 24.

55. *Clarissa*, IV, p. 495.

56. *Correspondence*, I, p. clx.

57. I, pp. 356, 6, 8.

58. *Critical remarks on sir Charles Grandison, Clarissa and Pamela...*, da autoria de um Amante da Virtude, 1754, p. 4. Shenstone parodiou os neologismos de Richardson na passagem citada, que inclui o primeiro emprego do termo *scrattle* [arranhar] registrado no *Oxford English dictionary*.

59. Carta a David Mallet, 1753; *cit.* McKillop, *Richardson*, p. 220.

60. *Familiar letters on important occasions*, 1741, carta 141; a primei-

ra referência no *Oxford English dictionary*, também de Richardson, é de *Grandison*.

61. *Grandison*, VI, p. 126.
62. *Política*, livro VII, capítulo 4, seções ii-xiv.
63. *Culture of cities*, pp. 355-7.
64. "Prévost's translations of Richardson's novels", *Univ. California Pubs. in Modern Philology*, XII (1927), p. 389.
65. *Clarissa*, III, p. 209; IV, p. 530.
66. *The winter's tale*, ato IV, cena iv.
67. Parte I, cap. 32.
68. *Correspondence*, I, p. lxxvi.
69. *Clarissa*, IV, pp. 184, 19-26.
70. "Remark C", *Fable of the bees*, I, p. 66.
71. *Cit.* Dobson, *Richardson*, pp. 100-1.
72. Ed. Shawcross, I, 34, nota.
73. Ver prefácios, *Portrait of a lady*, *wings of the dove* (*art of the novel*), ed. Blackmur (Londres, 1934), pp. 46, 306.
74. *Pamela*, 2ª ed., 1741, I, p. xxx.
75. Richardson, *Correspondence*, II, p. 18.
76. *Œuvres*, ed. Billy (Paris, 1946), pp. 1091, 1090, 1093.
77. Sobre isso ver G. H. Mead, *Mind, self, and society* (Chicago, 1934), especialmente pp. xvi-xxi, 134-8, 173, 257.
78. *Lady Chatterley's lover*, cap. 9.
79. *Letters to Richardson*, pp. 68-9.
80. "Introduction to these paintings", *Phoenix*, ed. MacDonald (Londres, 1936), p. 552.
81. "A large account of taste in poetry", *Critical works*, I, p. 284.
82. *Correspondence*, V, p. 146.
83. *Pamela*, I, p. 68.
84. *De l'Allemagne, p. 84.*
85. *Culture of cities*, p. 271.

7. RICHARDSON ROMANCISTA: *CLARISSA* [pp. 220-53]

1. *Correspondence*, I, pp. lxxiii-lxxiv; sobre a data ver McKillop, *Richardson*, p. 26, nota.
2. McKillop, *Richardson*, p. 127.
3. Prefácio, *Clarissa*. Sobre esse assunto ver A. D. McKillop, "Epistolary technique in Richardson's novels", *Rice Institute Pamphlet*, XXXVIII (1951), pp. 36-54.
4. I, p. 138.
5. Essa carta endereçada a Richardson foi descoberta por E. L. McAdam,

Jr., que a publicou em "A new letter from Fielding", *Yale Review*, XXXVIII (1948), p. 304.

6. II, p. 221.

7. *Cit.* McKillop, *Richardson*, p. 205.

8. *Les illusions perdues* (Paris, 1855), p. 306.

9. IV, pp. 494, 496, 507; III, p. 521; IV, p. 509.

10. II, pp. 378-9; III, p. 335.

11. Posfácio.

12. Ver H. G. Ward, "Richardson's character of Lovelace", MLR, VII (1912), pp. 494-8.

13. *Correspondence*, V, p. 264.

14. Sobre essa interpretação da personagem ver H. T. Hopkinson, "Robert Lovelace, the romantic cad", *Horizon*, X (agosto de 1944), pp. 80-104.

15. *Letters and works*, I, pp. 476-7.

16. Nº 40.

17. *Richardson*, p. 76.

18. I (1805), p. 126.

19. Ver H. D. Traill e J. S. Mann, *Social England* (Londres, 1904), V, p. 206; H. B. Wheatley, *Hogarth's London* (Londres, 1909), pp. 251-3; Goldsmith, *Citizen of the world*, carta 12.

20. *The funeral elegy and the rise of English romanticism* (Nova York, 1929), especialmente pp. 3, 82, 269.

21. William Sale, Jr., *Samuel Richardson, master printer* (Ithaca, 1950), pp. 174-5,218-21.

22. *Correspondence*, IV, p. 237.

23. *Diary*, ed. Turner (Londres, 1925), pp. 4-5. A reação de Turney foi exatamente a que Richardson esperava inspirar (ver *Correspondence*, IV, p. 228).

24. Young, *Works*, 1773, V, p. 136; A. D. McKillop, "Richardson, young, and the conjectures", MP, XXII (1925), pp. 396-8.

25. Besant, *London life in the eighteenth century*, pp. 546-8; a cena é descrita em Ackermann, *Microcosm of London*, 1808.

26. IV, pp. 398, 327, 347.

27. *Johnsonian miscellanies*, ed. Hill, II, pp. 190, 251.

28. *Cit.* McKillop, *Richardson*, p. 279.

29. *Last essays* (Londres, 1950), p. 221.

30. I, pp. 53-4.

31. I, pp. 59, 166, 12.

32. II, pp. 491, 218, 147; I, p. 170.

33. I, p. 153.

34. I, p. 54.

35. I, p. 160.

36. P. 88.

37. I, pp. 235-6.

38. II, pp. 426-7; III, p. 150.

39. Ato III, cena i.

40. II, p. 474; III; p. 407.

41. *Fundamental principles of the metaphysic of morals* (1785), in *Kant's Critique of pratical reason and other works*, trad. Abbott (Londres, 1898), p. 46.

42. III, p. 301.

43. II, pp. 28, 312, 156; I, p. 500; II, pp. 156, 475.

44. II, p. 457.

45. III, p. 214; II, pp. 147, 73, 126; III, p. 82.

46. I, p. 147; II, p. 496.

47. III, p. 281.

48. II, p. 398.

49. *Critical works*, II, p. 166.

50. III, pp. 318, 222, 412, 222.

51. "'Civilised' sexual morality and modern nervousness", *Collected papers* (Londres, 1924), II, p. 77.

52. *Johnsonian miscellanies*, I, p. 297.

53. III, p. 8.

54. *Johnsonian miscellanies*, I, p. 282.

55. "Pope", *Lives of the poets*, ed. Hill, III, p. 207.

56. III, p. 11; I, p. 515.

57. I, p. 47; II, pp. 379, 438-9; I, p. 139; II, p. 439.

58. II, p. 158; IV, p. 445; III, p. 407; II, p. 158.

59. II, p. 253; IV, p. 269; II, pp. 245-9, 483, 23.

60. *The romantic agony*, trad. Davidson (Londres, 1951), pp. 95-107.

61. III, p. 193; IV, p. 257.

62. *Pamela*, I, pp. 135, 274.

63. I, p. 433.

64. III, pp. 238, 196; IV, p. 416.

65. II, p. 468.

66. III, p. 242.

67. III, p. 206.

68. I, p. 49; III, p. 476; ver também II, p. 420.

69. II, p. 99; IV, pp. 2, 303, 256-7.

70. "New Letter from Fielding", p. 305.

71. *Œuvres*, ed. Billy, p. 1091.

72. II, pp. 492, 418-25.

73. Ver Ernest Weekley, *Surnames* (Londres, 1936). Muitas vezes os nomes são um guia das atitudes inconscientes, e os dos protagonistas de Richardson tendem a confirmar a opinião de que ele secretamente se identificava com seu herói — Robert Lovelace é um nome bastante bonito — e de modo inconsciente até colaborou com Lovelace em seu propósito de degradar a heroína: "Clarissa" parece com "Calista", a heroína impura de Rowe,

enquanto Harlowe parece *harlot* [meretriz]. Essa associação verbal parece prestes a aflorar à consciência numa carta de Arabella a Clarissa: ela diz que James a tratará "como uma criatura comum, se te vir", e depois, referindo-se a suas dúvidas sobre as intenções de Lovelace quanto ao casamento, acrescenta com desprezo: "essa é a incensada, a fulgurante Clarissa... Clarissa de quê? Harlowe, sem dúvida!... E Harlowe será, para a desgraça de todos nós". (II, pp. 170-1).

74. III, p. 152.

75. II, p. 208; III, pp. 190, 229.

76. IV, pp. 136, 529.

8. FIELDING E A TEORIA ÉPICA DO ROMANCE [pp. 254-76]

1. Ver *The philosophy of fine art*, trad. Osmaston (Londres, 1920), IV, p. 171.

2. *The life of. mr. Duncan Campbell* (Oxford, 1841), p. 86.

3. Nº 39 (1705).

4. P. 17.

5. *Mist's journal*, 5 de abril de 1719, *cit.* William Lee, *Daniel Defoe* (Londres, 1869), II, p. 31.

6. *Essay upon literature* (1726), p. 118.

7. Pp. 115, 17, 115, 117.

8. 31 de julho de 1725; as duas cartas de Defoe sobre o assunto foram reimpressas em Lee (III, pp. 410-4).

9. Ver Donald M. Foerster, *Homer in English criticism* (New Haven, 1947), pp. 17-23, 28.

10. Oxford, 1840, pp. 226, 191, 193.

11. Oxford, 1840, pp. 171-4.

12. P. 22.

13. Ver posfácio, *Clarissa* e *Grandison*, I, p. 284.

14. *Correspondence*, IV, p. 287; a carta não está datada, mas provavelmente foi escrita em 1749.

15. Nota, *Ilíada*, IV, p. 75, citada por Foerster, *Homer*, p. 16.

16. H. M. e N. K. Chadwick, *The growth of literature* (Cambridge, 1936), II, p. 488.

17. In "On Homer's Poetry" (*c.* 1820); *Poetry and prose*, ed. Keynes (Londres, 1946), p. 583.

18. VI, p. 315.

19. *Grandison*, I, p. 304; ver também *Clarissa*, IV, pp. 461-3.

20. *The Christian hero*, ed. Blanchard (Londres, 1932), p. 15.

21. *Applebee's journal*, 29 de agosto de 1724, citado de Lee, III, pp. 299-300.

22. *Correspondence*, II, p. 252 (20 de julho de 1750).

23. 2ª ed., 1736, pp. 16, 123.

24. Pp. 122, 340, 24, 25, 28.

25. *Correspondence*, I, p. 122.

26. Nº 209.

27. Florence D. White, *Voltaire's essay on epic poetry: a study and an edition* (Albany, 1915), p. 90.

28. *Enquiry*, p. 340.

29. *Temora, an ancient epic poem* (1763), p. 206, nota; citado por Foerster, *Homer*, p. 57.

30. *Grandison*, I, pp. 67-86.

31. *Clarissa*, IV, pp. 30-1; ver também II, p. 424; IV, p. 451.

32. In *Lettres d'un voyageur anglais* (1779), trad. Duncombe, *cit.* John Nichols, *Literary anecdotes of the eighteenth century* (1812), IV, p. 585.

33. "Richardson, Young, and the *Conjectures*", MP, XXII (1925), pp. 393-9.

34. Young, *Works* (1773), V, p. 94.

35. Nº 3 (1752).

36. Livro IX, cap. I.

37. Ver René Bray, *La formation de la doctrine classique en France* (Paris, 1927), pp. 347-9; Arthur L. Cooke, "Henry Fielding and the writers of heroic romance", PMLA, LXII (1947), pp. 984-94.

38. Livro IV, cap. I; livro V, cap. I. É interessante observar que essas referências ocorrem cedo; depois dos primeiros seis livros de *Tom Jones* Fielding passa para um método mais rigorosamente dramático, conforme assinala W. L. Cross (*History of Henry Fielding*, II, 1979). Acreditamos que Fielding não levou a analogia épica bastante a sério para explorar mais a fundo as questões críticas também porque não considerou nem a forma de literatura que representava os homens "como são na vida real", mencionada por Aristóteles (*Poética*, capítulo 2) — categoria na qual *Amelia* possivelmente se incluiria —, nem a controvérsia contemporânea sobre a "epopeia em prosa", que seria ou não uma contradição em si mesma. (Ver H. T. Swedenberg, *The theory of the epic in England, 1650-1800* [Berkeley e Los Angeles, 1944], pp. 155, 158-9.)

39. P. 26.

40. *Joseph Andrews*, livro III, cap. 6.

41. *Tom Jones*, livro V, cap. 8.

42. Livro IV, cap. 1.

43. *Of the origin and progress of language* (Edimburgo, 1776), III, pp. 296-8.

44. Nº 8 (1752).

45. "Fielding's *Amelia:* an interpretation", *ELH*, III (1936), pp. 3-4.

46. "*Ulysses*, order and myth", *Dial*, 1923; citado de *Forms of modern fiction*, ed. O'Connor (Minneapolis, 1948), p. 123.

47. Ver *Convent garden journal*, nºs 10 e 55 (1752).

48. Livro IV, cap. 1. Sobre isso ver Robert M. Wallace, "Fielding's knowledge of history and biography", SP, XLIV (1947), pp. 89-107.

49. *Poetics*, cap. 23.

50. "Fielding's *Amelia*", p. 2.

51. Carl van Doren, *Life of Thomas Love Peacock* (Londres, 1911), p. 194.

52. *Henry Fielding's theory of the comic prose epic*, Madison, 1931, p. 166.

9. FIELDING ROMANCISTA: *TOM JONES* [pp. 277-309]

1. Ver, por exemplo, Frank Kermode, "Richardson and Fielding", *Cambridge Journal*, IV (1950), pp. 106-14, e para um relato detalhado da reputação literária de ambos ver F. T. Blanchard, *Fielding the novelist: a study in historical criticism* (New Haven, 1926).

2. Ver Robert E. Moore, "Dr. Johnson on Fielding and Richardson", PMLA, LXVI (1951), pp. 162-81.

3. *Johnsonian miscellanies*, ed. Hill, I, pp. 273-4.

4. *Life of Johnson*, ed. Hill-Powell, II, pp. 48-9.

5. *Johnsonian miscellanies*, ed. Hill, I, p. 282.

6. *Rambler*, nº 36 (1750); ver também *Rasselas*, cap. 10.

7. *Thraliana*, ed. Balderston, I, p. 555.

8. Livro VI, cap. 7.

9. I, pp. 68-70.

10. I, pp. 75-6.

11. Para um exame mais detalhado ver F. H. Dudden, *Henry Fielding* (Oxford, 1952), II, pp. 621-7.

12. *Cit.* Blanchard, *Fielding*, pp. 320-1.

13. Livro VII, cap. 10.

14. Livro IX, cap. 1. Ver também A. O. Lovejoy, *The great chain of being* (Harvard, 1936), pp. 224, 245.

15. A. Elistratov, "Fielding's realism", in *Iz istorii angliskogo realizma* [Sobre a história do realismo inglês], (Moscou, 1941), p. 63.

16. Livro IX, cap. 1.

17. Capítulo 6, nº 17.

18. *Joseph Andrews*, livro III, cap. 1.

19. *Richardson*, pp. 125-6.

20. *Letters and works*, II, *p.* 291.

21. Ver A. E. Taylor, *Aristotle* (Londres, 1943), p. 108.

22. Livro II, cap. 4; livro IV, caps. 3, 14.

23. *Cit.* Blanchard, *Fielding*, *p.* 317.

24. Livro VI, cap. 12.

25. Ver Leslie Stephen, *English thought in the eighteenth century* (Londres, 1902), II, pp. 73-4; R. Hubert, *Les sciences sociales dans l'Encyclopédie* (Paris, 1923), pp. 167 ss.

26. Livro III, cap. 1.

27. Livro XIV, cap. 7.

28. Livro VI, cap. 8.

29. Livro V, cap. 10.

30. *Cit.* Blanchard, *Fielding*, p. 317.

31. Livro VII, cap. 7.

32. Nº 4.

33. *Johnsonian miscellanies*, II, p. 190.

34. "Rowe", *Lives of the poets*, ed. Hill, II, p. 67.

35. Livro V, cap. 9.

36. Livro XVIII, cap. 10.

37. *The English novel from the earliest days to the death of Conrad* (Londres, 1930), p. 93.

38. Livro XI, cap. 4; livro IX, cap. 3.

39. *Life of Johnson*, ed. Hill-Powell, I, p. 49.

40. *English thoughts in the eighteenth century*, II, p. 377.

41. Livro XVIII, cap. 13.

42. Livro II, cap. 10.

43. Livro VII, cap. 7.

44. Livro VII, cap. 1.

45. *Poetics*, caps. 24, 3.

46. McKillop, *Richardson*, p. 175.

47. *English novel*, p. 89.

48. "The art of fiction" (1884); citado de *The art of fiction*, ed. Bishop, p. 5.

49. Livro III, cap. 1; livro XVII, cap. 1.

50. "The concept of plot and the plot of *Tom Jones*", *Critics and criticism ancient and modern* (Chicago, 1952), p. 639.

51. Prefácio, *The princess Casamassima*.

52. *Essay on the new species of writing founded by mr. Fielding*, 1751, p. 43.

53. *Cit.* Blanchard, *Fielding*, p. 316.

10. O REALISMO E A TRADIÇÃO POSTERIOR: UM COMENTÁRIO [pp. 310-22]

1. Esses números, apresentados com a maior reserva possível, foram compilados de A. W. Smith, "Collections and notes of prose fiction in England, 1660-1714", *Harvard summaries of dissertations*, pp. 281-4, 1932. Charlotte E. Morgan, *The rise of the novel of manners, 1600-1740* (Nova York, 1911), p. 54; Godfrey Frank Singer, *The epistolary novel* (Filadélfia, 1933), pp. 99-100; Andrew Block, *The English novel, 1740-1850, a catalogue...* (Londres, 1939).

2. Livro I, cap. 9; livro VII, cap. 33.

3. Ver livro I, parte 4, seção VI.

4. Ver Theodore Baird, "The time scheme of *Tristram Shandy* and a source", PMLA, LI (1936), pp. 803-20.

5. *Principles of mathematics* (Londres, 1937), pp. 358-60.

6. *The subjection of women* (Londres, 1924), p. 105.

7. "Anthony Trollope", *Partial portraits* (Londres, 1888), p. 50. Um estudo comparativo mostrou que 37% das conversas das mulheres e 16% das dos homens eram sobre pessoas (M. H. Landis e H. E. Burtt, "A study of conversations", *J. Comp. Psychology*, IV [1924], pp. 81-9).

8. "Mrs. Humphry Ward", *Essays in London* (Londres, 1893), p. 265.

9. Ver Charles I. Patterson, "William Hazlitt as a critic of prose fiction", PMLA, LXVIII (1953), p. 1010.

10. *History of the French novel* (Londres, 1917), I, p. 469.

11. *Œuvres*, ed. Billy, p. 1089.

12. Ver, por exemplo, L. M. Price, *English literature in Germany* (Berkeley e Los Angeles, 1953), p. 180.

13. Ver especialmente parte I, cap. 15: "De l'imagination des Anglais dans leurs poésies et leurs romans".

14. *Œuvres complètes* (Paris, 1864), III, col. 1000.

Ian Watt (1917-99) foi um dos mais importantes críticos literários ingleses no século XX. Estudou no St. John's College, em Cambridge, e serviu na infantaria durante a Segunda Guerra, tendo sido feito prisioneiro em Singapura em 1942. Depois da guerra, retornou a Cambridge para lecionar (1948-52). Ensinou também na Universidade da Califórnia em Berkeley (1952-62), na Universidade de East Anglia, Norwich (1962-64) e na Universidade Stanford (1964-99). É autor, entre outros, de *Conrad in the Nineteeth Century* e *Conrad in the Twentieth Century*, e de ensaios diversos sobre Jane Austen, Henry James e teoria literária.

COMPANHIA DE BOLSO

Jorge AMADO
Capitães da Areia

Hannah ARENDT
Homens em tempos sombrios

Philippe ARIÈS, Roger CHARTIER (Orgs.)
História da vida privada 3 — Da Renascença ao Século das Luzes

Karen ARMSTRONG
Em nome de Deus
Uma história de Deus

Paul AUSTER
O caderno vermelho

Marshall BERMAN
Tudo que é sólido desmancha no ar

Jean-Claude BERNARDET
Cinema brasileiro: propostas para uma história

David Eliot BRODY, Arnold R. BRODY
As sete maiores descobertas científicas da história

Bill BUFORD
Entre os vândalos

Jacob BURCKHARDT
A cultura do Renascimento na Itália

Peter BURKE
Cultura popular na Idade Moderna

Italo CALVINO
O barão nas árvores
O cavaleiro inexistente
Fábulas italianas
Um general na biblioteca
Por que ler os clássicos

Bernardo CARVALHO
Nove noites

Jorge G. CASTAÑEDA
Che Guevara: a vida em vermelho

Ruy CASTRO
Chega de saudade
Mau humor

Louis-Ferdinand CÉLINE
Viagem ao fim da noite

Jung CHANG
Cisnes selvagens

Catherine CLÉMENT
A viagem de Théo

J. M. COETZEE
Infância

Joseph CONRAD
Coração das trevas
Nostromo

Robert DARNTON
O beijo de Lamourette

Charles DARWIN
A expressão das emoções no homem e nos animais

Jean DELUMEAU
História do medo no Ocidente

Georges DUBY (Org.)
História da vida privada 2 — Da Europa feudal à Renascença

Mário FAUSTINO
O homem e sua hora

Rubem FONSECA
Agosto
A grande arte

Meyer FRIEDMAN,
Gerald W. FRIEDLAND
As dez maiores descobertas da medicina

Jostein GAARDER
O dia do Curinga
Vita brevis

Jostein GAARDER, Victor HELLERN,
Henry NOTAKER
O livro das religiões

Fernando GABEIRA
O que é isso, companheiro?

Luiz Alfredo GARCIA-ROZA
O silêncio da chuva

Eduardo GIANNETTI
Auto-engano
Vícios privados, benefícios públicos?

Edward GIBBON
Declínio e queda do Império Romano

Carlo GINZBURG
Os andarilhos do bem
O queijo e os vermes

Marcelo GLEISER
A dança do Universo

Tomás Antônio GONZAGA
Cartas chilenas

Philip GOUREVITCH
Gostaríamos de informá-lo de que amanhã seremos mortos com nossas famílias

Milton HATOUM
Cinzas do Norte
Dois irmãos
Relato de um certo Oriente

Eric HOBSBAWM
O novo século

Albert HOURANI
Uma história dos povos árabes

Henry JAMES
Os espólios de Poynton
Retrato de uma senhora

Ismail KADARÉ
Abril despedaçado

Franz KAFKA
O castelo
O processo

John KEEGAN
Uma história da guerra

Amyr KLINK
Cem dias entre céu e mar

Jon KRAKAUER
No ar rarefeito

Milan KUNDERA
A arte do romance
A identidade
A insustentável leveza do ser
O livro do riso e do esquecimento
A valsa dos adeuses

Primo LEVI
A trégua

Danuza LEÃO
Na sala com Danuza

Paulo LINS
Cidade de Deus

Gilles LIPOVETSKY
O império do efêmero

Claudio MAGRIS
Danúbio

Naghib MAHFOUZ
Noites das mil e uma noites

Javier MARÍAS
Coração tão branco

Ian McEWAN
O jardim de cimento

Heitor MEGALE (Org.)
A demanda do Santo Graal

Evaldo Cabral de MELLO
O nome e o sangue

Patrícia MELO
O matador

Luiz Alberto MENDES
Memórias de um sobrevivente

Jack MILES
Deus: uma biografia

Ana MIRANDA
Boca do Inferno

Vinicius de MORAES
Livro de sonetos
Antologia poética

Fernando MORAIS
Olga

Toni MORRISON
Jazz

Vladimir NABOKOV
Lolita

V. S. NAIPAUL
Uma casa para o sr. Biswas

Friedrich NIETZSCHE
Além do bem e do mal
Ecce homo
Genealogia da moral
Humano, demasiado humano
O nascimento da tragédia

Adauto NOVAES (Org.)
Ética
Os sentidos da paixão

Michael ONDAATJE
O paciente inglês

Malika OUFKIR, Michèle FITOUSSI
Eu, Malika Oufkir, prisioneira do rei

Amós OZ
A caixa-preta
José Paulo PAES (Org.)
Poesia erótica em tradução
Georges PEREC
A vida: modo de usar
Michelle PERROT (Org.)
História da vida privada 4 — Da Revolução Francesa à Primeira Guerra
Fernando PESSOA
Livro do desassossego
Poesia completa de Alberto Caeiro
Poesia completa de Álvaro de Campos
Poesia completa de Ricardo Reis
Ricardo PIGLIA
Respiração artificial
Décio PIGNATARI (Org.)
Retrato do amor quando jovem
Edgar Allan POE
Histórias extraordinárias
Antoine PROST, Gérard VINCENT (Orgs.)
História da vida privada 5 — Da Primeira Guerra a nossos dias
Darcy RIBEIRO
O povo brasileiro
Edward RICE
Sir Richard Francis Burton
João do RIO
A alma encantadora das ruas
Philip ROTH
Adeus, Columbus
O avesso da vida
Elizabeth ROUDINESCO
Jacques Lacan
Arundhati ROY
O deus das pequenas coisas
Murilo RUBIÃO
Murilo Rubião — Obra completa
Salman RUSHDIE
Haroun e o Mar de Histórias
Os versos satânicos
Oliver SACKS
Um antropólogo em Marte
Vendo vozes
Carl SAGAN
Bilhões e bilhões
Contato
O mundo assombrado pelos demônios
Edward W. SAID
Orientalismo
José SARAMAGO
O Evangelho segundo Jesus Cristo
O homem duplicado
A jangada de pedra
Arthur SCHNITZLER
Breve romance de sonho
Moacyr SCLIAR
A majestade do Xingu
A mulher que escreveu a Bíblia
Amartya SEN
Desenvolvimento como liberdade
Dava SOBEL
Longitude
Susan SONTAG
Doença como metáfora / AIDS e suas metáforas
I. F. STONE
O julgamento de Sócrates
Keith THOMAS
O homem e o mundo natural
Drauzio VARELLA
Estação Carandiru
John UPDIKE
As bruxas de Eastwick
Caetano VELOSO
Verdade tropical
Erico VERISSIMO
Clarissa
Incidente em Antares
Paul VEYNE (Org.)
História da vida privada 1 — Do Império Romano ao ano mil
XINRAN
As boas mulheres da China
Ian WATT
A ascensão do romance
Edmund WILSON
Os manuscritos do mar Morto
Rumo à estação Finlândia
Simon WINCHESTER
O professor e o louco

Esta obra foi composta pela Verba Editorial em Janson Text e impressa em processo sob demanda pela Um Livro sobre papel offwhite para a Editora Schwarcz a partir de 2025

FSC
www.fsc.org
MISTO
Apoiando o manejo florestal responsável
FSC® C128038

A marca FSC® é a garantia de que a madeira utilizada na fabricação do papel deste livro provém de florestas que foram gerenciadas de maneira ambientalmente correta, socialmente justa e economicamente viável, além de outras fontes de origem controlada.